MYTHEN DER MONSTER
MEDUSA

KATHERINE MARSH

MYTHEN DER MONSTER
MEDUSA

Aus dem Englischen von Jennifer Michalski

In Erinnerung an Orli Wildman Halpern,
die mit ihrer Stimme die Welt veränderte.

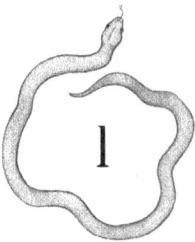

Eigentlich wollte Ava Baldwin die Beherrschung nicht verlieren. Aber Owen King hatte es verdient.

Gleich in der ersten Woche des siebten Schuljahrs nahm das Unheil seinen Lauf. Als Teil ihrer Unterrichtseinheit zu Griechischer Mythologie sollten sie einen Aufsatz über eine selbst gewählte Gottheit schreiben. Ava liebte Mythologie und hatte sich schon eine Göttin ausgesucht. In ihrem Jahrgang war sie die Zweitkleinste – eigentlich sogar die Kleinste, wenn sich ihre unbändigen braunen Locken nicht ständig aus dem festen französischen Zopf lösen würden –, also reckte sie die Hand extra weit nach oben, damit Miss Greenberg sie sah.

»Ava?«, rief Miss Greenberg sie auf.

»A…«

Doch ehe sie den Namen aussprechen konnte, platzte Owen dazwischen: »Athene!«

»Heißt du Ava?«, fragte Miss Greenberg ihn.

»Ja, Miss Greenberg«, antwortete Owen mit hoher, quietschiger Stimme, die kein bisschen klang wie die von Ava.

Die Klasse lachte. Owen natürlich auch. Selbst Isabelle und Evelyn kicherten. In der Grundschule waren sie Avas beste Freundinnen gewesen. Sie hatten zusammen Geschichten geschrieben und von ihren Lieblingsbüchern geschwärmt. Aber in der Sechsten hatten die beiden sich verändert. Statt über Abenteuer und Magie zu reden, kannten sie nur noch ein Gesprächsthema: die Coolen aus der Klasse. Außerdem waren sie ständig mit ihren Handys beschäftigt. Ava traf sich zwar weiter mit ihnen, aber es machte nicht mehr so viel Spaß wie früher. Die beiden bezogen sie kaum mehr mit ein, sondern duldeten sie nur noch, und kurze Zeit später hatte sich auch das erledigt. Irgendwann im Frühling hatten sie Ava schließlich versetzt, um im Einkaufszentrum mit einer großen, lauten Gruppe von Leuten abzuhängen, darunter einige Pärchen.

Owen, mit seinen blonden Haaren und funkelnden blauen Augen, gehörte auch zu den Coolen. Er ließ die Mädchen fast nie ausreden und riss dauernd dumme Witze. Trotzdem schienen ihn alle zu mögen – selbst die Lehrkräfte.

Ava setzte ein gezwungenes Lächeln auf, als fände sie seine Nachahmung lustig, aber in ihr brodelte es. Sie versuchte, tief durchzuatmen, wie ihre Mom es ihr beigebracht hatte. *Einatmen, zwei, drei …*

»Athene ist einfach krass«, plapperte Owen drauflos, als hätte er Miss Greenbergs Ermahnung, dass er nicht dran war, überhört. »Ich meine, alle sind total begeistert von Zeus und Poseidon und den anderen Typen. Dabei ist sie superstark. Und das als Frau.«

Ava hatte sich aus einem ähnlichen Grund für Athene entschieden: Sie war die einzige Göttin, die ähnlich mächtig und interessant war wie die männlichen Götter. Aber das konnte Ava jetzt schlecht auch sagen. *Ausatmen, vier, fünf.*

»Mir gefällt deine Denkweise, Owen«, erwiderte Miss Greenberg. »Es sollten viel mehr Jungs Geschichten über starke Frauen … und Göttinnen lesen.«

Ava gab das tiefe Atmen auf und drückte empört den Rücken durch. Hatte Miss Greenberg schon vergessen, dass »Frauenpower-Owen« sie übergangen hatte? Owens selbstzufriedenes Grinsen stachelte ihre Wut weiter an.

»Dann darf ich also über Athene schreiben?«, fragte er.

Ehe Ava sich bremsen konnte, rief sie: »Miss Greenberg! Ich wollte auch Athene nehmen!«

»Ava, denk daran, dich zu melden.«

Wie bitte??? Das war total unfair! Owen hatte sich auch kein einziges Mal gemeldet. Ava hatte die Hand schon halb gehoben, um sich darüber zu beschweren, als sie sah, wie Isabelle die Augen verdrehte und Evelyn etwas zuflüsterte.

Letzten Frühling, nachdem Ava Isabelle getextet hatte, um die Sache damals mit ihr zu klären, hatte die zurückgeschrieben: *Du bist immer total drüber. Das ist voll anstrengend.* War sie jetzt gerade auch drüber? Was würden die anderen an ihrer Stelle tun? Isabelle fand Owens Begeisterung für Athene bestimmt »süß«. Und Evelyn würde sich einfach eine andere Gottheit aussuchen, als wäre das Ganze halb so wild. Ava ließ die Hand wieder sinken.

»Wie wäre es denn, wenn ihr beide, also du *und* Owen, über sie schreibt? Es gibt ja nur zwölf große Gottheiten, das heißt, es kommen ohnehin immer zwei Leute auf eine. Dann seid ihr zwei eben unsere Experten für Athene.« Miss Greenberg lächelte sie an, als wäre das eine großartige Lösung.

Ava fand sie überhaupt nicht großartig, vor allem nicht für

die Mädchen, die jetzt enttäuscht seufzten, weil sie offenbar auch über Athene hatten schreiben wollen. Damit gab Miss Greenberg Owen den Vortritt. Aber vermutlich war es nicht so schlau, einer Lehrerin zu widersprechen. Besonders in der ersten Schulwoche.

»Für mich ist das okay«, sagte Owen, obwohl ihn kein Mensch gefragt hatte.

»Ava?«, hakte Miss Greenberg nach.

Ava ließ den Blick durch das Klassenzimmer schweifen. Außer ihr schien sich niemand aufzuregen. Olivia und Sophia, zwei der Mädchen, die gern Athene gehabt hätten, tuschelten miteinander. Wahrscheinlich besprachen sie schon, wen sie sonst nehmen sollten. Isabelle trommelte ungeduldig mit den Fingern auf den Tisch, als würde sich das alles wegen Ava unnötig in die Länge ziehen.

»Klar«, antwortete sie daher. Insgeheim war sie allerdings immer noch sauer.

»Wunderbar!«, flötete Miss Greenberg. »Ava, dein Bruder hat sich damals auch für Athene entschieden. Ich kann mich noch genau an seinen Aufsatz erinnern. Er war sehr originell.«

Wieder setzte Ava das gezwungene Lächeln auf, als wäre es eine Ehre, zum hunderttausendsten Mal mit Jaxon verglichen zu werden – dem Einstein, der seit dem Kindergarten überall Preise abstaubte. Sämtliche Lehrkräfte, die ihren Bruder unterrichtet hatten, erwarteten von ihr ebenfalls perfekte Noten und waren dann enttäuscht, wenn sie sie nicht erreichte. Als Ausgleich versuchte sie, sich gut zu benehmen – was ihre Mom für genauso wichtig hielt. Aber das war in der Mittelstufe, wo es oft ziemlich ungerecht zuging, gar nicht so leicht.

Am Ende des Schultags hatte Ava noch eine Bibliotheksstunde, die sie normalerweise am liebsten mochte. Die Mittagspausen verbrachte sie nach wie vor mit Isabelle und Evelyn. Von den beiden ignoriert zu werden war weniger schlimm, als ziellos mit dem Tablett durch die Cafeteria zu wandern oder allein zu sitzen, wohingegen sie in der Bibliothek einfach ungestört die Nase in die Bücher stecken konnte. Heute aber suchte die ganze Klasse Nachschlagewerke für ihre Aufsätze über die Gottheiten. Zu allem Übel erfuhren sie von Miss Sanchez, der Bibliothekarin, dass die guten schon von den anderen Klassen entliehen waren.

Im Online-Katalog fand Ava trotzdem noch ein verfügbares Buch über Athene: *Die Göttin der Helden*. Mit vorsichtigem Blick auf Miss Sanchez, die Rennen nicht ausstehen konnte, düste sie im Laufschritt quer durch die Bibliothek zur Abteilung für Religion und Mythologie. Dort angekommen fiel ihr siedend heiß ein, dass sie die Seite mit den Suchergebnissen nicht geschlossen hatte. Sie schaute sich um. Owen stand vor dem Computer.

Ava hatte sich kaum einen ersten Überblick über das Regal verschafft, da ermahnte Miss Sanchez ihn schon, nicht so zu rennen. Hastig überflog Ava die Kennnummern – 292.13TA, 292.13TE –, bis sie *Die Göttin der Helden* schließlich in der obersten Reihe entdeckte. Gerade als sie den Arm ausstreckte, griff jemand an ihr vorbei und schnappte sich das Buch.

»He!« Sie fuhr herum. »Gib mir das zurück!«

Unschuldig hob Owen die freie Hand. »Was denn?«

Avas Wangen brannten. »Du weißt genau, was!«

»Also ehrlich, Ava. Ist doch nur ein Buch. Du kannst es haben, wenn ich fertig bin«, meinte er.

Er klang ruhig und vernünftig. Sie würde garantiert nicht so klingen, wenn sie jetzt den Mund aufmachte. Die Worte würden aus ihr heraussprudeln. Sie hasste es, wenn sie kurz davor war, vor aller Augen zu explodieren. Die anderen sahen schon her, auch Isabelle und Evelyn. Ava musste sich zusammenreißen, aber den Punkt, langsam bis zehn zu zählen, hatte sie längst verpasst.

Also stellte sie sich vor, sie wäre im Schwimmbad. Ihre Mom hatte ihr das Schwimmen beigebracht, kurz nachdem sie laufen gelernt hatte. Und letzten Frühling, als Evelyn nicht mehr auf ihre Nachrichten geantwortet und Isabelle eine Übernachtungsparty ohne sie organisiert hatte, hatte ihr nur das Schwimmtraining geholfen, sich besser zu fühlen. Heute allerdings trieb ihr der Gedanke an Wasser die Tränen in die Augen. Oh nein, dachte sie, jetzt fang ich auch noch an zu heulen.

»Alles okay, Ava?«, fragte Isabelle eine Spur genervt.

Die eigentliche Botschaft war offensichtlich: Ava war wieder mal drüber und machte sich lächerlich. Owen zuckte mit den Achseln, als hätte er nichts damit zu tun. Ava wollte nur noch weg, aber die anderen starrten sie an und warteten auf eine Antwort von ihr.

»Alles super«, murmelte sie. »Es ist nur …«

»Entspann dich, Ava«, unterbrach Owen sie. »Ist doch keine große Sache.«

Bumm. In Ava explodierte die aufgestaute Wut. Zorn pulsierte durch ihren Körper, von der Kopfhaut bis in die Zehen. Sie spannte die Muskeln an und trat einen Schritt auf Owen zu, den Blick unverwandt auf ihn gerichtet.

»Ich habe es zuerst gefunden!«, brüllte sie. »Von wegen keine große Sache. Für *mich* ist das eine große Sache, wenn du mir das Buch einfach vor der Nase wegschnappst!«

Ihre Stimme zitterte, und über ihren Brauen sammelte sich der Schweiß. Aus dem Augenwinkel bemerkte sie, wie sich ihre krausen Locken kringelten und in alle Himmelsrichtungen abstanden. Aber es war Ava egal, wie sie aussah oder was ihre ehemaligen Freundinnen dachten. Böse funkelte sie Owen an. Der hatte den Mund aufgerissen, starrte jedoch nur erstaunt aus hellblauen Augen zurück.

Da bog Miss Sanchez um die Ecke. »Ava Baldwin, was ist hier los? Das ist keine angemessene Lautstärke …«

Sofort verpuffte Avas Wut und machte einem schlechten Gewissen Platz. Würde Miss Sanchez jetzt ihre Mom anrufen? Sie hatte noch nie Ärger in der Schule gehabt. Kleinlaut schaute sie zu Boden. »Owen hat mir …«

»Ist er okay?«, unterbrach Isabelle.

Ava hob den Blick. Owen rührte sich nicht und glotzte sie nur weiter stur an.

»Owen!«, sprach Miss Sanchez ihn an.

Er antwortete nicht. Ava wartete auf ein Zucken seiner Mundwinkel oder Wimpern, doch er zeigte keinerlei Regung.

Miss Sanchez trat vor ihn und wedelte mit der Hand vor seinem Gesicht herum. Bestimmt würde er gleich in Gelächter ausbrechen oder »Ha! Reingefallen!« rufen. Aber er blinzelte nicht mal.

Sabber rann ihm übers Kinn.

»Isabelle, hol den Sanitätsdienst, schnell!«, befahl Miss Sanchez. »Sag ihnen, Owen King hat einen epileptischen Anfall.« Sie steckte ihm die Finger in den offenen Mund, um seine Zunge runterzudrücken.

»Damit er nicht daran erstickt«, erklärte Sophia, deren Mutter Ärztin war.

Spätestens jetzt hätte Owen normalerweise dieses lächerliche Schauspiel beendet und losgeschrien – allein der Gedanke an Miss Sanchez' rot lackierte Nägel auf der Zunge war ekelig –, aber er starrte weiter ins Leere.

Panik überkam Ava. »Das war ich nicht … Ich hab ihm nichts getan …«

»Natürlich nicht!«, erwiderte Miss Sanchez schroff.

»Ich war einfach sauer …«

»Ava, du kannst nichts dafür. Setz dich in die Leseecke! Das gilt für euch alle!«

Eilig befolgte Ava die Anweisung. Klar, es war nicht ihre Schuld. Darum ging es ja auch nicht. Trotzdem würde sich der Vorfall wie ein Lauffeuer an der Schule verbreiten. Aggro-Ava, die ständig Tobsuchtsanfälle bekam – wer würde jetzt noch neben ihr sitzen oder mit ihr befreundet sein wollen? Sie schaute Evelyn an und suchte in ihrem Blick nach einem Funken Mitgefühl, aber Evelyn drehte sich nur demonstrativ weg. Noch nie hatte sich Ava so einsam gefühlt.

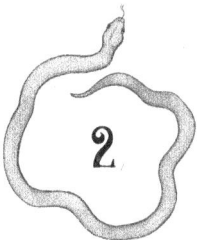

2

Nach der Schule wartete Ava nicht auf Jax, wie sie eigentlich sollte, sondern rannte allein nach Hause. Als sie durch die Tür platzte, telefonierte ihre Mom gerade. »Auf keinen Fall!«, sagte sie so energisch, wie Ava es noch nie erlebt hatte. »Sind Sie sicher, dass sie …«

Oh nein. So, wie ihre Mom reagierte, war es bestimmt jemand von der Schule – wahrscheinlich Mr Chu, der Direktor, der sie über das heutige Desaster informierte. Am Ende hatten zwei Leute vom Rettungsdienst Owen auf einer Trage in den Krankenwagen verfrachtet. Was, wenn er auf dem Weg ins Krankenhaus gestorben war und die Polizei sie nun verhaftete? Ava musste unbedingt … ja, was? Sich stellen? Würde sie dafür ins Gefängnis kommen? Was hatte sie eigentlich getan? Ihr entfuhr ein ängstliches Wimmern.

Ihre Mom blickte auf, bedeutete ihr mit erhobenem Finger, kurz zu warten, und fuhr fort: »Okay, okay. Verstehe. Ich muss jetzt Schluss machen.«

Sie legte auf und trat zu Ava. »Hey, alles in Ordnung mit dir?« Sie klang angespannt, und ein paar Strähnen hatten sich aus ihrem Zopf gelöst. Aber was erwartete man auch nach einem Anruf vom

15

Direktor? Normalerweise sah Avas Mutter immer tadellos aus, mit glatt geföhnten und straff zusammengebundenen Haaren. Niemand außerhalb der Familie käme je auf die Idee, sie könnte genauso eine Lockenmähne haben wie ihre Tochter. Zusätzlich zu ihrer Angst um Owen hatte Ava nun auch noch ein schlechtes Gewissen, weil sie ihrer Mom so viel Kummer bereitete.

»Verhaften sie mich jetzt?«, fragte sie matt.

»Dich verhaften?« Ihre Mom hob eine Augenbraue. »Wovon redest du?«

Ava war verwirrt. Tat ihre Mom nur so, als wüsste sie nicht Bescheid?

»Wen meintest du denn mit ›sie‹ am Telefon?«, hakte Ava nach.

»Ach, das.« Ihre Mom strich sich die losen Strähnen aus dem Gesicht. »Damit meinte ich eine der anderen Mütter. Unstimmigkeiten im Elternrat.«

Bevor ihre Mom Ava und ihren Bruder bekommen hatte, war sie Sozialarbeiterin gewesen. Sie hatte den Job geliebt, sagte aber immer, sie hätte nicht genügend Zeit, um ihn wieder aufzunehmen. Wenn sie nicht gerade putzte, kochte oder Ava und Jax von A nach B fuhr, engagierte sie sich ehrenamtlich im Elternrat. Bei ihr landeten meistens die undankbarsten Aufgaben, zum Beispiel das Adressieren der Einladungen für die Schulauktion, denn sie konnte nur schwer Nein sagen, was ihr sehr wohl bewusst war.

»Ach so.« Ava atmete auf. »Ich dachte, es wäre Direktor Chu. Oder die Polizei.«

»Ist in der Schule was passiert?«, fragte ihre Mom.

»Es war nicht meine Schuld, ich kann alles erklären«, verteidigte Ava sich sofort. Sie zog ihre Mom auf die Couch und erzählte ihr die ganze Geschichte. Dabei versuchte sie, ihr klarzumachen, wie schrecklich das Ganze gewesen war, aber ihre Mom schien das alles gar nicht so sehr zu beunruhigen wie sie. »Mhm, mhm«, sagte sie bloß, als wäre sie mit den Gedanken völlig woanders – vielleicht noch beim Elternrat.

»Ich hätte nicht so ausrasten dürfen, aber ich konnte nichts dagegen tun«, sagte Ava.

»Hast du es mit der Atemübung probiert, die ich dir gezeigt habe?«, fragte ihre Mom.

»Die hat nichts gebracht«, erwiderte Ava. »Woher sollte ich auch wissen, dass er direkt einen Anfall oder so was kriegt? Was, wenn er sich nicht davon erholt und alle sauer auf mich sind?«

Schluchzend warf sie sich in die Arme ihrer Mutter.

»Ach, Ava.« Ihre Mom strich ihr sanft über die Locken. »Es geht ihm bestimmt schon besser. Ich habe die Nummer von Mrs King, seiner Mutter. Soll ich sie mal anrufen?«

Ava nickte mit tränennassen Wangen. Ihre Mom stand auf und ging zum Telefonieren in die Küche, während Ava das Gesicht in der Couch vergrub und überlegte, was schlimmer wäre: ins Gefängnis oder wieder zur Schule zu müssen.

»Wie schön, dass er wohlauf ist«, hörte sie ihre Mom sagen. »Kein Anfall? Ein Glück. Trotzdem: Armer Junge. Wahrscheinlich hat er nur zu wenig getrunken. Ava vergisst ihre Wasserflasche auch dauernd.«

Erleichtert stieß Ava die Luft aus. Wenigstens würde man sie nicht mit anderen Verbrecherkids zusammen wegsperren. Wobei es nach diesem Vorfall vermutlich einfacher wäre, sich einen Freundeskreis im Gefängnis aufzubauen als in der Schule.

»Ava macht sich Vorwürfe«, sagte ihre Mom gerade und lauschte der Antwort. »Das ist mir auch klar, aber Sie wissen ja, wie Kinder sind. Sollen wir vielleicht heute Abend etwas zu essen vorbeibringen?«

Ava fuhr auf. Da Owens Leben nun doch nicht in Gefahr war, kehrte ihre Wut zurück. *Er* hatte *sie* geärgert – warum sollte sie sich da um sein Abendessen kümmern? Morgen in der Schule würden ihn eh alle bemitleiden. Sie war diejenige, die man mit dem Vorfall nicht in Ruhe lassen würde.

»Dann vielleicht ein andermal«, sagte ihre Mom.

Ava lächelte zum ersten Mal an diesem Tag. Glück gehabt.

»Es geht ihm gut«, berichtete ihre Mom, zurück im Wohnzimmer. »Er kommt morgen wieder in die Schule.«

In dem Augenblick platzte Jax ins Haus und steuerte geradewegs auf Ava zu. Er war groß und schlaksig wie ihr Dad, hatte aber die gleichen wirren Haare wie Ava und ihre Mom. »Vielen Dank fürs Warten«, knurrte er sarkastisch. »Und für die nette Nachricht. Oh, Moment, du hast ja keine geschrieben!«

»Jax! Sei nicht so. Ava hatte einen blöden Tag«, rief ihre Mom ihn zur Ordnung.

»Den hatte ich auch«, erwiderte Jax. »Bei der Extra-Hausaufgabe für meinen Geometrie-Zusatzkurs habe ich nur fünfundneunzig Prozent erreicht!«

»Wie schrecklich!« Ava tat schockiert. »Jax könnte eine Eins statt einer Eins plus kriegen.«

»Quatsch! Ich bekomme trotzdem eine Eins plus«, widersprach Jax lässig. Seit er die Highschool besuchte, weigerte er sich, auf Avas Provokationen einzusteigen. »Und was war bei dir los?«

»Geht dich nichts an«, antwortete Ava.

Ihre Mom sprang auf. Bestimmt ermahnte sie sie jetzt, nicht immer zu streiten. Stattdessen fragte sie: »Wie wärs mit einer heißen Schokolade? Ich glaube, ich habe noch ein paar Mini-Marshmallows da.«

»Ähm, klar, gerne«, stimmte Ava verwundert zu. Sie hatten August und draußen waren es fast siebenundzwanzig Grad, aber zu einer heißen Schokolade, vor allem mit Marshmallows, würde sie nie Nein sagen.

Ihre Mom lief in die Küche und Jax setzte sich zur Antwort neben Ava auf die Couch. Mit einer heißen Schokolade in Aussicht verzieh Ava ihrem Bruder sogar, dass er fies zu ihr gewesen war, und erzählte ihm von Owen. Sie war gerade am Ende der Story angelangt, als ihre Mom ein Tablett mit heißer Schokolade und einem Teller aufgetauter Weihnachtsplätzchen hereintrug.

»Plätzchen? Zu dieser Jahreszeit?«, bemerkte Jax, stopfte sich aber trotzdem ein paar in den Mund.

»Wenn man einen blöden Tag hatte, sind Plätzchen immer gut«, entgegnete ihre Mom.

»Morgen wird es garantiert noch schlimmer.« Ava fischte finster nach einem Marshmallow. »Jetzt haben es alle auf mich abgesehen. Owen ist schließlich einer der beliebtesten Schüler in der Stufe.«

»Hier ruht Ava«, verkündete Jax feierlich. »Gesellschaftlich zum Tode verurteilt.«

»Jax!« Sie verpasste ihm einen Stoß in die Rippen. Er tat so, als würde er an seinem Plätzchen ersticken.

»Könnt ihr nicht mal für einen Moment ernst bleiben, ihr zwei?«, sagte ihre Mom.

»Das ist mein Ernst. Ich kann nicht zurück zur Schule«, erwiderte Ava.

»Lass dich doch von anderen Leuten nicht so auf die Palme bringen«, sagte Jax.

»Ich hätte mich ja gar nicht aufgeregt, wenn Owen nicht so ein Kotzbrocken gewesen wäre.«

»Darum geht es nicht«, mischte sich ihre Mom ein. »Menschen wie Owen wird es immer geben – Jungs, die ihren Einfluss nutzen, um Mädchen kleinzumachen. Trotzdem darfst du den Kopf nicht verlieren.«

Ava schaute von ihrer Mom zu ihrem Bruder. »Ihr denkt also, ich sollte einfach nachgeben?«

»Sich zu beherrschen, heißt nicht, dass man nachgibt«, widersprach ihre Mom.

»Sondern?«

»Dass man nicht von der Gesellschaft ausgestoßen wird«, warf Jax ein.

»Bei dir ist es dafür schon zu spät«, blaffte Ava.

»Das reicht, ihr beiden! Das hier ist wichtig …«

Die Stimme ihrer Mom bebte. Avas Überraschung spiegelte sich auch auf Jax' Gesicht wider. So emotional klang sie selten.

»Alles okay?«

»Klar«, sagte ihre Mom schniefend, lächelte aber dabei. »Es ist nur … Ihr werdet so schnell erwachsen und …« Sie zögerte, als suchte sie nach den richtigen Worten. »Ich will nicht, dass ihr euch in Gefahr bringt.«

»Was für eine Gefahr denn?«, fragte Ava.

Doch statt zu antworten, schloss ihre Mom sie in die Arme.

»Mom!« Jax sträubte sich dagegen. »Ich muss Hausaufgaben machen.«

Er schnappte sich noch ein letztes Plätzchen und zog sich in sein Zimmer zurück. Doch Ava kuschelte sich an ihre Mutter. »Die Sechste war ätzend genug. Ich will nicht, dass es in der Siebten so weitergeht. Am liebsten würde ich noch mal ganz von vorn anfangen.«

Ihre Mom strich ihr die Haare aus dem Gesicht und küsste sie auf die Stirn. »Es wird schon alles gut werden.«

Aber es klang eher flehend als ermutigend.

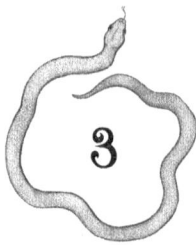

3

An diesem Abend fiel es Ava schwer einzuschlafen. Als es schließlich doch klappte, träumte sie, wie sie ziellos mit einem Tablett durch die Cafeteria der Schule irrte, weil niemand neben ihr sitzen wollte. Gleichzeitig schrumpfte sie und wurde so klein, dass Owen sie am Ende zertrampelte. An der Stelle schreckte sie aus dem Schlaf hoch. Allein beim Gedanken an die Schule war ihr ganz elend zumute. Die Sonnenstrahlen, die durch die Ritzen des Rollos drangen, waren verdächtig hell, und der Wecker zeigte kurz vor neun an. Hatte ihre Mom sie zu Hause bleiben lassen? Eher unwahrscheinlich.

Sie tapste nach nebenan zu Jax. Bestimmt waren seine Rollos schon oben und das Bett leer. Aber nein, er schlummerte noch tief und fest. Was war hier los? Bei einem Stromausfall würden die Zahlen auf ihrem Wecker blinken. Und ihre Eltern schliefen nie so lange.

»Jax!« Sie rüttelte ihn wach.

»Wa...?«, murmelte er und schob ihre Hand weg.

»Es ist neun Uhr!«

Er fuhr hoch und warf einen Blick auf den Nachttisch. »Was ist mit meinem Handy passiert?«

»Keine Ahnung.«

»Ich habe doch den Wecker gestellt. Heute steht ein Biotest an!«

Er stürmte die Treppen hinunter, seine Haare standen nach allen Seiten ab. Ava sprintete hinter ihm her. »Mom! Dad!«, brüllte er. »Wo ist mein Handy? Warum habt ihr mich nicht geweckt?« Ihre Mom war schon angezogen und hatte sich die Haare ordentlich geföhnt. Unter ihren Augen aber zeichneten sich dunkle Ringe ab, als hätte sie nicht viel geschlafen. Sie machte keine Anstalten aufzustehen, sondern schlürfte weiter ihren Kaffee an der Frühstückstheke. Avas Dad war auch nicht bei der Arbeit.

»Was ist hier los?«, fragte Ava.

»Setzt euch, Kinder«, sagte ihr Dad und gab Jax sein Handy. »Wir haben gute Neuigkeiten.«

»Das will ich hoffen«, meinte Jax. »Ich sollte nämlich eigentlich gerade meinen ersten Biotest schreiben.«

»Der ist jetzt nicht mehr wichtig«, erwiderte ihre Mom ruhig.

Jax fielen fast die Augen aus dem Kopf, und Ava hätte beinahe gelacht. »Von wegen nicht mehr wichtig! Ich brauche in jedem Test die volle Punktzahl ...«

»Was du brauchst, sind neue Herausforderungen«, unterbrach ihre Mom ihn. »Und Ava braucht einen Tapetenwechsel. Deswegen haben euer Vater und ich nachgedacht und sind zu einem Entschluss gekommen ...«

»Eure Mom hat heute Morgen schon ganz früh telefoniert.« Ihr Dad machte eine Kunstpause. »Und zwar mit der Accademia.«

Ihre Mom war auf ein internationales Internat für besonders begabte Kids in Venedig gegangen: die Accademia del Forte. Ava hatte immer schon vermutet, dass Jax eines Tages in ihre Fußstapfen treten würde.

»Und ihr seid beide angenommen worden. Ist das nicht toll?«, verkündete ihre Mom. »Ihr erhaltet eine klassische Ausbildung, Ava. Das heißt, du wirst in Altgriechisch und Latein unterrichtet und kannst deine geliebten Mythen bald im Original lesen. Venedig ist der magischste Ort der Welt. Die Stadt besteht aus vielen kleinen Inseln, und es gibt dort keine Autos, nur Fußgängerbrücken und Boote. Die Schülerinnen und Schüler sind allesamt sehr talentiert und kommen aus allen Ecken der Erde, und das Essen ist absolut fantastisch. Außerdem hat die Schule ein Schwimmbad mit Olympia-Becken und ein großartiges Schwimmteam. Das Schuljahr beginnt erst nächste Woche, ihr habt also bisher nichts verpasst.«

Ava war völlig baff. Jetzt konnte sie wirklich von vorn anfangen. Wen kümmerte da das Essen oder das Schwimmbad? Sie musste Owen nie mehr wiedersehen. Es war ein kompletter Neustart. Sie konnte sich neue Freundinnen und Freunde suchen.

»Ich bin dabei! Wann gehts los?«, fragte sie.

»Moment mal. Letztes Jahr hast du gesagt, eine Anmeldung wäre noch nicht möglich«, bemerkte Jax und musterte ihre Mutter kritisch.

Die zuckte mit den Schultern. »Letztes Jahr war Ava noch nicht so weit.«

»Was hat das mit Ava zu tun?«

»Ich wollte, dass ihr zusammen hingeht«, erwiderte sie.

»Dann darf sie also zwei Jahre länger bleiben als ich? Wie unfair!«, beschwerte sich Jax.

Ava freute sich diebisch. Endlich war ihr Bruder mal neidisch auf *sie*. »Vielleicht schicken sie mich ja früher hin, weil ich begabter bin als du.«

»Begabter darin, Freunde zu verlieren«, schoss er zurück.

»Immerhin habe ich welche, die ich verlieren kann.«

»Hattest.«

»Schluss jetzt«, ging ihr Dad dazwischen.

Sie funkelten einander an.

»Ich persönlich finde, Ava ist noch ein bisschen jung für ein Internat, aber eure Mom sagt, es ist eine der besten Schulen weltweit«, erklärte Dad. »Wir verlassen uns also darauf, dass du ein Auge auf deine kleine Schwester hast, Jax ...«

»Klar, schon kapiert.« Jax seufzte. »Ich soll Avas Babysitter spielen. Na ja, wenigstens darf ich endlich hin.«

Ava klatschte in die Hände. »Wann fliegen wir?«

»Ich habe Tickets für übermorgen gebucht«, antwortete ihre Mom. »Und ich dachte, dann wäre es sinnlos, euch hier weiter zur Schule zu schicken, daher habe ich euch ausschlafen lassen.«

»Das wäre definitiv sinnlos«, stimmte Ava zu.

»Bevor sie euch dort empfangen, haben wir noch ein, zwei Tage, um die Stadt zusammen zu besichtigen«, sagte ihr Dad.

Ava vollführte ein Tänzchen. »Habe ich eine Zimmernachbarin? Gibt es eine Schuluniform? Wie sind die Lehrkräfte so? Muss ich dafür Italienisch lernen?«

»Komm, wir stellen schon mal eine Maschine Wäsche an und fangen an zu packen. Dabei kann ich dir bestimmt ein paar Fragen beantworten«, schlug ihre Mom vor.

Die nächsten achtundvierzig Stunden hatten sie alle Hände voll zu tun: Bettwäsche und Duschzeug besorgen, Winterjacken vom Dachboden holen, Schulzeugnisse übermitteln lassen. Ava blieb kaum Zeit zum Nachdenken. Erst am Abend vor dem Flug, als sie ihr Lieblingskuscheltier ins Handgepäck packte – die grünschwarz gepunktete Schlange Nattan, die sie als Baby von ihrer Mom bekommen hatte –, wurde ihr bewusst, dass sie ihr Zuhause verlassen würde. Dann würde ihre Mom sie nicht mehr vor dem Schlafengehen zudecken und ihr einen Gute-Nacht-Kuss geben. Ava konnte sie nicht mal anrufen, denn im Internat waren weder Handys noch Computer erlaubt – passend zur traditionellen, klassischen Ausbildung. Nur Briefe durften sie sich schreiben.

Ava schnürte es die Kehle zu, und ihr Magen tat plötzlich richtig weh. Hieß es deswegen *Heimweh*? Sie war doch noch nicht mal weg. Schnell holte sie Nattan wieder aus dem Rucksack und legte ihn zurück zu den übrigen Kuscheltieren.

In dem Moment kam ihre Mom mit einem Stapel gefalteter Kleidung ins Zimmer. »Nur noch eine Maschine Wäsche und wir sind bestens vorbereitet.«

»Ich hab es mir anders überlegt«, meinte Ava.

Ihre Mom hielt mitten in der Bewegung inne. »Wie jetzt?«

»Ich will da nicht hin.«

Ihre Mom blieb wie angewurzelt stehen und blinzelte, ehe sie die Klamotten auf dem Schreibtisch ablegte und sich neben sie aufs Bett setzte. »Ava«, hob sie vorsichtig an. »Du musst da hin.«

»Kann ich nicht einfach nächstes Jahr zur Accademia? Dann bin ich dreizehn und …«

»Das ist so was wie …«, ihre Mom blickte aus dem Fenster in

den dunklen Augustabend, als versteckte sich die Antwort dort draußen, »… eine Familientradition. Vertrau mir. Du bist alt genug. Es ist an der Zeit für dich.«

»Ich werde dich so vermissen.«

Eine Träne rollte Ava über die Wange. Ihre Mom wischte sie fort und nahm sie fest in den Arm.

»Ich werde dich auch vermissen. Aber Daddy und ich kommen euch in den Ferien besuchen. Bis dahin sind es nur ein paar Monate. Die sind ruckzuck um. Du wirst uns beide sehr stolz machen, Ava, da bin ich mir sicher.«

Das bezweifelte sie. Sie war nicht wie Jax, der ständig Bestnoten und Preise mit nach Hause brachte. »Kann ich nicht hierbleiben?«, flehte sie. »Ich benehme mich auch und werde nie mehr wütend.«

Ihre Mom schüttelte den Kopf. »Es ist bereits alles geregelt. Das Internat ist eine Topschule. Dort werden sie dich besser auf das Leben vorbereiten als überall sonst. Bis wir uns das nächste Mal sehen, wirst du es verstehen. Gib dem Ganzen eine Chance, okay?«

»Okay«, flüsterte Ava.

»Ich hab dich lieb«, sagte ihre Mom. »Du bist doch mein starkes Mädchen.«

Ava schniefte, nickte aber. Sie wollte nicht anfangen zu weinen. Sie wollte ihrer Mom beweisen, dass sie stark genug war, ihre Gefühle im Zaum zu halten. Die Traurigkeit. Die Wut. Einfach alle.

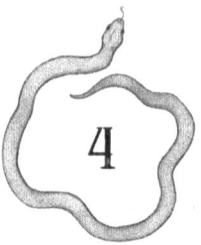

4

An Bord ihres ersten internationalen Flugs kehrte Avas Aufregung zurück. Sie schlief wenig, und als sie bei Sonnenaufgang in Venedig landeten, kam sie sich vor wie in einem Wachtraum. Statt mit dem Auto zu fahren, schipperten sie mit einem Wassertaxi über das grau-grüne Meer – oder die Lagune, wie ihre Mutter sie nannte – auf ein Gewirr aus farbenfrohen alten Gebäuden zu. Obwohl Ava von ihrer Mom wusste, dass sich die Häuser auf Inseln befanden, schien die Stadt für sie wie durch Magie auf dem Wasser zu treiben. Das Taxi röhrte über den Canal Grande, die größte Wasserstraße, die die Stadt in zwei Hälften teilte. Schließlich legten sie an einem Pier an und stiegen aus. Sie zerrten ihre Koffer durch enge, gewundene Gassen und über Steinbrücken bis zu einem kleinen Hotel. Dort angekommen, schlief Ava sofort tief und fest ein.

Als sie aufwachte, war es bereits später Nachmittag und noch ziemlich heiß. Ihre Mom nahm sie mit auf einen Spaziergang und ließ sie und Jax kaufen, was ihr Herz begehrte, von cremigen Tiramisu-Schnitten bis zu venezianischen Masken aus Pappmaschee. Ava entschied sich für eine blau-silberne Katzenmaske mit Glitzer. Ihrer Mom zufolge sollten sie an die streunenden

Katzen erinnern, die die Stadt einst vor Seuchen bewahrt hatten und bis heute in den schmalen Gässchen und auf den Plätzen Mäuse jagten.

Am darauffolgenden Tag nach einem frühen Mittagessen stiegen Ava, Jax und ihre Eltern in ein langes Boot mit Samtsitzen und gebogenem Bug. Es war der erste September, und alle Neuankömmlinge waren angewiesen worden, mit der Gondel anzureisen. Am Vorabend hatte ihre Mutter ihr von der Tradition erzählt, dass man zu Beginn des Schuljahres immer den eindrucksvollen Seiteneingang am Canal Grande benutzte. Die Accademia del Forte befand sich in einem der ältesten und größten *Palazzi* und war mit gewaltigen griechischen Säulen ausgestattet. Aus der dorischen Ordnung, laut Jax, der vorher etwas über die einzelnen Architekturstile gelernt hatte. Ob aus Spaß oder um Eindruck zu schinden, war schwer zu sagen.

Die Gondel hob und senkte sich auf dem Canal Grande, und Avas Magen gluckerte. Sie hätte nach dem Mittagessen nicht so viel von dem sauren Kirscheis essen sollen. Ein Motorboot brauste vorbei und brachte die Gondel noch mehr ins Schaukeln. Ava hielt sich an ihrem Koffer fest, der neben ihr im Boot klemmte. Er erinnerte sie daran, dass sie in dem vor ihr aufragenden Steingemäuer nicht nur zu Besuch war, sondern für ein ganzes Jahr dort einzog.

»Dieser Ort ist unglaublich.« Ihr Dad richtete seine Handykamera auf eine Reihe internationaler Flaggen, die am Balkon der Accademia in der warmen Septemberbrise wehten.

»Dad, hör auf zu fotografieren«, nörgelte Ava. »Wir sind da.«

Die Gondel legte zwar gerade erst an der grünlichen Treppe an, die sich vor ihnen aus dem Wasser erhob, aber Ava wollte verhindern, dass ihr Dad Bilder von *ihr* machte. Sie sah bestimmt total angespannt und verängstigt aus. Ihr Magen schlug Purzelbäume, und am liebsten hätte sie dem Gondoliere das Ruder aus der Hand gerissen und wäre schleunigst zurück zum Flughafen gepaddelt. Wenigstens faselte Jax jetzt nicht mehr von Säulen. Stattdessen fummelte er wie besessen an den Riemen seines Rucksacks herum. Ihre Mom betrachtete nur mit feierlichem Ernst die Accademia. Erst als sie Avas Blick auf sich spürte, lächelte sie.

»Ich denke an damals, als ich hier angekommen bin.«

»Warst du aufgeregt?«, fragte Ava.

Sie versuchte, sich ihre Mutter mit zwölf, dreizehn Jahren auszumalen, wie sie mit einem Koffer in die neue Schule stapfte und Abschied von ihren Eltern nahm. Doch obwohl sie viele Fotos von ihr in dem Alter gesehen hatte – sie war Ava sehr ähnlich gewesen –, konnte Ava sich nur schwer vorstellen, dass sie sich jemals wie ein Kind gefühlt hatte. Sie wirkte eher so, als wäre sie erwachsen geboren worden, wie Athene, die Zeus' Kopf entstiegen war.

»Natürlich.« Das Lächeln ihrer Mutter verblasste. »Aber es hat sich dann alles eingespielt.«

Ava wollte gerade fragen, was sie damit meinte, da prallte die Gondel gegen die Stufen und sie stieß gegen Jax.

»Pass doch auf«, sagte er, als wäre das Absicht gewesen.

Sie sah ihn finster an, obwohl er genauso nervös schien wie sie.

»Accademia del Forte«, verkündete der Gondoliere und bot Avas Mom seine Hand an. Nacheinander stiegen sie aus dem

Boot und er reichte ihnen das Gepäck. Weitere Gondeln mit immer mehr Kindern legten an. Sofort fiel Ava ein skeptisch dreinschauendes Mädchen mit kurzen orangefarbenen Haaren und zahlreichen Ohrpiercings auf, die ungefähr in ihrem Alter war. Aber sie wandte den Blick schnell wieder ab und richtete ihn auf den Boden, da sie auf keinen Fall vor allen Leuten auf den glitschigen grünen Stufen ausrutschen wollte.

Oben an der Treppe folgte Ava Jax über eine steinerne Veranda zu einer gigantischen Flügeltür, vor der die Eltern mit ihren Kindern Schlange standen. Es ging nur stockend voran. Als sie durch den runden Torbogen in eine Vorhalle aus Marmor gelangten, wurde Ava klar, warum.

Ein sehr großer, breitschultriger Mann im Anzug begrüßte jeden einzelnen Neuankömmling per Handschlag. Mit donnernder Stimme stellte er sich vor.

»Ich bin der Schulleiter, Mr Oreon. Herzlich willkommen …«

Als sie an der Reihe waren, schob Jax sich schnell vor sie.

»Jaxon Baldwin. Schön, Sie kennenzulernen.«

»Ah! Ja.« Mr Oreon schüttelte ihm die Hand. »Und das muss deine Schwester Ava sein.«

Beherzt ergriff er nun Avas Hand. »Deine Mom war hier ein echter Star. Und ich habe das Gefühl, das wirst du auch.«

Ava wurde rot, stolz darauf, dass das Kompliment mal nicht Jax galt.

Der Schulleiter lächelte ihre Mom an. »Sie sieht genauso aus wie du, Melanie.«

»Das höre ich öfter«, erwiderte Mom und trat beiseite, um Avas Dad vorzustellen. »Aber von ihrem Vater hat sie auch einiges.«

»Der hatte nur leider nicht das Vergnügen, diese Schule zu besuchen«, witzelte ihr Dad.

Mr Oreon lachte aus vollem Hals und klopfte ihm auf die Schulter, ein Zeichen, dass er trotzdem willkommen war. »Wir haben im großen Saal tolle Sachen für die Kinder vorbereitet. Schnappt euch ein Namensschild, und dann viel Spaß.« Damit schob er sie sanft weiter.

»Netter Kerl«, meinte ihr Dad, während sie ihrer Mom folgten.

»Total«, stimmte Ava zu. Ihre Mom sagte nichts und Jax auch nicht. Offenbar war er eingeschnappt, dass Mr Oreon nicht *ihn* zum neuen Starschüler auserkoren hatte. Genau deswegen war der Schulleiter ihr sympathisch. Vielleicht war die Accademia del Forte die Schule, an der *sie* endlich einmal glänzen konnte.

Der große Saal machte seinem Namen alle Ehre. Er war riesig, und überall standen runde Eichentische mit Klauenfüßen. Die wandhohen Fenster an einer Seite und drei gigantische Kristalllüster füllten den Raum mit Licht.

Ava war nicht die Einzige, die staunte. Mehrere Schülerinnen und Schüler scharten sich mit ihren Eltern am Eingang und starrten hinauf zu der zwei Etagen hohen Decke, verziert mit Fresken griechischer Götter. Ava erkannte Zeus an dem Donnerkeil in seiner Hand, Poseidon am Dreizack und Hades an seiner Tarnkappe. Sie kämpften gegen einen Mann mit einer Sichel, der eine Horde Riesen anführte.

»Hat jemand eine Ahnung, was wir dort sehen?«, fragte eine junge Frau, deren Namensschild sie als Miss Klio auswies. Ihr braunes Haar war zu einem strengen Dutt hochgesteckt, und sie trug ein dickes Buch bei sich.

Ava meldete sich, und Miss Klio deutete auf sie.

»Das ist eine Szene aus dem Kampf der Titanen, dem Krieg, in dem die olympischen Gottheiten, angeführt von Zeus und seinen Brüdern, Zeus' Vater Kronos und die anderen Titanen besiegt haben. Kronos ist der Mann mit der Sichel.«

Miss Klio klatschte, und der Rest der Menge stimmte mit ein.

»Gut gemacht …« Sie versuchte, ihr Namensschild zu entziffern.

»Ava«, ergänzte Ava stolz.

»Ich merke schon, von Ava werden wir in meiner Doppelstunde zur griechischen und römischen Mythologie noch einiges hören«, meinte Miss Klio.

»Wir haben eine Doppelstunde Mythologie?«, flüsterte Ava ihrer Mom zu.

»Die ist sogar Pflicht im ersten Grad«, flüsterte ihre Mom zurück. Der erste Grad entsprach an der Accademia der siebten Klasse.

Ava grinste. »Warum hast du mir das nicht gleich erzählt?«

»Ja, bitte?«, ertönte wieder Miss Klios Stimme.

Ava hatte gar nicht mitbekommen, dass sich noch jemand gemeldet hatte.

Das Mädchen mit den orangefarbenen Haaren deutete auf die Decke. »Warum sind da gar keine Frauen dabei?«, fragte sie mit irischem Akzent.

Ava betrachtete die Kampfszene. Sie zeigte die olympischen Götter und ihre Verbündeten – die hundertarmigen Hekatoncheiren sowie die einäugigen Zyklopen –, die Kronos und seinen Brüdern, den Titanen, mit Felsbrocken und Donnerkeilen zusetzten. Das Mädchen hatte recht: Auf dem Fresko war nirgends eine Göttin zu sehen.

»Frauen spielten keine große Rolle in der Titanomachie«, erklärte Miss Klio. »Und du bist?«

»Fia«, antwortete das Mädchen. »Aber haben nicht ein paar Titaninnen …«

»Einige von ihnen haben Zeus unterstützt«, kam Miss Klio ihr zuvor. »Aber sie als wichtige Figuren in dieser Schlacht zu bezeichnen, wäre nicht angemessen.«

Fia runzelte die Stirn, doch ehe sie Miss Klio widersprechen konnte, räusperte diese sich laut. »Die Schülerschaft der Accademia del Forte stammt aus den verschiedensten Winkeln der Welt. Zur Feier des Tages und der Vielfalt haben die Schüler die Gelegenheit, einen DNA-Test zu machen, um mehr über ihre Herkunft zu erfahren. Sucht euch bitte einen Tisch. Ein Lehrer zeigt euch dann, was zu tun ist. Die ehemaligen Absolventen unter euren Eltern erwartet Mr Oreon in der Bibliothek. Die Übrigen folgen mir für eine kurze Einführung in die Geschichte der Schule auf einen kleinen Rundgang.«

Unruhe entstand, während alle in unterschiedliche Richtungen davonwuselten. Jax steuerte den nächstbesten Tisch an. Wahrscheinlich wollte er Ava möglichst schnell loswerden, um sich bei den Lehrkräften einzuschleimen. Ava beobachtete, wo Fia hinging, und folgte ihr an einen Tisch weiter hinten im Saal. Daran saß ein mit Aknenarben gezeichneter Lehrer im Rollstuhl und teilte Reagenzgläser aus. »Mr Heff« stand auf seinem Namensschild.

»Füllt die Reagenzgläser bis zum Strich mit Speichel und gebt sie mir«, wies er sie an.

Ava spuckte in das Röhrchen. Dann stellte sie sich neben Fia. »Das vorhin war eine gute Frage.«

Fia unterbrach ihre Spuckerei. »Die Lehrerin hat doch keine Ahnung. Rhea hat Zeus *heimlich* zur Welt gebracht, um zu verhindern, dass sein Vater Kronos ihn direkt verspeist. Der Kampf der Titanen hätte also gar nicht stattgefunden, wenn Rhea Zeus vorher nicht gerettet hätte.«

»Rhea hat Kronos außerdem stattdessen einen in eine Decke gewickelten Stein gegeben, damit er denkt, er verschlingt seinen Sohn«, ergänzte Ava.

Fia nickte eifrig. »Du fängst dieses Jahr auch im ersten Grad an, oder?«

Ava bejahte. »Kommst du aus Irland?«

Fia händigte Mr Heff ihr Reagenzglas aus. »Ja, woher weißt du das? Am liebsten würde ich sofort wieder zurück. Mein Pa passt solange auf meine Menagerie auf. Ich hoffe nur, er kümmert sich gut um sie ...«

»Deine Menagerie?«

»So nenne ich meine Haustiersammlung. Sie besteht aus meiner schwarzen Katze Sphinx, meiner Zwergziege Faun und Uro, einer Königsboa.«

»Du Glückliche«, sagte Ava. »Ich wollte immer eine Schlange haben. Leider hat Mom es mir nie erlaubt. Aber mein Lieblingskuscheltier ist eine Schlange!«

Sofort bereute sie, das gesagt zu haben. Jetzt würde Fia sie für ein albernes Kleinkind halten, das noch mit Kuscheltieren spielte.

Aber zum ersten Mal lächelte Fia. »Gut, dass du keins von den

Mädchen bist, die sich allein beim Anblick einer Schlange in die Hose machen. Uro ist viel toller als die meisten Menschen, besonders Jungs. Der einzige, den ich mag, ist mein Pa.«

Ava wäre Fia am liebsten um den Hals gefallen. »Ist bei mir auch so. Ich habe einen Bruder, und der ist total nervig.«

»Ich hab nur meinen Pa«, erwiderte Fia. »Ma ist gestorben, als ich noch ein Baby war.«

Ava wusste nicht, was sie dazu sagen sollte. Zum Glück sprach Mr Heff die beiden genau in diesem Moment an.

»Also, Ava, bei dir ist alles dabei«, erklärte er. »Du hast einen südeuropäischen, westafrikanischen, skandinavischen und französischen Anteil, und einen nicht definierten ...«

»Fünfzehn Prozent nicht definiert? Das ist aber viel«, bemerkte Ava.

»Bei mir sind zehn Prozent nicht definiert«, sagte Fia, die über Avas Schulter die Ergebnisse anschaute. »Komisch. Ich dachte, ich wäre zu hundert Prozent irisch.«

»Heutzutage ist niemand zu hundert Prozent irgendetwas. Manche Leute weisen interessantere Mischungen auf, als man meint«, erwiderte Mr Heff.

»Was ist so interessant an einem nicht definierten Teil?«, fragte Fia. »Das heißt doch nur, dass er nicht bestimmt werden kann.«

»Nicht ganz, Fia«, widersprach Mr Heff. »Es bedeutet, dass ein gewisser Prozentsatz deiner DNA keiner bestehenden genetischen Gruppe zugeordnet werden kann, die ...«

»Heff!«, wurde er plötzlich schroff unterbrochen.

Ava drehte sich um und entdeckte ein uralt aussehendes Pärchen. Die Frau hatte unzählige Falten und lief gebückt. Der Mann, dessen Gesicht ebenso runzlig war wie das der Frau, blickte sie finster an.

»Miss Moira hat eine komplette Stunde zu diesem Thema vorbereitet«, sagte er.

Die alte Dame drohte mit dem Finger. »Nicht vorgreifen!«

Ehe Mr Heff etwas erwidern konnte, wieselten die beiden davon. Für ihr Alter bewegten sie sich überraschend schnell.

»Wer waren die denn?«, fragte Fia.

Mr Heff war puterrot angelaufen. »Mr Moros unterrichtet Mathematik, seine Schwester, Miss Moira, Biologie. Und er hat recht. Sie kann euch das viel besser erklären als ich. Mein Fach ist Kreatives Gestalten.«

»Die sehen aus, als wären sie seit tausend Jahren hier«, bemerkte Fia.

»Länger«, entgegnete Mr Heff knapp.

»Ich mag ihn, er ist witzig«, meinte Fia, als Mr Heff außer Hörweite war. »Wie unfreundlich dieser alte Knacker war! Mich hätte schon interessiert, was Mr Heff dazu zu sagen hatte.«

»Mich auch«, bestätigte Ava.

Da hallte Miss Klios Stimme durch den Saal. »Kinder, es wird Zeit, eure Eltern zu verabschieden. Sie warten draußen am Eingang auf euch.«

Es war also so weit. Ava hatte sich diesen Moment vorher oft ausgemalt. Allein der Gedanke daran, ihre Mutter ein letztes Mal in den Arm zu nehmen, hatte ihr immer die Tränen in die Augen getrieben. Aber als sie und Fia sich nun dem Strom der Schülerinnen und Schüler anschlossen, ging es ihr ganz okay. Sie hoffte, in Fia eine Freundin gefunden zu haben, ermahnte sich aber, nicht zu voreilig zu sein. Isabelle und Evelyn hatte sie auch für ihre Freundinnen gehalten, und dann waren sie es auf einmal doch nicht mehr. Trotzdem fing das Schuljahr hier wesentlich vielversprechender an.

Als sie nach draußen kamen, herrschte dort Unruhe. Mr Moros lag umringt von einigen Lehrkräften auf dem Boden. Miss Moira kniete neben ihm und fächelte ihm Luft zu. Er hatte die Augen geöffnet, rührte sich aber nicht.

»Was ist passiert?«, fragte Ava.

»Nur ein kleiner Schwächeanfall«, verkündete Mr Oreon. »Bestimmt wegen der Hitze. Das wird schon wieder.«

Die Lehrenden halfen Mr Moros aufzustehen und stützten ihn auf dem Weg ins Gebäude. Etwas abseits der Menschenmenge entdeckte Ava ihre Mom und ihren Dad. Die Augen ihrer Mom glänzten feucht.

Ava rannte zu ihr. »Mom? Ist alles okay?«

Sie nickte und wischte die Tränen weg.

»Ist nur der Abschied. Der nimmt sie ein bisschen mit«, meinte Dad.

Bei diesen Worten schlang ihre Mom die Arme um sie und vergrub das Gesicht in Avas Haaren.

»Mom, ich komm schon klar. Ehrlich. Mir gefällt es hier.«

Ihre Mom nickte immer wieder, aber sie brachte noch immer keinen Ton heraus, sondern drückte Ava bloß fest an sich.

Ava hatte erwartet, dass sie selbst mit den Tränen kämpfen würde, während ihre Mom ihr gut zuredete, nicht andersherum. Das verlieh ihr noch mehr neuen Mut. Gleichzeitig hatte sie Mitleid mit ihrer Mom. Sie war so aufgewühlt, dass sie nicht einmal Tschüss sagen konnte. Da gesellte sich Mr Oreon zu ihnen.

»Du solltest dich hinlegen und ausruhen, Melanie«, meinte er besorgt und legte den massigen Arm um sie. »Komm, ich bringe dich zur Gondel.«

Avas Dad lief den beiden hinterher, nachdem er sie und Jax zum Abschied umarmt hatte.

»So aufgelöst habe ich Mom noch nie erlebt«, sagte Ava zu Jax. »Sie konnte ja nicht mal mehr sprechen.«

Ihr Bruder zuckte mit den Achseln. »Sie sah ganz schön geschockt aus, als der alte Lehrer zusammengebrochen ist. Und bestimmt fällt es ihr schwer, sich von uns zu trennen – vor allem von dir. Sie hat mir immer wieder eingeschärft, ich soll ja auf dich aufpassen.« Er deutete die Treppe hinunter. »Aber es scheint ihr schon besser zu gehen, siehst du?«

Der Schulleiter flüsterte ihrer Mom gerade etwas ins Ohr. Was es auch war, es brachte sie zum Lächeln. Jetzt machte sie zum Glück wieder einen einigermaßen normalen Eindruck. Trotzdem wünschte sich Ava, ihre Mom würde sich noch ein letztes Mal zu ihr umdrehen und ihr etwas zurufen, einfach nur, damit sie ihre Stimme hörte.

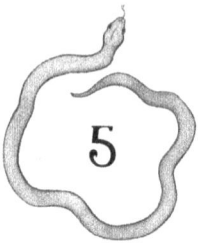

5

Ava wischte sich den Mund mit ihrer weißen Stoffserviette ab und legte sie neben den halb vollen Teller mit Mini-Donuts oder *Frittole*, wie es auf der ausgedruckten Speisekarte hieß. »Ich krieg keinen Bissen mehr runter.«

Fia stöhnte und hielt sich den Bauch. »Ich auch nicht.«

Es war unglaublich, was man ihnen während des Neuankömmlings-Banketts alles aufgetischt hatte: hauchdünn geschnittenes Rindfleisch mit Melone, Shrimps und Oktopus, Minestrone mit Basilikum, buttrige Muschelpasta, Risotto mit Tintenfischtinte, eine Obstplatte, Zitronenmousse und schließlich die noch warmen *Frittole*. Der große Saal war passend zum üppigen Festmahl geschmückt worden. Weiße Leinentischdecken zierten die antiken Tische, die mit getrockneten Seesternen, blauen Seeanemonen, Treibholz und Gehäusen von Schalentieren dekoriert waren. Es gab funkelndes Besteck, Glaskelche und goldgerändertes Porzellangeschirr, versehen mit dem Schulwappen: Herkules mit der Keule, mit der er gegen den Nemeischen Löwen gekämpft hatte, und darunter das Motto *Genus non est fatum*.

Das Beste jedoch war, dass Fia sie zu Beginn des Festmahls zu sich gewunken hatte, damit Ava sich neben sie setzte. Ava hatte sich den anderen am Tisch vorgestellt – darunter zwei Mädchen aus Polen, ein Junge aus Uruguay und ein Junge aus Vietnam. Aber obwohl sie alle überraschend gut Englisch sprachen, hatte sie die meiste Zeit mit Fia geredet.

»Es gibt aber nicht jeden Abend so viel zu essen, oder?«, fragte Fia.

Draußen war es bereits dunkel, und Ava konnte ihr Spiegelbild in der Fensterscheibe sehen. »Ich glaube nicht. Das hat ja Stunden gedauert.« Sie deutete auf ihren Teller. »Obwohl im Schulmotto immerhin das Wort *Genus* steckt.«

Fia grinste. »Vielleicht bedeutet *Genus non est fatum* so was wie *Genuss ist nicht fatal.*«

Ava lachte. »Richtig gut. Mit Diäten hatten die griechischen Gottheiten nichts am Hut, da konnte man nach Lust und Laune schlemmen.«

Fia beugte sich verschwörerisch zu ihr, und Ava rechnete schon mit dem nächsten Witz.

»Dieser Ort ist seltsam. Ich meine, warum sollten sie eine englischsprachige Schule in Italien aufmachen?«

Darauf wusste Ava keine Antwort. Einerseits gab sie Fia recht. Vom perfekten Timing ihrer Aufnahme bis hin zum stummen Abschied ihrer Mom war alles an der Accademia echt schräg – aber auch auf eine schöne Art, mit dem Acht-Gänge-Menü, der Doppelstunde Mythologie und den Lehrenden, die Ava jetzt schon kannten und mochten. Und sie fand Fia toll, gerade weil sie irgendwie sonderbar war. Fia war wahrscheinlich keine, die unbedingt zu den coolen Leuten gehören wollte und sie deswegen hängen ließ. Wobei sie sich nicht sicher sein konnte, solange sie nicht herausgefunden hatte, wer hier zu den coolen Leuten zählte. Am liebsten würde sie sich mit Fia einen Schlafraum teilen.

»Hoffentlich können wir bald auf unsere Zimmer«, meinte Ava. »Ich bin todmüde.«

»Tja, so ein Pech.« Fia deutete über Avas Schulter hinweg. »Offenbar geht es jetzt erst richtig los.«

Ava drehte sich um. Der Schulleiter schlug mit einem Löffel gegen seinen Kelch. Miss Klio rollte ein Podium heran.

»Eine Rede …«, sagte Fia so motiviert, wie Ava sich nach dem vielen Essen fühlte. Trotzdem drückte Ava den Rücken durch und versuchte, möglichst begeistert zu wirken.

Der Lärm um sie herum ebbte ab, als Mr Oreon das Podium bestieg. Er stellte sein Glas ab und lockerte die Krawatte.

»Wozu die Erhöhung? Der Typ ist ein richtiger Herkules. Ist ja nicht so, als könnten wir ihn sonst nicht sehen«, wisperte Fia.

Sie hatte natürlich recht, aber Ava wollte nicht gleich am ersten Tag durch Geplapper negativ auffallen, also schenkte sie ihr zur Antwort nur ein knappes Lächeln.

»Ich hoffe, das Essen hat euch geschmeckt«, donnerte Mr Oreon.

Einige riefen lauthals »Ja!«, andere klatschten.

»Sehr gut. Kommen wir nun zum Ernst des Abends.«

Ava hing gebannt an seinen Lippen. Doch der Schulleiter hielt zunächst einmal inne und ließ den Blick durch den Saal schweifen.

»Vorhin hat Miss Klio euch auf das wunderschöne Fresko an der Decke aufmerksam gemacht. Eine unserer Schülerinnen hat darin ganz richtig den Kampf der Titanen erkannt« – Ava wurde rot, als mehrere Köpfe sich zu ihr umdrehten –,»ebenso wie die ruhmreichen Helden, die olympischen Götter.«

»Und Göttinnen«, murmelte Fia.

»Heute sollt ihr erfahren, warum dieses Fresko für die Accademia del Forte von derart großer Bedeutung ist. Es ist nämlich so: Die mächtigsten der olympischen Götter – Zeus, Poseidon und Hades – sind die Gründer dieser Schule.«

Ava wartete auf ein »zumindest laut Legende«, begleitet von einem Augenzwinkern oder einem Grinsen, doch er schaute nur weiterhin mit feierlicher Miene auf sie herab.

»Das mag jetzt überraschend klingen, aber die griechischen Göttinnen und Götter sind quicklebendig.«

»Sehr schön. Endlich schenkt er den Göttinnen mal etwas Anerkennung. Wenn auch nur dafür, dass sie noch leben. Wahnsinnsleistung, wenn man *unsterblich* ist«, flüsterte Fia trocken.

Ava biss sich auf die Lippen, um ein Kichern zu unterdrücken. Bestimmt sollte das eine Art Gute-Nacht-Geschichte werden. Und eins musste sie Mr Oreon lassen: Er fiel kein bisschen aus der Rolle.

»Die Olympier haben diese Schule jedoch nicht nur gegründet, sie leiten sie bis zum heutigen Tage«, erklärte er mit ernstem Gesichtsausdruck.

»Ein Hoch auf den mächtigen Zeus!«, rief ein Junge am Nachbartisch, um ein paar Lacher zu ernten.

Mr Oreon lächelte schmallippig. »Sei froh, dass das Schuljahr gerade erst begonnen hat und du noch nicht ahnst, wo und was du bist, junger Mann. Mach dich noch einmal über die Götter lustig, und du kassierst einen Tadel. Bei insgesamt drei Tadeln gibt es einen Verweis. Und ich garantiere dir, dieses Schicksal wünscht sich niemand. Etwas mehr Respekt, wenn ich bitten darf!«

Mit diesen Worten hob Mr Oreon eine Hand. Eine dünne Wasserspirale kräuselte sich aus dem Kelch des Jungen empor. Der starrte fasziniert darauf.

»Wie macht Mr Oreon das?«, fragte Fia.

Ehe Ava etwas erwidern konnte, schossen aus sämtlichen Kelchen und Karaffen im Saal Wasserfontänen und fanden sich zu Formen zusammen: Delfinen, die über Wellenkämme sprangen, einer Herde geflügelter Pferde, einem Reigen von Menschen.

Sprachlos verfolgte Ava das Spektakel. Um sie herum war es still geworden. War das nur ein Trick wie bei einer dieser spektakulären Zaubershows? Ein paar andere – darunter auch der Junge, der Zeus bejubelt hatte – schienen den gleichen Gedanken zu haben, denn sie applaudierten. Doch bevor noch jemand sich dem Beifall anschließen konnte, bildeten die Fontänen große Wellen und hoben die klatschenden Schülerinnen und Schüler in die Luft. Erschrockene Schreie gellten durch den Saal, während die schäumende Gischt sie über die Tische trieb.

Fia wurde blass und warf einen Blick zur Tür. »Ich werde schnell seekrank.«

Ava war zu erstaunt, um ihr zu antworten. Dies war kein Zaubertrick. Nur *ein* Wesen auf der Welt wäre in der Lage, Kinder in die Luft zu heben und Wasser dazu zu bringen, der Schwerkraft zu trotzen. Ein Gott.

Mr Oreon bewegte die Hände so, als würden sie irgendwo eintauchen. Die Wellen brachen und setzten die Betroffenen sanft wieder auf ihren Plätzen ab. Fia atmete hörbar aus.

»Ein Hoch auf den mächtigen Poseidon!«, rief der Junge von vorhin nun etwas schrill.

Darauf entgegnete Mr Oreon: »Das ist nicht ganz richtig. Ich bin lediglich ...«

Auf einmal ergab der Name des Schulleiters Sinn.

»Sein Sohn«, ergänzte Ava laut. Er war der riesenhafte Orion, auch bekannt als Orion der Jäger.

»Gut beobachtet, Ava«, lobte Mr Oreon – oder vielmehr Mr *Orion.*

»Das gefällt mir nicht«, sagte Fia. Ihre Stimme war nur ein Flüstern.

»Und an der Accademia sind noch andere magische Kräfte im Einsatz«, erklärte Mr Orion ruhig. »Ihr bedient euch alle eurer Muttersprache, doch dank eines Zaubers von Hermes könnt ihr einander verstehen.«

»Und ich hab mich schon gefragt, wieso ihr alle Vietnamesisch sprecht!«, platzte es aus dem vietnamesischen Jungen heraus, der Ava gegenübersaß.

»Das hast du gerade auf Polnisch gesagt«, meinte das Mädchen neben ihm.

»Ich höre euch auf Spanisch«, bemerkte Mathias, der Junge aus Uruguay.

Für Ava redeten die anderen Englisch, aber sie beschäftigte gerade eine viel wichtigere Frage. Ihre Mom musste gewusst haben, dass die Accademia unter der Leitung der Gottheiten stand. Warum hatte sie es Ava nicht erzählt? Die Antwort hatte sicher etwas damit zu tun, für wen diese Schule bestimmt war.

Sie knuffte Fia.

»Der DNA-Test!«

Doch Fia beäugte immer noch nervös Mr Orion. »Was?«

»Deswegen haben wir einen gemacht. Nicht zum Spaß. Die Gottheiten haben uns aus einem gewissen Grund ausgewählt. Unsere Wurzeln ...«

Fia wirbelte herum und starrte Ava an. »Du glaubst, *wir* stammen von den griechischen Gottheiten ab?«

»Bestimmt!«, wisperte Ava. »Welche Erklärung sollte es sonst geben? Sie haben die Schule für uns gegründet, weil wir Halbgöttinnen und Halbgötter sind.«

Fia zog die Stirn kraus. »Bist du dir da sicher?«

»Ihr fragt euch wahrscheinlich, warum ihr hier seid«, fuhr Mr Orion fort.

»Das kann man wohl laut sagen«, murmelte Fia.

»Jetzt kommts«, flüsterte Ava.

»Ihr alle seid etwas Besonderes. Der DNA-Test, den wir heute mit euch durchgeführt haben, beweist, dass ihr keine Normalsterblichen seid«, erklärte Mr Orion.

Ava strahlte Fia an. Sie konnte kaum erwarten herauszufinden, mit welchem Gott oder welcher Göttin sie verwandt war. Hoffentlich mit Athene. Ganz abwegig war es nicht. Jax war immer schon extrem schlau gewesen, und sowohl Mr Orion als auch Miss Klio – witzigerweise wahrscheinlich die Muse der Geschichtsschreibung – hatten ihren wachen Geist gelobt. Und auch ihre Mom war eine Musterschülerin gewesen. Ava stellte sich vor, wie sie mit Athenes Speer und Aigis übte, dem unzerstörbaren Schild. Ob man ihr erlauben würde, eine Eule als Haustier zu halten? Schließlich war die Eule Athenes Symboltier.

Mr Orions Stimme hallte laut im ganzen Saal wider. »Es wird euch womöglich erschüttern, aber es ist an der Zeit, dass ihr die Wahrheit erfahrt. Ihr seid die Nachkommen von …«

Gottheiten, formte Ava mit den Lippen und beugte sich gespannt vor.

Doch Mr Orion sagte ein anderes Wort.

»Monstern.«

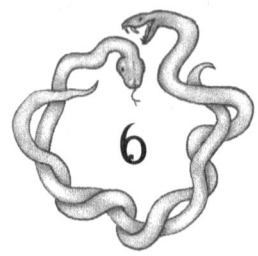

6

Alle begannen durcheinanderzureden. Alle, bis auf Ava. Die saß wie festgewachsen auf der Stuhlkante.

»Deine Theorie hat mir deutlich besser gefallen«, meinte Fia.

Ava antwortete nicht. Vor ihrem inneren Auge verwandelte sie sich von einer Mini-Athene in ein mehrköpfiges Monster mit scharfen Zähnen. Wie unfair! So hatte sie sich die Sache nicht vorgestellt.

Unfassbar! Wie konnte ihre Mom ihr so ein Geheimnis ein Leben lang vorenthalten? Bloß ein paar Atemübungen hatte sie ihr beigebracht. Als hätte das die Skylla je davon abgehalten, Odysseus' Männer zu verputzen. Als bräuchte der Minotauros nicht jedes Jahr ein menschliches Opfer, sondern nur ein bisschen Yoga. Kein Wunder, dass Isabelle und Evelyn sie für »drüber« hielten. Kein Wunder, dass sie ständig wütend war. Ihre Mom hätte sie doch warnen oder ihr zumindest einen Hinweis geben können. Wusste ihr Dad es? Oder Jax? Ava ließ den Blick durch den Saal schweifen, bis sie ihn entdeckte. In seiner geschockten Miene las sie, dass er genauso überrascht war wie sie.

Fia betrachtete ihre Arme, als könnten sie sich in Tentakel verwandeln. »Ich fühle mich gar nicht wie ein Monster.«

Eine ganze Palette von hinterhältigen Monstern aus der griechischen Mythologie tauchte vor Avas innerem Auge auf: die neunköpfige Hydra, die Feuer speiende Chimära, die Kinder verschlingende Lamia, die schlangenhaarige Medusa, die blutrünstige, vogelähnliche Harpyie. Sie stellte sich ihr nächstes Familientreffen mit ihnen vor, und wie sie ihr in die Wangen kniffen und stolz bemerkten, wie hässlich sie doch sei.

Mr Orion klatschte in die Hände. »Verfallt jetzt bitte nicht in Panik und hört mir erst einmal zu.«

Stille senkte sich über den großen Saal. Die Schülerinnen und Schüler an den Tischen beäugten sich jedoch nervös, als könnten sie nun überall verborgene Krallen oder Reißzähne entdecken.

»Ebenso wie die Götter gibt es seit jeher auch Monster. Einige der schlimmsten wurden von Helden wie Herkules, Perseus und Bellerophon mit göttlicher Unterstützung vernichtet, andere sind von den Olympiern in die Unterwelt verbannt worden. Dennoch gelang es vielen von ihnen, sterbliche Kinder in die Welt zu setzen, die ihre Linie sicherten und ihre gefährlichen, zerstörerischen Kräfte erbten. Diese kommen meistens im Laufe der Jugend zum Vorschein. Unbeaufsichtigt geraten diese Kinder allerdings schnell außer Kontrolle und nutzen ihre Macht, um Chaos zu stiften und anderen zu schaden ...«

Owen. Ava sah sein regloses Gesicht vor sich.

»Alles okay?«, fragte Fia.

Ava nickte, obwohl nichts okay war. Kein Wunder, dass ihre Mom sie auf der Stelle zur Accademia geschickt hatte.

»Derartige Veränderungen können einem Angst einjagen«, fuhr Mr Orion fort. »Genau deshalb haben die Götter die Accademia in Venedig gegründet. Sie liegt in sicherer Entfernung zum Olymp und Griechenland, aber wiederum nah genug für sie, um euch im Auge zu behalten. Das gilt vor allem für Poseidon, von dessen Herrschaftsgebiet wir umgeben sind. Das Ziel dieser Schule ist es, euch Kontrolle im Umgang mit euren Kräften und Emotionen zu lehren. Ihr sollt das Gute unterstützen, nicht das Böse.«

»Ich habe überhaupt keine Kräfte. Du?«, flüsterte Fia.

»Nee.« Ava wollte nicht zugeben, dass sie sich schon wie ein Monster verhalten hatte. Es war ja auch erst einmal passiert.

»Erinnert sich jemand an die lateinischen Worte auf unseren Tellern?«, fragte Mr Orion.

Für Latein hatte Hermes sie offenbar nicht empfänglich gemacht, aber Ava hatte den Satz trotzdem noch im Kopf.

»*Genus non est fatum*«, sagte sie.

Mr Orion lächelte. »Sehr gut, Ava. *Genus non est fatum* ist unser Schulmotto. Es bedeutet *Herkunft ist kein Schicksal*. Soll heißen: Nur weil ihr die Nachfahren von Monstern seid, müsst ihr nicht selbst welche werden. Es ist eure freie Entscheidung.«

Freie Entscheidung. Daran klammerte sich Ava fest. Sie wollte kein Monster sein, das vor lauter Wut nur Schaden und Zerstörung anrichtete. Außerdem waren Monster meist einsam. Sie lebten allein, normalerweise in dunklen Höhlen oder auf verlassenen Inseln. Sie hatten weder Freundinnen noch Freunde. Ihre Mom hatte zwar keinen engen Freundeskreis, schreckte aber zumindest niemanden ab. Sie hatte einen Mann, eine Familie und wohnte in einem Vorstadthaus. Und wenn sie gelernt hatte, mit dem Monster in ihrem Inneren fertigzuwerden, konnte Ava das auch.

»Ich möchte unbedingt eine Kraft haben. Das wär so cool!«, wisperte Fia.

Ava blinzelte. »Cool?«

»Jetzt erzähl mir nicht, du hast dir nie Superkräfte gewünscht?«

»Ähm ... hast du den Teil mit dem Monster überhört?«

Fia zuckte mit den Achseln, als wäre das keine große Sache. Ava erinnerte sich an den am Boden liegenden Mr Moros. Hatte Fia ihre Kraft vielleicht nur noch nicht entdeckt und den Lehrer aus Versehen außer Gefecht gesetzt? Immerhin war es ihr mächtig gegen den Strich gegangen, wie er Mr Heff vorher behandelt hatte.

»Es ist spät, und ich weiß, dass ihr das erst einmal sacken lassen müsst«, meinte Mr Orion. »Höchste Zeit also, eure Zimmernachbarn kennenzulernen, damit ihr euch zurückziehen könnt. Sie sind alle bereits in einem höheren Grad und helfen euch bestimmt gern, wenn ihr Fragen habt.«

»Dann sind wir wohl nicht zusammen auf einem Zimmer«, schloss Fia.

Ava fühlte sich geschmeichelt, weil Fia so enttäuscht klang. Ihr selbst ging es nicht anders. Zwar schien Fia sich ein bisschen zu sehr auf die Vorteile des Monsterseins zu konzentrieren, aber es zeigte auch, dass sie wahrscheinlich ziemlich tolerant war. Und so eine Freundin brauchte Ava jetzt mehr denn je.

Auf eine Geste von Mr Orion hin schwangen die Türen des großen Saals auf.

7

Ein paar ältere Schülerinnen und Schüler betraten nacheinander
den großen Saal und gingen zwischen den Tischen hindurch. Es
beruhigte Ava, dass nirgends Krallen oder Reißzähne aufblitzten.

»Ava Baldwin?«

Sie drehte sich um. Hinter ihr stand ein mondgesichtiges
Mädchen mit auffallend türkisblauen Augen und einem dunklen
Pony. Sie streckte ihr eine blasse Hand hin.

»Ich bin Layla, deine Zimmernachbarin. Dein Kopf ist wahrscheinlich ganz schön voll, was? Ich kann mich noch gut an meinen ersten Abend letztes Jahr erinnern. Ich dachte nur so: Was
bitte ist hier los? Aber keine Angst, ich erklär dir alles. Komm,
ich nehme dich mit auf unser Zimmer. Um dein Gepäck habe ich
mich schon gekümmert.«

Ava warf einen Blick zu Jax hinüber, in der Hoffnung, ihn noch
kurz zu erwischen, aber Layla legte einen Arm um sie und lotste
sie aus dem Saal und einen Flur entlang, während sie Ava zutex-
tete. Ava konnte gar nicht alles aufnehmen. Layla war offenbar
eine echte Venezianerin (»eine Seltenheit«) und ihre Eltern kamen aus Ägypten. Sie interessierte sich für Mode und Boybands –
vor allem K-Pop –, und für die Twilight-Bücher über die Vam-

pire. Ava überlegte, ob sie ein Monster kannte, das ohne Punkt und Komma redete. Sie hörte Layla erst richtig zu, als sie erzählte, wie die Schule aufgebaut war.

»Der *Palazzo* hat drei Etagen. Auf welcher wir landen, entscheidet das Ergebnis unseres DNA-Tests. Diejenigen mit dem geringsten Monsteranteil wohnen ganz oben. Die mit dem höchsten ganz unten ...«

»Aber der Prozentsatz tauchte in der Übersicht gar nicht auf«, warf Ava ein.

»Doch, klar. Sie nennen es nur *nicht definiert*.«

Ava fielen Mr Heffs Worte wieder ein. Er hatte gemeint, »nicht definiert« bedeutete, dass man keiner bestehenden genetischen Gruppe zugeordnet werden konnte. Wahrscheinlich hatte er sagen wollen »keiner Gruppe, die sterblich war«.

Sie kamen an einer großen Treppe vorbei, die vermutlich zu den höheren Stockwerken mit den nicht so schlimmen Monstern führte, und bogen in einen Flur ein, dessen Zimmer auf der Seite zum Canal Grande lagen.

»Bei mir war die Prozentzahl ziemlich hoch«, platzte es aus Ava heraus.

»Deswegen wohnst du ja auch im Erdgeschoss«, erwiderte Layla fröhlich. »Wir sind die monstermäßigste Etage.«

Ava war die Enttäuschung offenbar anzusehen, denn Layla blieb stehen und wandte sich ihr zu.

»Wenn du dich gut machst, lässt Mr Orion dich weiter nach oben ziehen. Ein paar der richtig üblen Monsterkids sind mittlerweile schon im dritten Stock.«

Doch Ava achtete längst nicht mehr auf das, was Layla sagte, sondern starrte ihr ins Gesicht. Die Augen waren vorher hundertpro türkis gewesen, jetzt aber waren sie von einem dunklen Schokobraun. Auch der Pony war verschwunden, und Layla trug nun einen Mittelscheitel.

»Du siehst auf einmal so ... anders aus«, stammelte Ava.

»Kein Grund zur Panik.« Layla zog einen kleinen Spiegel aus ihrer Gesäßtasche. »Das bin immer noch ich. Ich bin die Nachfahrin einer Empusa, einer gestaltwandelnden Vampirin.« Sie betrachtete sich im Spiegel. »Ohne den Pony sehe ich tausendmal besser aus.«

Kein Grund zur Panik! Was Ava über Empusen wusste, war nicht gerade beruhigend. Das waren Spukgestalten, die der Nachtgöttin Hekate dienten, Blut tranken und ihre menschlichen Opfer zerfleischten. Hatte Layla sie womöglich längst auf ihre Snack-Liste gesetzt, während sie lustig mit ihr plauderte?

»Wie hast du rausgefunden, dass du eine Vampirin bist?«, erkundigte sich Ava möglichst beiläufig.

Layla seufzte. »Ich hab mir schon gedacht, dass du dich auf den Vampirteil versteifst. Dabei habe ich nur das Gestaltwandeln geerbt, nicht das Bluttrinker-Gen.«

»Und was ist mit dem Raubtier-Gen?«, hakte Ava nach.

»Ich bin Veganerin und trinke nicht mal Milch.« Layla fuhr sich durch die langen Haare. »Ich hätte es dir sofort sagen sollen, aber ich hatte die Hoffnung, dass ich mich heute Abend nicht verwandle.«

»Du kannst es also nicht kontrollieren?«, fragte Ava.

Layla schüttelte den Kopf. »Bis jetzt nicht, aber ich arbeite dran.«

»Wissen die anderen, was für eine Art Monster sie sind?«

»Die Neuen normalerweise nicht, zumindest nicht direkt am Anfang des Schuljahrs«, erwiderte Layla. »Nur die Lehrkräfte sind informiert ...«

»Durch den DNA-Test?«

»Nein, so konkret sind die Ergebnisse nicht. Aber die olympischen Gottheiten betreiben höchst präzise Ahnenforschung und legen detaillierte Familienstammbäume an.«

»Wenn sie doch wissen, mit wem wir verwandt sind, warum sagen sie es uns dann nicht einfach?«

»Sie warten gern erst mal ab, was für eine Monsterkraft man entwickelt. Bei einigen ist sie nur so schwach ausgeprägt, dass sie keine Gefahr mehr darstellt. Es gibt zum Beispiel ein paar Nachkommen der Sphinx, die nur noch gute Rätsel erfinden können. Und auf der zweiten Etage wohnt eine Gruppe von Sirenenmädchen. Sie singen zusammen *a cappella* und treiben einen damit manchmal zwar in den Wahnsinn, aber zum Glück nicht wortwörtlich.«

»Andere wiederum ...« hob Ava an und dachte an Owens leeren Blick.

»... können ganz schön in Schwierigkeiten geraten«, ergänzte Layla. Sie deutete auf eine Tür am Ende des Flurs. »Da ist unser Zimmer.«

Ava folgte ihr hinein. Der Raum war nicht gerade groß, aber geräumig genug für jeweils zwei Betten, Kommoden und Schreibtische. Ihr Gepäck stand zum Auspacken bereit, doch stattdessen trat sie an eins der zwei Fenster, die auf den Canal Grande hinausgingen. Es war zu dunkel, um das Wasser zu erkennen, aber Ava hörte, wie es sanft gegen die Wand des *Palazzo* schwappte.

»Ich weiß, dass dir schlafen jetzt unmöglich vorkommt«, meinte Layla. »Trotzdem solltest du es versuchen, um den Schock zu verarbeiten. Morgen früh sieht die Welt schon ganz anders aus.«

Ava seufzte. Am liebsten hätte sie sich auf die Suche nach Jax gemacht, aber ihr schwirrte der Kopf von allem, was sie heute erfahren hatte, und ihre Lider waren nach dem vielen Essen und dem langen Tag ziemlich schwer. Wahrscheinlich hatte Layla recht. Sie sollte sich ausruhen. Mit Jax konnte sie morgen noch sprechen. Als sie sich umdrehte, um sich bei Layla zu bedanken, hatte die sich bereits in eine neue Version ihrer selbst verwandelt, diesmal mit grünen Augen und welligen kupferroten Haaren. Es war, als hätte Ava mehrere Zimmernachbarinnen in einer. Wie sollte sie sie erkennen, wenn sie ihr auf dem Flur über den Weg lief?

Ava zog ihren Schlafanzug an und putzte sich die Zähne. Dann schnappte sie sich Nattan und sank ins Kissen. Normalerweise hätte ihre Mom ihr jetzt einen Gute-Nacht-Kuss gegeben. Ava wünschte, sie wäre hier. *Warum hast du mir nicht die Wahrheit erzählt?*, wollte Ava sie fragen. Doch die Mom in ihren Gedanken schwieg, genau wie die, die sie ohne ein Wort des Abschieds an der Accademia abgesetzt hatte.

8

Als Ava am nächsten Morgen wach wurde, starrte sie auf eine blassgelbe Linie an der Schlafzimmerwand. Sie richtete sich auf und fuhr mit dem Finger darüber.

»Guten Morgen«, ertönte eine Stimme hinter ihr.

Sie drehte sich um. Layla saß auf ihrem Bett und reckte sich. Ihre Haare waren über Nacht glatt und blond geworden, ihre Augen kornblumenblau.

»Was ist das?«, fragte Ava.

»Eine Wasserstandslinie«, erwiderte Layla. »Venedig ist Poseidons Stadt. Manchmal flutet er sie.«

Ava stellte sich vor, wie das Kanalwasser durch die Fenster ins Zimmer strömte. Vielleicht wohnten die Schülerinnen und Schüler mit dem höchsten Monsteranteil deswegen im Erdgeschoss. So konnte Poseidon sie zur Not ertränken. Layla musste ihre besorgte Miene bemerkt haben, denn sie lächelte beruhigend.

»Keine Angst. Mr Orion meinte, bevor das passiert, evakuieren sie die Etage.« Sie sprang aus dem Bett und öffnete die Rollos. Das hereinfallende Sonnenlicht vertrieb Avas finstere Gedanken.

»Erster Schultag. Komm, wir gehen zum Frühstück. Da verteilt Mr Orion auch unsere Stundenpläne.«

Eine halbe Stunde später trank Ava im großen Saal eine heiße Tasse Schokolade und teilte sich mit Layla einen Teller Croissants, oder *Cornetti*, wie man sie in Italien nannte. Sie waren die Ersten gewesen, aber allmählich trudelten immer mehr Schülerinnen und Schüler ein. Die Neuen waren sofort an den dunklen Ringen unter den Augen zu erkennen. Offenbar hatten sie alle nicht gut geschlafen. Ava hielt nach Jax Ausschau, entdeckte ihn aber nirgends.

Mit einem lauten Knall klatschte ein Tablett auf ihren Tisch. Schweißgeruch stieg ihr in die Nase und lenkte sie von der Suche nach Jax ab. Ein hagerer Junge mit zotteligen braunen Haaren ließ sich neben sie sinken. Er zog ein Knie an und stützte die Ellbogen auf den Tisch, sodass er fast auf dem Stuhl hockte. Seine Kleidung schlackerte, obwohl sich auf seinem Tablett das Essen türmte: Croissants, Brote, Salami, Obst und sogar Rührei – das musste Ava übersehen haben.

»Hi, Arnold. Hast wohl etwas Appetit heute Morgen, was?«, begrüßte ihn Layla.

»Ich bin am Verhungern«, nuschelte der Junge, während er sich Rührei in den Mund schaufelte. »Manchmal könnte man meinen, das wäre meine Monsterkraft, aber wahrscheinlich bin ich nicht der einzige Dreizehnjährige, dem es so geht. Ist das deine neue Zimmernachbarin?«

Layla nickte. »Sie heißt Ava.«

Ava winkte unbeholfen.

»Ich bin Arnold.« Mit Ei-Resten zwischen den Zähnen grinste er sie an. »Aber das hast du dir bestimmt schon gedacht, weil Layla ›Hi, Arnold‹ gesagt hat.«

Er wurde rot und ihm fiel die Gabel aus der Hand. Wenn es bei Monstern so etwas wie die coolen Kids gab, war Ava eindeutig *nicht* bei ihnen gelandet. Was für sie absolut okay war. Leute wie Owen konnten selbst ohne gefährliche Kräfte gemein genug sein.

Während Arnold unter dem Tisch nach seiner Gabel fischte, erklärte Layla: »Arnold weiß noch nicht, was seine Kraft ist.« Er tauchte wieder auf und wischte die Gabel an seinem Shirt ab. »Als Einziger aus dem zweiten Grad.«

»Du bist einfach ein bisschen spät dran. Ist doch nicht schlimm. Ava hat bisher auch keine Ahnung.«

Das hatte Ava so nicht gesagt, Layla ging einfach davon aus. Trotzdem nickte sie, als wäre die Sache mit Owen nie passiert. Arnold wirkte nett, wenn auch etwas unbeholfen und zauselig. Und sie wollte nicht, dass er sich noch schlechter fühlte. Außerdem war sie sich jetzt, an diesem neuen Tag und bei klarem Verstand, nicht sicher, ob der Vorfall mit Owen wirklich was mit ihrer Monsterkraft zu tun gehabt hatte. Welches Monster brachte die Leute dazu, ins Leere zu starren und zu sabbern?

Na ja, es gab da schon jemanden mit so einer Macht. Ava bekam eine Gänsehaut. Das wohl hässlichste, abscheulichste Monster von allen ... Sie schob den verstörenden Gedanken beiseite, gerade als Fia auf ihren Tisch zustürmte.

»Bin ich froh, dich zu sehen.« Sie ließ sich auf den freien Platz neben Ava fallen.

»Dito«, erwiderte Ava wahrheitsgemäß, merkte jedoch, dass Fia total durch den Wind war. Und zwar noch mehr als nach der Nachricht, dass sie Monster-Gene in sich trug. Die kurzen Haare standen ihr im wahrsten Sinne des Wortes zu Berge und ihre haselnussbraunen Augen blickten nervös umher. »Was ist los?«

»Ich hab eine richtig gruselige Zimmernachbarin. Sie meinte, ich würde bald meine Zunge verlieren«, erzählte Fia.

»Ist es zufällig Cassie?«, erkundigte sich Layla.

Fia sah auf und schien Layla und Arnold erst jetzt wahrzunehmen. »Woher weißt du das?«

»Sie jagt mit ihren Prophezeiungen immer allen Leuten Angst ein.«

»Sie kann nichts dafür. Sie stammt vom Python ab«, warf Arnold ein.

»Dem Drachen, der das Orakel von Delphi bewacht hat?«, fragte Ava.

Layla nickte. »Miss Klio wird dich lieben.«

»Heißt das, ihre Prophezeiungen stimmen?« Fia leckte sich nervös mit der Zunge über die Lippen.

»Ganz und gar nicht«, entgegnete Layla. »Sie sagt *alles* falsch voraus. Egal ob es darum geht, wer die Weltmeisterschaft gewinnt, oder darum, was für eine Aufgabe in Miss Klios Abschlussprüfung drankommt. Diejenigen, die letztes Jahr auf sie gehört haben, sind durchgefallen.«

»An den meisten Tagen weiß sie nicht mal, was es zu Mittag geben wird«, fügte Arnold hinzu, den Mund voll mit seinem *Cornetto*.

»Super, dann teile ich mir also ein Zimmer mit einem kaputten Orakel«, fasste Fia zusammen, wirkte allerdings erleichtert. »Auf welcher Etage seid ihr eigentlich?«

»Auf derselben wie du«, antwortete Layla.

»Wir sind auf derselben Etage?«, riefen Ava und Fia im Chor. Zum ersten Mal an diesem Morgen lächelte Fia. Aber würde sie Ava noch mögen, wenn sie wüsste, was sie Owen angetan hatte? Da war Ava sich nicht sicher. Trotzdem freute sie sich, dass Fia ihre Freundin sein wollte. Und obwohl sie keine Zimmernachbarinnen waren, wohnten sie wenigstens nicht weit voneinander entfernt.

Ava stellte Layla und Arnold vor, die Fia beide von ihrer Kraft oder dem Fehlen davon berichteten. Der große Saal hatte sich inzwischen gefüllt, und Mr Orion, gekleidet in einen Anzug, nahm seinen Platz auf dem Podium ein.

»Guten Morgen«, rief er. »Ihr wartet bestimmt alle gespannt darauf, welche Lehrer und Fächer euch zugeteilt wurden, fangen wir also direkt an.«

Er schlug mit der flachen Hand auf das Rednerpult, und vor jeder Schülerin und jedem Schüler tauchten stapelweise Bücher und Hefte auf. Ein Blatt mit der Überschrift *Stundenplan* landete obenauf. Ava griff sofort danach und überflog ihn: Biologie, Algebra für Anfänger, Einführung in die Altphilologie, Kreatives Gestalten, Sport, die Doppelstunde Griechische und Römische Mythologie, und ab dem zweiundzwanzigsten September zweimal wöchentlich Gesundheitskunde.

»Sieht aus, als hätten wir die meisten Fächer zusammen«, sagte Fia, die ihr über die Schulter schaute.

Auch das waren gute Nachrichten. So war Ava nicht allein.

Mr Orion klatschte in die Hände, bis der Lärm verebbte. »Am heutigen Tag finden nur Schnupperstunden statt, in denen ihr eure Lehrer und die Fächer kennenlernt. Hausaufgaben gibt es erst ab morgen, wenn der Unterricht richtig anfängt.«

Es folgte Jubel und Applaus, hauptsächlich von den Leuten aus den höheren Graden, wie es schien. Die Neuen blinzelten nur verunsichert, als warteten sie immer noch darauf, aus einem verstörenden Traum aufzuwachen.

»Ich möchte euch noch einmal an unser Drei-Tadel-Prinzip erinnern. Solltet ihr versuchen, mit euren Kräften einem Lehrer zu schaden, gibt es einen Tadel. Seid ihr den Göttern gegenüber respektlos, gibt es einen Tadel. Verlasst ihr das Schulgelände, gibt es einen Tadel. Bei drei Tadeln werdet ihr der Schule verwiesen und verliert die Chance, das Monster in euch kontrollieren zu lernen und euch in die Gesellschaft der Normalsterblichen einzugliedern.«

Ava dachte daran, wie sie in der Bücherei alle angestarrt hatten, als sie wegen Owen so durchgedreht war. Sie könnte es nicht ertragen, eine Außenseiterin zu sein – und das ihr ganzes Leben lang.

»Von vielen dieser verwiesenen Schüler erreichen mich später Briefe«, fuhr Mr Orion fort. »Einen davon möchte ich euch gern vorlesen.«

Er holte einen Zettel aus seiner Tasche und faltete ihn auseinander. »*Sehr geehrter Mr Orion, ich schreibe Ihnen aus einer psychiatrischen Anstalt für Kriminelle. Da es mir nicht gelungen ist, meine Kraft zu kontrollieren, habe ich einen Mann umgebracht. Als ich versuchte, es mit meiner Monsterherkunft zu erklären, wurde ich lebenslang eingewiesen. Wenn ich eins bereue, dann, dass ich die Ausbildung an der Accademia nicht ernst genommen habe. Sonst wäre ich jetzt nicht hier.*«

»Sponsored by Olymp«, flüsterte Fia.

Ava erstickte ihr Lachen mit einem Husten. Fias Kommentar war zwar lustig, aber von der Accademia zu fliegen ganz sicher nicht. Sie nahm sich vor, die Regeln stets zu befolgen und sich nie auch nur einen Tadel einzufangen.

»Bevor ich euch in den Unterricht entlasse, wird einer unserer Vorzeigeschüler noch ein paar Begrüßungsworte an euch richten. Darf ich vorstellen: Zale Andino. Zale ...«

Arnold stöhnte.

»Magst du ihn nicht?«, fragte Fia.

»Er hat früher auf unserer Etage gewohnt und war nicht immer ... nett«, erklärte Layla. »Vor allem nicht zu Arnold.«

Ein Hüne von einem Jungen mit kräftigem Kinn und kleinen Augen erhob sich von einem Tisch in der Nähe des Eingangs und stapfte hinauf aufs Podium. Auf dem Platz dahinter entdeckte Ava nun Jax, der von Zales massigem Körper verdeckt gewesen war. Blass und zusammengesunken saß er da. Sie versuchte, Blickkontakt herzustellen, aber Jax' Aufmerksamkeit galt Mr Orion, der Zale gerade die Hand schüttelte, ehe er ihm das Podium überließ.

Zale zog ein zerknittertes Stück Papier hervor, strich es mit seiner Pranke glatt und kniff konzentriert ein Auge zu.

»Liebe Mitschülerinnen und Mitschüler der Accademia del Forte, mein Name ist Zale Andino und ich gehöre hier zu den Leuten mit dem höchsten Monsteranteil. Ihr habt richtig gehört. Laut DNA-Test bin ich zu 14,5 Prozent Monster.«

Ein Raunen ging durch den Saal, während Ava nur daran denken konnte, dass sie sogar noch ein halbes Prozent mehr Monster war.

Mit seiner tiefen Stimme brummte Zale weiter: »Um genau

zu sein, stamme ich von einem Zyklopen ab. Und wie ihr wisst, haben die nur ein Auge. Deswegen sehe ich auf einem besser als auf dem anderen. Und deswegen bin ich auch so groß. Zyklopen sind für ihre riesige Größe und enorme Stärke bekannt.«

»Aber nicht für ihre Redekunst«, flüsterte Fia.

Layla legte einen Finger an die Lippen, doch ihre Augen färbten sich grün und funkelten belustigt.

»Am Anfang habe ich noch mit Leuten wie mir im Erdgeschoss gewohnt«, fuhr Zale fort. »Ehrlich gesagt habe ich auch nichts anderes erwartet. Aber Mr Orion, Miss Klio und die anderen Lehrer haben an mich geglaubt. Und da habe ich verstanden, was das Schulmotto *Herkunft ist kein Schicksal* mir sagen will. Ich muss kein Feind der Götter sein. Ich kann ihnen helfen. In den ersten zwei Jahren an der Accademia haben die Lehrer mir geholfen, meine schlechten Eigenschaften in den Griff zu kriegen. Mr Orion hat mich belohnt und mich Stück für Stück weiter nach oben ziehen lassen. Heute wohne ich mit Leuten zusammen, die einen viel geringeren Monstertrieb haben als ich. Ich bin super in Sport und außerdem Schulsprecher. Und ich bin hier, um euch zu sagen: Ihr könnt mehr sein als das, was eure Herkunft …«

»Er trägt ganz schön dick auf«, murmelte Fia. »Die Zyklopen haben sich nie gegen die olympischen Gottheiten gestellt. Sie waren immer auf ihrer Seite.«

Da war was dran. Zale trotzte seiner Herkunft nicht wirklich, seine Monsterahnen hatten sich schon damals im Kampf der Titanen für die olympischen Gottheiten starkgemacht. Aber Ava wollte daran glauben, dass selbst diejenigen mit dem größten Anteil an Monster-DNA an der Accademia Erfolg haben konnten. Der erste Schritt dahin war, gut im Unterricht zu sein und die Lehrkräfte zu beeindrucken, so wie sie es bei Miss Klio getan hatte. Als am Ende von Zales Rede höflich applaudiert wurde, überflog Ava noch einmal ihren Stundenplan.

»Bis auf Altphilologie und Griechische und Römische Mythologie sind die Fächer gar nicht so außergewöhnlich. Die gabs auf meiner alten Schule auch.«

»Außergewöhnlich werden sie erst durch die Schülerinnen und Schüler«, erwiderte Layla.

»Was soll das heißen?«, fragte Fia.

»Kapiert ihr schon noch«, antwortete Arnold.

9

Ava kapierte es nicht sofort. Erst nach der Mittagspause, als sie eine Stunde Kreatives Gestalten hatten. In Biologie und Mathe war nichts Seltsames vorgefallen, abgesehen davon, dass Miss Moira ihnen eröffnet hatte, sie gehöre zu den Moiren – den Schicksalsgöttinnen, die die Lebenszeit der Sterblichen durch das Spinnen und Zerschneiden von Fäden bestimmten.

»Das war die altmodische Weise«, erklärte Miss Moira. »Es war jedoch so zeitaufwendig, dass wir es heute einfach der DNA überlassen.« Dann erläuterte sie, was Layla Ava längst erzählt hatte, nämlich die Bedeutung des »nicht definierten« Prozentanteils in ihrem Test. Mr Moros schien sich vollständig von seinem Schwächeanfall erholt zu haben. Trotzdem verbreitete er in Algebra für Anfänger eine düstere Stimmung. Es überraschte Ava nicht, dass er tatsächlich Moros war, der Bruder der Schicksalsgöttinnen und Gott des Verhängnisses.

Miss Kalliope, die Muse der epischen Dichtung, die wallende Gewänder und Blumen im Haar trug, lehrte Einführung in die Altphilologie. Die größte Gefahr in ihrem Unterricht war ihre beruhigende Stimme, die Ava in den Schlaf zu lullen drohte.

Bisher waren alle Stunden nur für Schülerinnen und Schüler des ersten Grades gewesen. Nicht so beim Kreativen Gestalten. Der Kurs war sowohl für Leute aus dem ersten als auch aus dem zweiten Grad. Mr Heff, kurz für Hephaistos, der berühmte Schmied und Gott des Feuers, begrüßte sie alle nacheinander herzlich. Wie Ava wusste, waren seine Beine kaputt, weil Zeus ihn einst vom Olymp gestoßen hatte, nachdem er seine Mutter Hera vor Zeus' Zorn beschützt hatte. Mit seinen muskulösen Armen manövrierte er den Rollstuhl behände durch die Werkstatt und zeigte ihnen alles. Es gab ein sengend heißes Schmiedefeuer, einen Haufen unförmiger Altmetallteile, halb fertige Skulpturen und Roboter, Ambosse, Elektrowerkzeuge, Batterien, Drähte und eine beeindruckende Sammlung Nagelpistolen, Cutter und Sägen.

»Jedes Teil hier ist absolut voll gefährlich«, sagte Fia bewundernd.

Ava machte der Anblick der Sägen und Schneidewerkzeuge nervös. Ob ihre lebenslange Angst vor scharfen Gegenständen, egal ob Nägel oder Messer, ein Hinweis auf ihre Identität war? Ihr kam wieder das Monster in den Sinn, an das sie schon im großen Saal gedacht hatte. Allerdings waren viele Monster durch Schwerter besiegt worden – Schwerter, die in Mr Heffs Werkstatt entstanden waren.

»Und das ganze Zeug dürfen wir benutzen?«, fragte Mathias.

Mr Heff nickte. »Solange ihr vorsichtig seid.«

Ein Junge aus dem zweiten Grad mit einem T-Shirt voller Manga-Figuren schien es ihnen zeigen zu wollen und schnappte sich eine Elektrosäge von der Wand und ein Holzbrett von einem Stapel auf dem Boden. Dann machte er kurzen Prozess mit dem Holz. Ava konnte kaum hinsehen.

»*Vorsicht* scheint hier ein dehnbarer Begriff zu sein«, sagte Fia, während Späne durch die Luft wirbelten.

»Eigentlich solltest du dabei eine Schutzbrille tragen, Arata«, mahnte Mr Heff über das laute Dröhnen der Säge hinweg.

Arata blickte über die Schulter zu Mr Heff. »Was?«

In dem Moment gab es einen Rückschlag, und die Säge schnitt sauber durch Aratas Unterarm. Ava schrie, Mathias wurde ohnmächtig und Fia schaute sich panisch in der Werkstatt um. »Wir müssen einen Druckverband anlegen!«

»Er blutet gar nicht«, warf ein Chinese namens Bo-Jing aus dem ersten Grad ein.

Ava blinzelte. Aratas Arm war knapp unter dem Ellbogen durchtrennt worden, aber da war kein Blut. Er wirkte nicht mal besonders geschockt. Ebenso wenig wie die anderen aus dem zweiten Grad.

»Wichtigtuer«, murmelte jemand.

»Beruhigt euch«, sagte Mr Heff. Er war auf Mathias zugerollt und fächelte ihm mit der Anwesenheitsliste Luft zu, als wäre er der eigentliche Patient. »Arata ist eine Hydra. Seine Gliedmaßen wachsen nach.«

Kaum hatte Mr Heff die Worte ausgesprochen, verlängerte sich Aratas verstümmelter Arm und an dessen Ende formte sich eine Hand mit fünf Fingern. Schon einen Augenblick später hob er die alte, abgetrennte Hand mit der neuen auf und hielt sie Mr Heff hin. »Hier, fürs Recycling.«

Ava erschauderte. »Iiih.«

»Wenigstens verhält er sich umweltbewusst«, meinte Fia.

»Wächst bei Hydras nicht sogar der Kopf nach?«, wisperte Ava.

Fia nickte. »Aber ich weiß nicht, ob ich das unbedingt sehen möchte.«

Ava rieb sich den Nacken. »Praktische Monsterkraft.«

Mathias war inzwischen zu sich gekommen und stellte erleichtert fest, dass Aratas Arm wieder ganz war. Mr Heff klopfte ihm beruhigend auf die Schulter und rollte dann in ihre Mitte. »So einige Schülerinnen und Schüler haben ihre Kräfte zufällig bei mir im Unterricht entdeckt. Aber selbst wenn nicht, könnt ihr hier immerhin eure Kreativität entdecken.«

»Cool«, kommentierte Fia.

»Ich halte mich lieber von den scharfen Gegenständen fern und gestalte irgendwas aus Ton oder so«, sagte Ava.

Sport hatten sie ebenfalls zusammen mit denen aus dem zweiten Grad. Die Halle befand sich auf dem Dach des *Palazzo* und war dunkel verglast, damit Normalsterbliche nicht sahen, wie sie sich abwechselnd in eine Laufbahn, ein Schwimmbad, einen Tennisplatz oder ein Fußballfeld verwandelte – je nach Wunsch von Miss Atalante, der großen, durchtrainierten Sportkoordinatorin. Für ihre erste Stunde hatte sie die Halle in ein Schwimmbad umfunktioniert (mit Olympia-Becken, wie Avas Mom gesagt hatte). Miss Doris, die Schwimmtrainerin, war eine Nereide mit kurzen grünen Haaren, deren lange, blasse Beine im Wasser zu einem schuppigen, schillernden Fischschwanz wurden.

Die Aussicht darauf, Miss Doris zu zeigen, wozu sie in der Lage war, auch ohne Fischschwanz, ließ Ava die Sorgen über ihr monsterliches Erbe vergessen. Nachdem sie den Schulbadeanzug mit einer Abbildung von Herkules, der seinen Bizeps zeigte, angezogen hatte, sprang sie motiviert ins Becken. Fia klammerte sich mit schreckstarrer Miene am Rand fest. Sie wirkte noch unglücklicher als bei Mr Orions Vorführung mit den Wellen, die einige von ihnen hoch in die Luft getragen hatten. Ava wollte Fia gerade fragen, ob sie überhaupt schwimmen konnte, da peitschte Miss Doris mit dem Schwanz und blies pfeifend in eine Muschel, die ihr um den Hals hing.

»Ihr schwimmt jetzt alle einmal hin und zurück, damit ich sehe, wer die Schnellsten sind«, kommandierte Miss Doris. »Auf die Plätze, fertig, ...«

Ava stieß sich ab. Mit raschen, gleichmäßigen Zügen pflügte sie durchs Wasser und hatte die größeren Mädchen zu beiden Seiten bald abgehängt. Am Ende der Bahn wendete sie mit einer Rolle. Doch als sie auf Höhe der zwei Mädchen links und rechts von ihr war, wurden ihre Arme zur Seite gerissen. Sie versuchte, sie wieder nach vorne zu strecken, wurde aber von einer starken Strömung erfasst und in einen Strudel gesogen. Während sie sich abmühte, den Kopf über Wasser zu halten, machte eins der Mädchen kehrt, wechselte in Avas Bahn und wäre voll in sie hineingeschwommen, hätte Ava nicht tief Luft geholt und sich vom Strudel nach unten ziehen lassen. Als sie sich zurück an die Oberfläche gekämpft hatte, waren die beiden Mädchen bereits am Startpunkt angelangt und reckten triumphierend die Fäuste.

»Anahita und Morgan teilen sich Platz eins!«, rief Miss Doris.

Der Strudel flaute ab und lief in sanften Wellen aus. Endlich entkam Ava seinen Fängen und schwamm zum Anfang der Bahn. Sie war die Letzte vor Fia, die sich gar nicht erst vom Fleck bewegt hatte und sich immer noch mit weiß hervortretenden Knöcheln am Beckenrand festklammerte.

»Hast du das gesehen?«, fragte Ava sie.

Fia nickte. »Ich glaube, du bist zwischen Skylla und Charybdis geraten – beziehungsweise ihre Nachfahrinnen.«

Ava wusste sofort, was Fia meinte: die zwei Seeschrecken aus der *Odyssee;* ein Strudel und eine weibliche Kreatur mit sechs Hundeleibern, die Schiffe zerstörten und Männer verschlangen, sobald diese sich durch die Meerenge trauten. Sie hatte sich tatsächlich gefühlt wie ein Mitglied aus Odysseus' unglückseliger Mannschaft.

»Bist du deswegen nicht losgeschwommen? Weil dir klar war, mit wem wir es hier zu tun haben?«, erkundigte sich Ava.

»Ich habs nicht so mit Wasser«, erwiderte Fia. »So ein Glück, dass ich auf eine Schule in Venedig gehe, was?« Sie lachte gepresst.

»Und du wirst schnell seekrank, oder?« Ava erinnerte sich an Fias Reaktion auf die wogenden Wellen und die Wassergestalten beim Abendessen.

»Kann man wohl sagen.«

Es war eine Erleichterung, dass die letzten zwei Unterrichtsstunden des Tages – Griechische und Römische Mythologie bei Miss Klio – wieder nur für die Leute aus dem ersten Grad waren. Miss Klio war eine strenge Lehrerin. Ihr Lehrplan mit den vielen Hausaufgaben, Prüfungen und Tests war ziemlich einschüchternd. Doch sie kündigte auch einen Überraschungsgast im Spätherbst an und redete voller Begeisterung über die olympischen Gottheiten und ihren Einfluss.

»Weiß jemand von euch, was Zeus nach seinem Sieg über die Titanen getan hat?«

71

Ava meldete sich. Sie linste aus den Augenwinkeln zu Fia hinüber, die bestimmt auch die Hand gehoben hatte. Aber Fehlanzeige.

»Ava?«

Sie freute sich, dass Miss Klio sich an ihren Namen erinnerte.

»Hat er nicht das Meer, die Erde und die Unterwelt als Herrschaftsgebiete unter sich und seinen Brüdern Poseidon und Hades aufgeteilt?«

»Genau.«

Jetzt schoss Fias Hand doch in die Höhe.

»Ja?«

»Warum sind seine Schwestern leer ausgegangen? Immerhin hat er drei: Hera, Hestia …«

»Wie war noch gleich dein Name?«, unterbrach Miss Klio sie. Ihre Stimme war kühl, offenbar gefiel ihr die Frage nicht. Dabei war sie mehr als berechtigt.

»Fia.«

»Alle von ihnen haben ihren eigenen Geltungsbereich, Fia. Die Göttinnen kümmern sich eben um die Ehe und die Familie. Darüber werden wir am Ende der Woche sprechen.«

»Das ist aber viel weniger cool, als den gesamten Ozean zu beherrschen …«

»Zurück zum eigentlichen Thema. Wir waren bei den drei mächtigsten …«

»Macht haben sie nur, weil sie Männer sind und körperlich stark«, meinte Fia.

Inzwischen rutschten einige nervös auf ihren Plätzen herum. Selbst Ava wünschte, Fia würde es gut sein lassen.

»Du scheinst vergessen zu haben, wie unsere Schule heißt, Fia. Stärke ist in dieser Welt das A und O. Genau das wirst du hier lernen«, erwiderte Miss Klio. »Um nun auf Zeus zurückzukommen ...«

Ava meldete sich noch ein paarmal auf Miss Klios Fragen. Aber die richtigen Antworten zu geben, brachte ihr nicht mehr die gleiche Genugtuung wie vorher, vor allem weil Fia nur noch stumm neben ihr saß.

»Was du angesprochen hast, war interessant«, sagte Ava nach dem Unterricht zu Fia. »Aber du weißt schon, dass du sie damit nur provozierst, oder?«

Fia zuckte mit den Achseln. »Machen Monster das nicht so?«

Ava grinste. »Ach, komm.«

Da entdeckte Fia etwas hinter ihr. »Oh, oh.«

»Was?« Ava drehte sich um.

»Meine verrückte Zimmernachbarin.«

Ein großes, blasses Mädchen mit schwarzen Haaren und blauen Augen starrte Ava an. Sie deutete auf sie.

»Du ... du ... du ...«, trällerte sie mit schriller, gespenstischer Stimme.

»Ich entschuldige mich schon mal im Voraus für das, was gleich kommt«, murmelte Fia leise, während Cassie zielstrebig auf sie zuschritt.

»Mach dir keine Sorgen. Wir wissen ja, dass ihre Prophezeiungen nichts taugen«, flüsterte Ava.

Trotzdem war sie neugierig, was die Nachfahrin des Python ihr wohl zu sagen hatte. Fasziniert beobachtete sie, wie sich Cassies Augen nach oben verdrehten.

»*Ava, deren Name sich vorwärts wie rückwärts liest. Das Mädchen, das dazu bestimmt ist, die Mythologie auf den Kopf zu stellen.*«

Zuckend rollten ihre Augen wieder zurück und richteten sich auf Ava. Dann streckte sie eine Hand aus.

»Hi, ich bin Fias Zimmergenossin Cassie«, sagte sie, nun mit völlig anderer Stimme. »Und du bist?«

10

Beim Abendessen im großen Saal erzählte Ava Layla und Arnold von Cassies Prophezeiung. Es tat gut, mit ihnen darüber zu lachen.

»Cassie lebt offenbar nach dem Motto *ganz oder gar nicht*«, sagte Layla. Ihr schulterlanges Haar war grau, was ihr zufolge manchmal nach einem langen Tag passierte.

»Vielleicht meinte sie das Mädchen, das dazu bestimmt ist, das *Fach* Mythologie auf den Kopf zu stellen«, schlug Arnold vor.

»Das wäre dann wohl eher ich.« Fia grinste. »Allerdings ist Cassie vorher auf Avas Namen herumgeritten.«

»Schon komisch, dass sie ihn erst wusste und anschließend wieder vergessen hat«, warf Ava ein.

»Wahrscheinlich hat sie ihn bei Fia oder Miss Klio aufgeschnappt«, spekulierte Layla.

»Cassie ist harmlos, ganz im Gegensatz zu manch anderen.« Arnold sah zum Nachbartisch.

Dort entdeckte Ava Zale, der sich gerade über einen Riesenteller Spaghetti hermachte. »Was hat der dir eigentlich getan?«

»Ich hab mir in den ersten Wochen ein Zimmer mit ihm geteilt. Er hat es komplett als Hobbyraum für sich beansprucht.

Wenn ich über seine Hanteln gestolpert bin oder anwesend war, während er Besuch von seinen Freunden hatte, oder wenn ich ihn gebeten habe, die Musik etwas leiser zu stellen, hat er mich kopfüber aus dem Fenster gehalten.«

Fia schüttelte sich.»Über den Kanal?«

Arnold nickte.

»Hast du das Mr Orion erzählt?«, fragte Ava.

»Zale hat mir gedroht, wenn ich mich bei irgendwem beschwere, würde er mir den Schädel einschlagen.«

»Was Zyklopen ja gern mal machen«, kommentierte Fia.

Wieder nickte Arnold.»Ich habs ihm sofort geglaubt.«

»Aber er hat doch angeblich gelernt, sich zu beherrschen«, gab Ava zu bedenken.

Arnold zuckte mit den Schultern.»Jedenfalls hat Mr Orion ihn ein paar Wochen später einen Stock höher ziehen lassen.«

»Ist das nicht eigentlich eine Belohnung dafür, dass man sich *nicht* wie ein Monster aufführt?«, sagte Fia.

»Gefühlt kommt er mit allem durch und hat auch noch Erfolg damit. Aber er ist immerhin ein bisschen umgänglicher als früher«, wiegelte Layla ab.

Ava schaute erneut zu Zale, als Jax sich neben ihn setzte.»Da ist Jax, mein Bruder.«

»Glückspilz«, meinte Arnold.

»Ich will schon seit gestern mit ihm sprechen, seit man uns eingeweiht hat … Bin gleich zurück.« Ava stand auf und bahnte sich einen Weg zu ihrem Bruder. Doch noch bevor sie ihn erreichte, sprang er auf und kam ihr entgegen.

»Wir müssen reden«, flüsterte er.»Aber nicht hier.«

Ava linste zu Zale hinüber. »Alles okay bei dir?«

»Natürlich nicht«, zischte Jax. »Wir treffen uns heute Abend um neun in Raum 302. Ich muss dir was zeigen.«

Um Punkt neun Uhr klopfte Ava im dritten Stock an die Tür mit der 302. Sie hatte erwartet, dass Jax einen geheimen Ort aussuchen würde, zum Beispiel einen Lagerraum oder ein unverschlossenes Klassenzimmer, wo sie sich in Ruhe unterhalten konnten. Doch nachdem er ihr die Tür geöffnet und sie hineingelassen hatte, fand sie sich in einem Schlafraum wieder. Er war viel größer als ihr Zimmer und bot eine großartige Aussicht über die Stadt. An der Wand hing ein riesiger Flachbildfernseher gegenüber von ein paar Sitzsäcken und einer Langhantelbank, und in einer Ecke stand sogar ein kleiner Kühlschrank. Noch überraschter war sie allerdings, als sie den aufgeklappten Koffer ihres Bruders auf dem hinteren Bett entdeckte.

»Wohnst du etwa hier?«

Jax ließ sich auf die Matratze sinken. »Jep.«

»Aber das ist die dritte Etage. Wie kommst du …«

»Du bist im Erdgeschoss, oder?«

Ava nickte. »Das versteh ich nicht.«

»Geschwister haben nicht zwangsläufig den gleichen Prozentsatz an Monster-DNA.«

Jax war also weniger Monster als sie. Das hätte sie sich ja denken können. Er hatte es im Leben immer schon leichter gehabt. Hatte sie seine verwunderte Miene am ersten Abend falsch gedeutet?

»Wusstest du vorher, was für eine Schule die Accademia ist? Hat Mom es dir erzählt?«, fragte sie ihn.

77

Jax schüttelte den Kopf. »Machst du Witze? Sie hat kein Wort darüber verloren.«

Wenigstens war Ava nicht die Einzige, die belogen worden war. »Sie hätte es uns verraten müssen.«

»Glaubst du, wir hätten es ihr abgenommen?«

Ava überlegte. »Wahrscheinlich nicht. Trotzdem hätte sie mal was sagen können, bevor sie uns hierhergebracht hat.«

Jax schnappte sich einen Umschlag vom Schreibtisch. »Hat sie quasi. Dieser Brief war in meinem Koffer. Ich habe ihn heute Morgen gefunden.«

Vorne auf dem Umschlag stand in der Handschrift ihrer Mutter: *Bitte lesen und Ava zeigen.*

Ava zog das Blatt Papier heraus und setzte sich damit auf Jax' Bett.

Lieber Jaxon, liebe Ava,

wenn ihr diesen Brief lest, werdet ihr bereits mehr über die Accademia del Forte erfahren haben und wissen, warum ihr dort seid. Bestimmt ist eure wahre Abstammung ein Schock für euch. Ich hätte euch so gern darauf vorbereitet, aber gemäß dem Rat der Gottheiten lassen wir euch eure Kindheit als Normalsterbliche so lange wie möglich genießen.

Der Gedanke, dass ihr beide so weit entfernt seid, bricht mir das Herz. Doch mir hat die Ausbildung dort gutgetan. Sie hat mich gelehrt, meine Emotionen und die

gefährliche Kraft, die sie freisetzen, zu zügeln. Dank der
Accademia hatte ich die Chance, ein wertvolles Mitglied
der Gesellschaft zu werden und einen Sterblichen zu heiraten, der mich niemals für ein Monster halten würde.

All das und noch mehr wünsche ich mir auch für euch.
Deswegen ist es wichtig, dass ihr die Regeln befolgt, auf
eure Lehrenden hört und hart daran arbeitet, eure Kräfte
zu kontrollieren. Das gilt vor allem für dich, Ava. Du
hast das Potenzial, zu den Besten zu gehören – wie ich
damals. Aber du musst deine Gefühlsausbrüche in den
Griff kriegen.

Ich habe euch beide sehr lieb und freue mich schon,
wenn wir uns in den Ferien sehen. Vielleicht habt ihr bis
dahin sogar herausgefunden, wer unsere Vorfahrin war.
Gebt nichts auf die schrecklichen Geschichten über sie und
konzentriert euch auf eure eigene Zukunft, denn die liegt
allein in euren Händen.

In Liebe

Mom

Ava las den Brief noch ein zweites Mal, ehe sie ihn zusammen-
faltete und Jax zurückgab. »Weißt du, wer unsere Vorfahrin ist?«

Jax schüttelte den Kopf. »Ich weiß nur, dass ich keine Monsterkraft habe, im Gegensatz zu dir. Bei diesem Jungen, Owen, hast
du einen Anfall ausgelöst ...«

»Das war kein Anfall«, sagte Ava. »Er ist irgendwie ... eingefroren.«

»Wie ein Eisklotz?«

»Ja genau, weil wir mit Elsa verwandt sind. Denk doch mal nach!« Zum ersten Mal versuchte Ava, ihre tiefste Angst in Worte zu fassen. »Ich war wütend und habe ihn angeguckt, und dann ist er zur Statue geworden. Wie bei ...« Sie konnte den Namen kaum aussprechen. »Medusa.«

Jax verzog den Mund, als hätte er gerade etwas Ekliges probiert. »Du meinst Medusa mit dem Schlangenhaar, die Männer in Stein verwandelt?«

»Ist nur so eine Vermutung.« Ava fasste sich in die Locken, um sicherzugehen, dass sie sich nicht wanden wie Schlangen. »Du hast ja bis jetzt noch niemanden erstarren lassen ...«

Jax hob die Hand, anscheinend wollte er nichts mehr davon hören. Ava verstand ihn nur zu gut. Von allen Monstern war Medusa die Schlimmste: rachsüchtig, hässlich, abscheulich, widernatürlich. Selbst Leute ohne den blassesten Schimmer von Mythologie wussten, dass sie Männer mit ihrer fiesen Fratze versteinert hatte, bis der heldenhafte Perseus ihr den Kopf abhackte Das verlieh der Mahnung ihrer Mutter, sie dürfe den Kopf nicht verlieren, eine ganz neue, furchtbare Bedeutung.

»Egal, von welchem Monster wir abstammen, wir sollten Moms und Mr Orions Rat ernst nehmen«, sagte Jax. »Du musst die richtigen Entscheidungen treffen und dich im Griff haben. Raste bloß nicht aus und geh auf irgendwen los. Deswegen sind wir hier ...«

»Es ist also meine Schuld?«

»Ach komm, Ava, jetzt sei nicht so. Wir wären eh irgendwann hier gelandet.«

»Warum reitest du dann darauf rum?«

Jax zuckte die Achseln. »Ich hab halt keine Lust, hier den Babysitter für dich zu spielen.«

Tränen sammelten sich in Avas Augen. Sie blinzelte sie weg und versuchte, sich ihre Verzweiflung nicht anmerken zu lassen. »Denkst du, ich habe Lust, hier das Obermonster zu sein?«

»Dann verhalt dich nicht so. Dafür ist die Schule doch da. Wir haben die Wahl.« Er stand auf. »Du solltest gehen. Mein Zimmernachbar kommt bald wieder, und ich will nicht, dass er etwas von diesem Gespräch mitkriegt.«

Avas Blick blieb an der Langhantelbank hängen. »Mit wem genau teilst du dir eigentlich das Zimmer?«

»Mit Zale.«

Sie sprang vom Bett auf. »Dein Ernst? Hält er dich auch kopfüber aus dem Fenster?«

»Was?«

»Das hat er letztes Jahr mit meinem Freund Arnold gemacht, als der mit ihm auf einem Zimmer war.«

Zu ihrer Erleichterung lachte Jax. »Zale ist viel zu beschäftigt damit, Mr Orion zu helfen. Ich seh ihn kaum.«

»Womit hilft er ihm denn?«

»Keine Ahnung, aber wahrscheinlich darf er deswegen einen Fernseher und einen Kühlschrank haben. Trotzdem, du solltest jetzt lieber gehen.«

Ava steuerte auf die Tür zu, drehte sich aber noch einmal um. »Erzähl das mit Medusa nicht weiter. Hier sind zwar alle mit schrecklichen Wesen verwandt, aber ich möchte nicht, dass die anderen nur das Monster in mir sehen …«

»Versteh ich«, sagte Jax. »Von mir erfährt niemand was.«

11

Die neue Lehrerin saß gebückt an ihrem Pult, die Augen rot und mit dunklen Ringen darunter, als hätte sie geweint. Sie war mollig, mittleren Alters und hatte strohige, gelbblonde Haare. Verdorrte Pflanzen schmückten ihren Unterrichtsraum, und unter dem mohnblumenroten Gewand zirpte wehklagend eine Grille. Es war die dritte Woche des Schuljahrs, der zweiundzwanzigste September, und Avas erste Stunde in Gesundheitskunde.

»Geht es ihr gut?«, wisperte Mathias.

»Nein, sie hat gerade ihre einzige Tochter verloren«, wisperte Fia zurück.

»Und sie ist trotzdem hier?«

»Das passiert jedes Jahr.«

Mathias blickte verwirrt drein.

»Das ist Miss Demi, kurz für die Göttin Demeter«, flüsterte Ava. »Jeden Herbst zur Tagundnachtgleiche muss ihre Tochter Persephone sie verlassen und zu ihrem Ehemann Hades in die Unterwelt hinabsteigen.«

Miss Demi schniefte vernehmlich. »Tut mir leid, dass ich nicht von Anfang an da war. Aber ich dachte, es schadet nicht, erst mit dem Unterricht zu beginnen, nachdem ihr euch eingewöhnt habt.«

Ava war immer noch verblüfft, wie schnell sie sich eingewöhnt hatte. Nach nur drei Wochen hatte sie das Gefühl, sie wäre schon ihr ganzes Leben an der Accademia del Forte. Die Zeit rauschte nur so an ihr vorbei. Die Tage waren vollgestopft mit Unterricht und Sporteinheiten, die Abende verbrachte sie mit Hausaufgaben und mit Layla, Arnold und Fia bei leckeren Mahlzeiten im großen Saal. Inzwischen zuckte sie nicht mal mehr mit der Wimper, wenn Laylas Haare oder Augen sich mitten im Gespräch veränderten. Und wenn seltsame Dinge passierten, nahm sie sie einfach so hin. Zum Beispiel, als ein Junge namens Björn in Mr Moros' Mathestunde an einer quadratischen Gleichung verzweifelte und deswegen einen Mini-Hurrikan durch den Raum wirbeln ließ (er war ein Nachkomme von Typhon, dem Sturmmonster). Oder als sie und Fia beim Tennis ein Doppel gegen Hester aus dem zweiten Grad spielten und ihr ein zusätzliches Paar Arme wuchs (sie war verwandt mit den hundertarmigen Hekatoncheiren). Und Kreatives Gestalten war nicht nur Fias liebstes Fach, sondern auch das aufregendste, weil es mindestens einmal pro Woche einen wirklich grausigen Vorfall gab, wenn wieder jemand seine Monsterkraft entdeckte. Ava dagegen, die dem Nervenkitzel in Mr Heffs Werkstatt nichts abgewinnen konnte, mochte Miss Klios Unterricht am liebsten. In Mythologie war sie voll und ganz in ihrem Element und wurde von Miss Klio mit Lob überhäuft.

Was sie in Gesundheitskunde erwartete, war ihr noch unklar. In der fünften Klasse zu Hause in den USA hatte der Sportlehrer Mädchen und Jungen getrennt peinliche Vorträge darüber gehalten, wie sich ihre Körper verändern würden. Aber Ava ahnte, dass auf der Accademia in diesem Fach ganz andere Dinge gelehrt werden würden.

»Mittlerweile haben einige von euch ihre Kräfte bereits kennengelernt und herausgefunden, wer ihre Monsterahnen sind«, sagte Miss Demi nun. »Vielleicht findet ihr das total spannend oder ihr habt Angst, oder beides. In meinem Unterricht werdet ihr lernen, eure Gefühle und eure Kräfte zu kontrollieren, damit sie nicht *euch* kontrollieren.«

Alle schauten sich nach den frühreifen Leuten um, die ihre Kräfte bereits entdeckt hatten. Abgesehen von sich selbst kannte Ava nur zwei: Björn und ein Mädchen namens Lindiwe, die ohne Probleme eine Nachtschicht nach der anderen einlegen konnte – eine Fähigkeit, die sie von Ladon geerbt hatte, der hundertköpfigen Schlange, die die goldenen Äpfel der Hesperiden bewachte und niemals schlief.

»Diejenigen unter euch, deren Kräfte sich noch nicht offenbart haben, machen sich womöglich Sorgen, was auf sie zukommt. Das ist normal. Vielleicht fürchtet ihr eine peinliche oder schmerzhafte Verwandlung. Im Laufe der Jahre hatten schon viele Angst vor plötzlich wachsenden Gliedmaßen und Köpfen. Vielleicht überlegt ihr auch, warum ihr noch keine Kräfte entwickelt habt, und vergleicht euch mit den anderen. Diese Stunde soll ein sicheres Umfeld bieten, in dem ihr ganz offen Fragen stellen und Erfahrungen miteinander teilen könnt, ohne dafür verurteilt zu werden.«

Fias Hand schoss in die Höhe. Im Gegensatz zur eisigen Reaktion von Miss Klio, wann immer sie sich meldete, breitete sich auf Miss Demis Gesicht ein warmes Lächeln aus. »Da haben wir schon die erste Frage! Ja, bitte.«

»Warum entwickeln sich die Kräfte bei einigen später als bei anderen?«, fragte Fia.

Miss Demi umrundete das Pult und setzte sich auf die Kante.

»Darauf gibt es keine pauschale Antwort. Wie ist dein Name, Liebes?«

»Fia.«

»Nun, Fia, in manchen Fällen ist es genetisch bedingt. Bei anderen fehlt noch der entsprechende emotionale Trigger. Oft spielt auch Stress eine große Rolle ...«

Ava dachte an Owen und meldete sich. »Heißt das, Angst oder Wut können ein Auslöser sein?«

»Richtig.« Miss Demis dunkle Augen richteten sich auf sie. »Deswegen bringen wir euch auch bei, wie ihr eure Gefühle reguliert.«

Das war genau das, was auch Avas Mom wollte.

»Wie kommt es, dass Sie dieses Fach unterrichten?«, erkundigte sich Fia.

Die Frage klang frech, aber Miss Demi wirkte nicht verärgert, sondern lächelte Fia nur traurig an.

»Mehr als jedes andere Wesen – ob sterblich oder unsterblich – weiß ich mit meinen Emotionen umzugehen.«

Anschließend verteilte Miss Demi Fragebögen, die sie den Rest der Stunde ausfüllten, damit sie gemäß ihrem Entwicklungsstand in Gruppen eingeteilt werden konnten. Von nun an sollten sie außerdem ein Gefühlstagebuch schreiben. Ava wartete nur darauf, dass Fia einen Witz darüber riss – »Also sollen wir auch noch selbstreflektierte Monster werden?« –, aber sie schwieg dazu.

Nach dem Unterricht ging Fia zu Miss Demi nach vorn. Ava

folgte ihr, neugierig, was ihre Freundin sie jetzt noch fragen wollte. Aber Fia hatte gar keine Frage.

»Das mit Persephone tut mir leid«, sagte Fia. »Ich fand es immer schon unfair, dass Hades sie gegen ihren Willen in der Unterwelt festgehalten hat ...«

»Ich auch«, stimmte Ava zu. Miss Demi verlor ihre Tochter jedes Jahr aufs Neue und konnte ihre Wut nicht mal an den Göttern auslassen, sondern nur das Wetter für Sterbliche beeinflussen, die mit Persephones Entführung überhaupt nichts zu tun hatten.

Miss Demi tätschelte Fias Arm. »Das ist lieb von euch, Mädchen. Die Welt, in der wir leben, ist nun mal nicht fair. Aber vielleicht ändert sich das ja eines Tages.«

Ihr Blick fiel auf Ava.

»Deine Mutter habe ich damals auch unterrichtet. Sie war eine richtige Rebellin, hatte ganz schön Mumm ...«

»Meine Mom? Melanie?«

Bestimmt verwechselte sie sie. Aber Miss Demi lächelte, als Ava den Namen nannte.

»Du bist ihr sehr ähnlich. Ah, da ist ja Mr Orion. Bis Mittwoch, ihr zwei.«

»Willkommen zurück, Miss Demi!«, polterte der Schulleiter, als er in den Raum marschierte. »Wie ich sehe, haben Sie Ava bereits kennengelernt. Miss Klio berichtete mir, sie sei auf dem besten Weg, eine unserer Musterschülerinnen zu werden, genau wie ihre Mom. Ich würde Sie dennoch gern auf den neuesten Stand bringen, was gewisse *andere* Schützlinge betrifft ...«

Sein Blick streifte Fia. Bestimmt hatte Miss Klio sich bei ihm über Fias Verhalten beschwert. Aber Miss Demi zufolge war auch Avas Mom eine Rebellin gewesen, genau wie Fia.

»Schon komisch, was Miss Demi über meine Mom gesagt hat«, meinte Ava auf dem Flur zu Fia. »Als ›Rebellin‹ mit ›Mumm‹ würde ich sie nicht unbedingt bezeichnen. Laut Mr Orions Kommentar war sie eine perfekte Schülerin und hat angeblich immer alle Regeln befolgt. Bei Miss Demi klang das ganz anders.«

»Kann man denn nicht eine gute Schülerin *und* eine Rebellin sein?«, fragte Fia.

Ava grinste. »So wie du?«

»Exakt!«

Doch Ava bezweifelte das, besonders hier an der Accademia.

12

»Ava, wach auf!«

Jemand rüttelte sie an der Schulter. Ava blinzelte. Auf ihrer
Bettkante saß eine fertig angezogene Layla mit rabenschwarzen
Haaren und haselnussbraunen Augen. »Heute ist es so weit!«
Ava stürmte zum Fenster. Ein Monat war vergangen, seit Miss
Demi mit ihrer Ankunft an der Accademia für niedrigere Tem-
peraturen und einen bedeckten Herbsthimmel gesorgt hatte.
Trotzdem fuhren noch Touris in privaten Motorbooten und Gondeln am *Palazzo* vorbei, die nie erraten hätten, was es mit den
»hochbegabten« Kindern hinter den Scheiben tatsächlich auf sich
hatte. Es war nicht erlaubt, das Schulgelände zu verlassen. Laut
Mr Orion sei das Risiko zu hoch, dass sich bei so einem Ausflug
plötzlich irgendwelche Kräfte entfalteten und die Götter »hinter
ihnen aufräumen« mussten. Die meiste Zeit störte Ava das nicht,
so beschäftigt, wie sie war. Doch hin und wieder fühlte sie sich
in dem alten Gemäuer wie eingesperrt und wünschte sich nichts
sehnlicher, als durch die Stadt zu schlendern oder mit einem
Boot die Lagune zu durchqueren, frei von der ständigen Sorge,
sie könnte die Beherrschung verlieren und ihr wahres Monster-
gesicht offenbaren. Ob Fia dann noch ihre Freundin sein wollte?

Sie hatte zwar die Hoffnung, dass es ihr egal war, aber die Angst, ein zweites Mal fallen gelassen zu werden – noch dazu von Fia, die sie so gernhatte –, war größer.

Heute starrte Ava jedoch hinaus, um die Ankunft des »besonderen Gasts« nicht zu verpassen, den Miss Klio am ersten Schultag angekündigt hatte. Er sollte an diesem Morgen an der Accademia eintreffen. Mr Orion wollte ihnen die Identität des mysteriösen Besuchs nicht verraten, hatte aber vorher eine Sonderversammlung im großen Saal einberufen, sie alle ermahnt, sich von ihrer besten Seite zu zeigen, und sie an das Drei-Tadel-Prinzip erinnert. Außerdem hatte er einen zweiten schuldbewussten Brief einer ehemaligen Schülerin vorgelesen. Darin beklagte sie, dass sie keine Freundschaften schließen konnte und darauf angewiesen war, aus dem Keller ihrer Eltern heraus den Social-Media-Account eines Diktators zu betreuen, nachdem sie alle anderen Jobs verloren hatte. Fias Kommentar war: »Für jede Person gibt es einen passenden Job.«

Während der Versammlung sandte Hygieia, die griechische Göttin der Sauberkeit und Hausmeisterin der Accademia, ihre Armee von Besen und Wischmopps aus. Die stürzten sich auf Böden, Säle und Wände und nach der Versammlung sogar auf jüngere Schülerinnen und Schüler. Die Vorfreude auf den Besuch war groß, und alle versuchten zu erraten, wer diesmal wohl der Überraschungsgast sein würde. Zeus? Dionysos? Aphrodite? Hoffentlich nicht Hades. Layla erzählte Ava, im Jahr vorher sei es Ares gewesen, der eine gewaltige Essensschlacht vom Zaun gebrochen habe. Am Ende seien ziemlich viele Tadel verteilt worden.

Layla war total aufgeregt. Ihre Haare und Augen wechselten ständig die Farbe. Das passierte immer, wenn sie irgendwie unter Strom stand. Sie betrachtete sich im Spiegel, zog die Klamotten wieder aus und probierte ein anderes Outfit an.

»Der gelbe Pulli sah zu den dunklen Haaren super aus, aber zu den roten passt er überhaupt nicht.« Sie seufzte. »Ich finde es an solchen Tagen echt schwer, mich zu entscheiden.«

In dem Moment erspähte Ava eine Gondel, die auf die Accademia zuhielt. An Bord war nur ein Passagier: ein gebrechlicher alter Mann.

»Layla.« Ava winkte sie ans Fenster. »Wer ist das?«

»Keine Ahnung. Entweder ein Tourist oder ein ... Gott.«

Da die Gottheiten in der Welt der Sterblichen oft eine andere Gestalt annahmen, tippte Ava auf Letzteres. Eine halbe Stunde später stellte sich heraus, dass sie recht hatte. Der alte Mann saß im großen Saal neben Mr Orion auf der Bühne. Von ihrem Stammplatz aus beobachtete sie den Gast, zusammen mit Layla, Arnold und Fia.

»Was glaubt ihr, wer das ist?«, flüsterte sie.

»Zeus?«, riet Arnold.

»Zeus würde nie als alter Mann auftreten«, widersprach Fia. »Dafür ist er viel zu eitel.«

Der Einwand war berechtigt. Zeus verwandelte sich normalerweise in ein erhabenes Wesen wie einen Stier oder einen Schwan oder in etwas Faszinierendes wie goldenen Regen. Ava musterte den Greis. Das Gesicht war von Falten zerfurcht, doch die silbergrauen Augen funkelten hell. Ihr stockte der Atem.

»Was, wenn es gar kein Gott ist?«

»Wie meinst du das?«, fragte Layla.

»Was, wenn es eine *Göttin* ist?«

Mr Orion klopfte auf das Rednerpult. »Liebe Schülerinnen und Schüler der Accademia, dies ist ein besonderer Tag. Da die Belange der Schule den Gottheiten sehr wichtig sind, statten sie uns hin und wieder einen Besuch ab. Heute habe ich die große Ehre, euch den Leitstern des Militärs und die Freundin aller Helden vorzustellen, die Weiseste unter den Frauen: Göttin ...«

»Athene«, wisperte Ava.

»Pallas Athene!«, verkündete Mr Orion.

Der tattrige alte Mann erhob sich. Er verwandelte sich in eine riesige Eule und flog mit wütendem Gekreische eine Runde durch den großen Saal. Die meisten zuckten zusammen, als die Eule mit ihren ausgefahrenen scharfen Krallen herabstieß und in Kriegergestalt hinter dem Rednerpult landete, in voller Rüstung, mit Helm inklusive Federbusch und gezücktem Speer – bereit zum Angriff. Als die Gestalt den Helm abnahm, kam darunter eine junge Frau mit gewellten goldenen Haaren zum Vorschein. Sie hatte die gleichen wachsamen, silbergrauen Augen wie die Eule und der alte Mann.

Beifall brandete auf. Ava war sich sicher, dass sie am lautesten klatschte. Sie verspürte einen Stich, als sie sich an den kurzen, hoffnungsfrohen Moment erinnerte, in dem sie gedacht hatte, sie würde von Athene abstammen, der Heldin aller Männer. Nicht von Medusa, der gefürchteten Feindin des gesamten Universums.

»Danke, Orion«, sagte Athene. Streng blickte sie sich im großen Saal um. »Ich bin schon gespannt darauf, welche Früchte Ihre Sozialisierung trägt.«

»Oh, wir primitiven Monster müssen also erst noch gesellschaftsfähig gemacht werden«, flüsterte Fia und verdrehte die Augen.

»So war das bestimmt nicht gemeint«, flüsterte Ava zurück.

»Wir haben beschlossen, dass Ihr heute zwei unserer herausragendsten Schützlinge in ihrem Schulalltag begleitet«, erklärte Mr Orion. »Den Anfang macht ...«

Arnold sackte in sich zusammen. »Zale.«

»Zale«, verkündete Mr Orion.

Zale erhob sich und deutete eine Verbeugung an. Athene nickte kaum merklich.

»Nach dem Mittagessen wird Zale Euch einer unserer jüngeren Schülerinnen übergeben – Ava.«

Ava sah erst zu Fia, dann zu Layla. »Ich?«

Layla knuffte sie in die Seite. »Steh schon auf!«

Sie kam auf die Beine und winkte. Athene starrte sie ohne den geringsten Anflug eines Lächelns an. Jemand lachte, und Avas Gesicht wurde heiß. Wie blöd von ihr, einer Göttin zuzuwinken! Sie machte eine unbeholfene Verbeugung.

»Zeigen wir der Göttin Athene, wie gut wir uns unter Kontrolle haben und wie diszipliniert wir sind«, sagte Mr Orion.

Nachdem Zale Athene vom Podium abgeholt und sie aus der großen Halle geführt hatte, um sie mit zu seinen Morgenveranstaltungen zu nehmen, wandte Ava sich an die anderen. »Ich kann nicht glauben, dass Mr Orion mich ausgewählt hat!«

»Wieso?«, fragte Fia. »Bestimmt hat Miss Klio ihre Finger im Spiel. Immerhin landet Athene so bei ihr im Unterricht.«

»Sie ist meine Lieblingsgöttin«, erklärte Ava. »An meiner letzten Schule wollte ich in unserer Unterrichtseinheit zu griechischen Gottheiten einen Aufsatz über sie schreiben …«

Plötzlich tauchte wieder das Bild vom sabbernden und starr dreinblickenden Owen in Avas Kopf auf. Ihr Magen zog sich zusammen. Sie war eh schon aufgeregt, weil sie Athene treffen würde, und jetzt an ihr Geheimnis zu denken, machte es nur schlimmer. Sie schob die Erinnerung beiseite.

»Ist doch toll! Dann hast du ja ganz viel, worüber du mit ihr sprechen kannst«, meinte Layla.

»Setz dich unbedingt beim Mittagessen zu uns, damit wir sie auch kennenlernen«, bettelte Arnold.

Ava grinste. »Zu wem soll ich mich denn sonst setzen? Zale?«

Fia zuckte die Achseln. »Scheinst es ja schon weit gebracht zu haben …«

Der spitze Tonfall überraschte Ava, trotzdem lächelte sie tapfer. Fia war nur eifersüchtig. Wahrscheinlich war sie auch ein Riesenfan von Athene. Ava hoffte, sie würde sich in Miss Klios Unterricht wenigstens dieses eine Mal zusammenreißen.

Am Ende des Morgens hatte Ava bereits eine Liste mit interessanten Gesprächsthemen zusammengestellt: War Odysseus Athenes liebster Held? Hatte sie Arachne wirklich in eine Spinne verwandelt? Erinnerte sie sich daran, wie sie sich aus Zeus' Kopf befreit hatte?

Doch als Athene beim Mittagessen in Begleitung von Zale an ihrem Tisch auftauchte, wusste Ava schon nach dem »Hallo« nicht mehr weiter. *Göttin? Athene? Pallas Athene?* Wie sollte sie sie ansprechen?

Zale bedachte sie mit einem finsteren Blick und bot Athene einen Platz an. Die bedankte sich mit einem Nicken bei ihm. Aus der Nähe war sie größer, als sie vorher von Weitem gewirkt hatte, und ihre makellose Haut gab ein blasses Licht ab, wie ein Glühwürmchen. Kam das daher, dass sie sich von Nektar und Ambrosia ernährte? Ava traute sich nicht, sie nach ihrer Hautpflege zu fragen. Die Göttin schien nicht der Typ zu sein, der gern Beauty-Tipps austauschte.

Zale beugte sich zu ihr runter und flüsterte ihr ins Ohr: »Verkacks nicht, Gorgo-Girl.«

Ava erstarrte, ihr Gesicht wurde ganz heiß. Arnold sah sie

95

forschend an und fragte sich vermutlich, was Zale Fieses zu ihr gesagt hatte. Es gab nur zwei Möglichkeiten, wie Zale ihr Geheimnis herausgefunden hatte. Entweder hatte eine Lehrkraft gegen die Regeln verstoßen und es ihm verraten oder ... Sie schaute zu Jax und mahlte mit dem Kiefer.

»Stell mir die anderen vor«, forderte Athene sie auf.

Fast hätte Ava vergessen, dass sie jetzt für die Göttin verantwortlich war. Sie straffte die Schultern.

»Das sind Layla, Arnold und Fia«, sagte sie und deutete dabei auf die jeweilige Person.

Athene drehte den Kopf wie eine Eule, unabhängig vom Rest des Körpers. Sie durchbohrte sie geradezu mit ihren stechend grauen Augen.

»Das erklärt, wer ihr seid, aber nicht, was ihr seid«, meinte Athene.

Ava hatte Angst, dass Fia die Rückfrage störte, aber sogar sie schien angesichts der strengen Göttin eingeschüchtert und hielt den Mund.

»Bis jetzt bin ich die Einzige von uns, die schon Klarheit hat«, erwiderte Layla. »Die anderen haben noch keine Kraft entwickelt. Ich stamme von einer Empusa ab.«

»Und was kannst du?«, fragte Athene.

»Meine Haare und Augen ...« Wie aufs Stichwort verblassten ihre orangefarbenen Haare und wurden blond. »So langsam kann ich es besser kontrollieren.«

»Aber du wechselst die Gestalt nicht komplett, so wie ich«, sagte Athene.

Sie verwandelte sich in die Eule und schlug herausfordernd mit den Flügeln, dann in den alten Mann, der ein unheilvolles Lachen ausstieß, und schließlich in Layla.

»Empusen unterstehen Hekate«, sagte die Athene-Layla zur echten Layla. »Sie ist keine sehr mächtige Göttin, eher eine Art Hexe. Es überrascht mich, dass du überhaupt eine Kraft besitzt.« Layla senkte den Blick, die Wangen gerötet. Ava spürte Ärger in sich aufsteigen. Warum war Athene so gemein und benutzte ausgerechnet Laylas Körper, um sich über sie lustig zu machen?

»Gibt es denn auch noch andere mächtige Göttinnen oder nur Euch?«, fragte Fia.

Athene wurde wieder sie selbst und funkelte Fia an. Kurz fürchtete Ava, Athene würde Fia in eine Spinne verwandeln. Stattdessen warf sie nur die goldenen Haare zurück.

»Hera und Aphrodite haben eine gewisse Macht im Bereich der Ehe und der Liebe, aber ich bin die Einzige, die mein Vater um Rat bittet. Die Einzige, der die Helden ihre Aufwartung machen. Die Einzige, die ihnen hilft, Monster zu besiegen.«

Perseus war Athene damals so dankbar für den Spiegelschild gewesen, der ihn vor Medusas tödlichem Blick beschützte, dass er der Göttin im Anschluss Medusas abgehackten Kopf überreicht hatte. Avas Nacken fing an zu kribbeln. Hastig sprang sie auf und stieß dabei fast ihren Stuhl um. »Wir haben gleich Sport. Am besten gehen wir schon mal los.«

Heute stand Leichtathletik mit Miss Atalante auf dem Plan, die mit ihnen Laufen trainierte, indem sie als brüllender Löwe hinter ihnen herjagte. Das war selbst an guten Tagen schon nervenaufreibend, aber mit Athene war es noch viel weniger lustig. Die feuerte den Löwen von den Rängen aus nämlich noch an.

In Mythologie waren sie vor allen anderen im Unterrichtsraum, sogar vor Miss Klio. Athene setzte sich auf Fias Stammplatz. Ava sagte nichts dazu, aber vielleicht sollte sie ihr eine Frage stellen, um das unangenehme Schweigen zu beenden? Ehe sie allerdings den Mut aufbringen konnte, ergriff Athene das Wort. Dabei starrte sie stur geradeaus, statt Ava anzusehen.

»Ich weiß, was du bist.«

Ava hatte keine Ahnung, was sie darauf antworten sollte, also hielt sie den Mund.

»Du bist die Brut der Medusa, des schlimmsten aller Weibsbilder: schrill, aufbrausend, blindwütig, widerwärtig ...«

Ava war wie vor den Kopf geschlagen, und das nicht nur, weil eine Erwachsene – noch dazu eine *Göttin* – ihre Vermutung bestätigte, sondern weil Athene das Monster tief in Avas Inneren offenbar sofort erkannt hatte. Sahen andere das auch in ihr? Kein Wunder, dass Isabelle und Evelyn sich schon vor der Sache mit Owen von ihr distanziert hatten. Sie war ein Ungeheuer.

Doch warum sagte Athene ihr das? Bedeutete das Motto der Accademia nicht, dass man nicht an seine Herkunft gebunden war? Dass man sich anders entwickeln konnte?

»Ich bin nicht so«, widersprach Ava, aber sogar in ihren eigenen Ohren klang sie verzweifelt.

Athene grinste und schwieg.

Ärger stieg in Ava auf. Die Göttin provozierte sie. Außerdem hatte sie sich nicht an die Schulregeln gehalten! Die Schülerinnen und Schüler sollten selbst herausfinden, von welchen Monstern sie abstammten. Jetzt war Ava auch klar, wie Zale darauf gekommen war, sie Gorgo-Girl zu nennen.

Trotzdem durfte sie nicht die Beherrschung verlieren. Schließlich wollte sie sich keinen Tadel einhandeln, weil sie Athene gegenüber respektlos war. So stehen lassen konnte sie die Äußerung allerdings auch nicht. Sie holte tief Luft und versuchte, Ruhe zu bewahren, aber ihre Stimme zitterte. »Ihr dürft mir meine Herkunft eigentlich gar nicht verraten. Oder anderen davon erzählen.«

»Du wusstest es längst. Und sonst habe ich es niemandem erzählt. Ich befolge die Regeln der Accademia«, entgegnete Athene. »Meine Güte, schon erfindest du Lügengeschichten und regst dich wegen nichts und wieder nichts auf.«

Hatte Zale es doch woandersher? Aber bevor Ava eine gute Antwort einfiel, trudelte der Rest des Kurses ein. Miss Klio rauschte nach vorn, bis sie bei Athene angelangt war.

»Pallas Athene!« Sie verbeugte sich. »Was für eine Ehre, Euch bei uns zu haben. Wir haben gerade erst mit unserer Unterrichtsreihe zu Monstern angefangen.«

»Haben Sie die Gorgonen bereits durchgenommen?«, erkundigte sich Athene sachlich kühl.

Avas Gesicht glühte. Aber die Einzige, die Athenes Frage mit Ava in Verbindung brachte, war Miss Klio. Ihr Blick huschte zu ihr, dann zurück zu Athene, so schnell, dass Ava es fast nicht mitbekommen hätte.

»Nun, eigentlich wollte ich mit älteren Monstern wie Typhon und Echidna beginnen.«

»Ziehen Sie die Gorgonen vor«, sagte Athene.

Was sollte das? Wollte sie Ava auf die Probe stellen oder war sie einfach nur gemein? Zu allem Übel stand plötzlich auch noch

Fia vor ihnen, die feststellen musste, dass ihr Stammplatz belegt war.

»Oh, cool, lernen wir was über Medusa?«

»Setz dich nach hinten, Fia«, erwiderte Miss Klio nur.

Nachdem sie die Göttin vor dem Kurs noch einmal sehr ausgiebig und ehrfürchtig begrüßt hatte, fragte sie, ob jemand die Namen der Gorgonenschwestern kannte. Niemand außer Fia meldete sich, aber Miss Klio achtete nicht auf sie und sah stattdessen Ava an. Widerwillig hob sie die Hand.

»Stheno, Euryale und Medusa.«

Miss Klio strahlte. »Ausgezeichnet, Ava! Und mit welchen Eigenschaften verbinden wir diese Monster?«

Zum Glück blieb Ava die Antwort darauf erspart, denn jetzt riefen auf einmal alle durcheinander.

»Sie hatten Schlangenhaare!«

»Sie waren hässlich!«

»Sie haben Menschen zu Stein erstarren lassen!«

»Nur Medusa«, sagte Mathias.

Ava rutschte tiefer in ihren Sitz.

»Richtig, Mathias«, lobte Miss Klio.

»Miss Klio!« Als Ava sich umdrehte, sah sie Fia wild winken.

»Miss Klio!«

»Was denn, Fia?«, fragte die Lehrerin.

Fia warf einen trotzigen Blick zu Athene. »Ist Medusa nicht in einer Version der Geschichte zuerst eine Normalsterbliche und wird erst später von Athene in eine Gorgone verwandelt?«

Diese Version hatte Ava schon ganz vergessen, aber Fia hatte recht. In einigen Dichtungen war Medusa eine wunderschöne junge Frau, die erst von Athene zum Monster gemacht worden war, nachdem Poseidon sie in Athenes Tempel überfallen hatte. Ein Musterbeispiel für Täter-Opfer-Umkehr. Und jetzt, da Ava Athene kannte, fragte sie sich, ob diese Version der Geschichte nicht sogar die richtige war.

»Raus hier, Fia! Du solltest unserem Gast wirklich ein bisschen mehr Respekt entgegenbringen«, herrschte Miss Klio sie an.

Fia erhob sich und steuerte auf die Tür zu. Als sie sie öffnete, ertönte ein lautes Kreischen. Eine riesige Eule flog durch den Kursraum und stieß sie mit den Krallen zu. Dann wurde aus der Eule wieder Athene mit Helm und Rüstung. Die Göttin richtete den Speer auf Fia.

»Moment!«, donnerte sie. Ihre silbergrauen Augen blitzten. »Die Version ist absoluter Stuss! Medusa wurde als Gorgone geboren. Das hat Vater mir erzählt. Sie war von Anfang an ein Monster.«

Ava hoffte, Fia würde zu ihrer eigenen Sicherheit nachgeben, wie die meisten Gleichaltrigen es im Angesicht einer so zornigen Göttin tun würden. Aber Fia zog nur zweifelnd die Augenbrauen hoch. »Glaubt Ihr alles, was Euer Vater Euch sagt?«

Avas Herz raste vor Angst. Athenes Gesicht wurde gefährlich rot. »Natürlich glaube ich ihm! Willst du Zeus etwa einen Lügner nennen?«

Doch ehe Fia antworten konnte, griff Miss Klio ein und ließ die Tür mit einem Schwung ihrer Hand wieder auffliegen. »Ich will kein Wort mehr von dir hören, Fia! Du gehst jetzt sofort zu Mr Orion!«

Mit einem Achselzucken verließ Fia den Raum.

Miss Klio stürzte zu Athene. »Pallas Athene, ich bin untröstlich.«

Athene winkte ab und murmelte: »Es sind eben Monster.«

Ava war drauf und dran, Fia aus Solidarität zu folgen. Seit ihrer Ankunft war Athene unausstehlich zu ihnen gewesen. Auf Ava schien sie es besonders abgesehen zu haben. Aber beleidigt abzudampfen, während göttlicher Besuch anwesend war, würde ihr vermutlich einen Tadel einbringen und war noch dazu genau das Verhalten, vor dem ihre Mom und Jax sie gewarnt hatten. Sie fand es wirklich schwer, das richtige Maß für ihre Wut zu finden. Entweder schluckte sie ihren Ärger runter und niemand merkte irgendwas davon, oder sie fing gleich an zu schreien oder zu heulen. Was, wenn sie die Beherrschung irgendwann komplett verlor und alle die aufbrausende, blindwütige Medusa in ihr sahen?

Also rührte Ava sich nicht vom Fleck und musste sich anhören, wie die anderen über die Enthauptung Medusas durch Perseus sprachen. Nur eine wirkte genauso missmutig, wie Ava sich fühlte: Athene. Sie war an ihren Platz neben Ava zurückgekehrt und hatte einen kleinen Webstuhl heraufbeschworen, an dem sie jetzt fieberhaft arbeitete, den Mund zu einer schmalen Linie zusammengepresst. Wahrscheinlich war sie sauer auf Fia und regte sich auf, weil sie von einer Nachfahrin der Medusa durch die Schule geführt wurde. Ava war froh, dass Miss Klio den Unterricht eine Viertelstunde früher beendete und anbot, Athene persönlich zu Mr Orions Büro zu begleiten.

Ava schlug sofort den Weg zu Fias Zimmer ein. Sie musste mit ihr reden, sich bei ihr bedanken, dass sie Athene widersprochen und Medusa verteidigt hatte. Sie hätte ihr sogar die Wahrheit gesagt und erklärt, warum ihr das so viel bedeutete. Aber Fia schien nach wie vor bei Mr Orion zu sein. Ava hinterließ ihr eine Nachricht und trottete zurück in ihr eigenes Zimmer. Sie wollte sich hinlegen und Athenes Besuch nur noch vergessen. Doch als sie die Tür aufstieß, hörte sie jemanden weinen.

»Layla, alles okay bei dir?«

Die Person, die am Fenster stand und weinte, war allerdings nicht Layla. Am liebsten wäre Ava rückwärts wieder hinausgestolpert und hätte die Tür zugeschlagen, zwang sich dann aber doch, etwas zu sagen.

»Göttin Athene?«

14

Die Göttin drehte sich um.

»Ach, Ava«, schniefte sie laut. »War sie zu dir auch so gemein?«

Ava war total verwirrt. »Entschuldigt. Wer?«

»Athene!«, jammerte Athene. »Sie hat mir doch quasi gesagt, was für eine erbärmliche Kreatur ich bin: ein Monster und eine Versagerin.«

Die Stimme klang zwar exakt wie die von Athene, aber die Worte passten so gar nicht zu der Göttin. »Layla?«

»Was?«

»Das musst du sehen!« Ava zog sie vor den Schrank.

»Falls du meine Haare meinst ...«

»Nicht nur die.« Ava riss die Tür auf, an deren Innenseite ein Spiegel hing.

Laylas silbergraue Augen, oder vielmehr Athenes, weiteten sich bei dem Anblick, der sich ihnen bot. Ihre Haut leuchtete, und sowohl die Körpergröße als auch die entschlossene Miene waren eins zu eins die von Athene. Layla befühlte ihr Gesicht und kniff sich in die Arme.

»Du hast dich verwandelt! Komplett! Obwohl Athene davon überzeugt war, sie wäre die Einzige, die das kann. Ha!«, rief Ava.

Laylas Atem beschleunigte sich. »Ich muss sofort mit Miss Demi sprechen!«

Ava schloss die Schranktür. Sie verstand, warum Layla so aufgelöst war – jetzt, wo sie wussten, wie grausam Athene sein konnte. Die Göttin würde das hier absolut nicht lustig finden. »Entspann dich. Wir gehen ganz in Ruhe zu ihr. Sie hat sowieso gerade eine Freistunde.«

»Was, wenn Athene mich so sieht?«

»Miss Klio wollte sie zu Mr Orion ins Büro bringen«, sagte Ava.

»Also ist sie im Erdgeschoss. Bestimmt laufen wir ihr über den Weg, und dann denkt sie, ich würde sie lächerlich machen.«

»Wir müssen es nur an Mr Orions Büro vorbei bis zur Treppe schaffen. Ab da kann uns nichts mehr passieren. Komm, bevor die Stunde um ist.«

Layla ergriff Avas Hand, und zusammen rannten sie durch den leeren Flur in Richtung von Mr Orions Büro. Ava linste um die Ecke, zuckte hastig wieder zurück und legte einen Finger an die Lippen. Zale klopfte gerade an Mr Orions Tür. Layla und Ava warteten angespannt.

»Immer hereinspaziert, Zale«, dröhnte Mr Orions Stimme. »Ich habe dich aus dem Unterricht holen lassen, weil Athene sich bei dir bedanken wollte ...«

Ava schluckte den Anflug von Eifersucht hinunter. Wenigstens wussten sie jetzt mit Sicherheit, dass die Göttin dort im Büro war.

Sobald die Tür hinter Zale ins Schloss gefallen war, sprinteten Ava und Layla daran vorbei und die Treppe hoch. Miss Demis Kursraum lag im ersten Stock. Im Flur war niemand, nur aus den

Unterrichtsräumen drangen gedämpfte Gespräche. Sie hatten schon den halben Weg geschafft, da öffnete sich eine der Türen. »Ich gebe euch fünf Minuten!«, rief Miss Moira dem Kurs über ihre Schulter zu.

Layla blickte Ava panisch an. Die bedeutete ihrer Freundin, leise zu sein. Miss Moira machte die Tür hinter sich zu. Als sie die beiden entdeckte, verbeugte sie sich tief.

»Pallas Athene.«

Layla nickte kurz.

»Hallo, Miss Moira. Ich bringe Göttin Athene gerade zu Miss Demi«, sagte Ava.

»Oh, ja. Genießt Ihr Euren Besuch, Pallas Athene?«

Layla runzelte die Stirn. »Ich beneide Sie nicht darum, dass Sie diese Kinder sozialisieren müssen.«

Ava schnaubte und sah weg, während sie ein Lachen unterdrückte.

»Einfach ist es nicht«, stimmte Miss Moira zu. »Aber es gibt auch Erfolgsmomente.«

Layla quittierte das mit einem skeptischen Blick, ehe sie Ava weiterscheuchte.

»Du warst klasse«, flüsterte Ava, sobald Miss Moira sie nicht mehr hören konnte.

»Ich hatte sooo Angst, mich mittendrin wieder in mich selbst zu verwandeln«, erwiderte Layla.

Ava grinste. »Das wäre wohl nicht gerade einer von Miss Moiras sogenannten Erfolgsmomenten gewesen.«

»Schön, dass du dem Ganzen noch was Lustiges abgewinnen kannst.«

Layla klopfte an Miss Demis Kursraum, leise zuerst, dann lauter und drängender.

Miss Demi riss die Tür auf und starrte Layla an.

»Athene, was für eine angenehme Überraschung.«

Sie nannte sie nicht »Pallas Athene«, nur »Athene«.

»Ich bins. Layla!«

Miss Demi blinzelte.

»Es stimmt«, bekräftigte Ava. »Sie hat die Gestalt gewechselt.«

»Und ich habe keine Ahnung, wie ich das wieder rückgängig machen kann«, fügte Layla hinzu.

Miss Demi zog sie in den Raum und schloss die Tür. Ava war überrascht, als sie Arnold an Miss Demis Schreibtisch sitzen sah. Er sprang so hastig auf, dass er fast über seine eigenen Füße stolperte.

»Pallas Athene ...«

»Keine Panik, das ist nur Layla«, beschwichtigte Ava ihn. »Sie hat sich aus Versehen in Athene verwandelt. Und was tust du hier?«

Arnold wurde rot.

»Er unterstützt mich ein bisschen«, erklärte Miss Demi.

»Sie können ihnen ruhig die Wahrheit erzählen«, sagte er mit einem Blick zu ihr. »Manchmal mache ich mir zu viele Sorgen, und Miss Demi hilft mir dann.«

»Weil du noch keine Kraft entwickelt hast?«, fragte Layla.

»Teils, teils«, gab er zu, ehe er eine Grimasse schnitt. »Es ist echt komisch, mit dir zu reden, wenn du so aussiehst.«

Layla wandte sich an Miss Demi. »Was soll ich denn jetzt tun? Ich kann doch nicht so bleiben!«

»Keine Angst, Layla. Spulen wir mal zum Anfang. Was ist vor der Verwandlung passiert?«

Layla berichtete, was Athene ihr beim Mittagessen an den Kopf geworfen hatte, wie verletzt sie gewesen war, dass sie sich in ihr Zimmer zurückgezogen und in ihr Kissen geheult hatte. »Ich war so sauer auf sie ...«

»... dass du dich in sie verwandelt hast«, ergänzte Miss Demi sanft. »Das ist nur logisch. Kräfte werden durch Emotionen ausgelöst, und der Gefühlssturm heute hat das Maximum aus dir herausgeholt. Um das zu kontrollieren, musst du zuerst deine Gefühle kontrollieren. Schließ die Augen und atme tief ein.«

Arnold deutete auf den Platz an Miss Demis Schreibtisch. Layla setzte sich und kniff die Augen zusammen.

»Denk an die Person, die du bist, die wirklich in dir steckt, nicht an die, für die jemand wie Athene dich hält. Und jetzt bezwing deine Wut und lass sie los.«

Athene schrumpfte, ihr Gesicht wurde breiter und das leichte Gewand verwandelte sich in Jeans und T-Shirt.

»Es klappt!«, sagte Ava.

Miss Demi holte einen Handspiegel aus einer Schreibtischschublade.

»Siehst du?« Sie hielt ihn Layla vor.

Layla öffnete die Augen und lächelte. »Ich bin wieder ich.«

Ihre Iris war nun grün mit gelben Sprenkeln und ihr dunkles Haar gewellt. Es stand ihr so gut, dass Ava sich fragte, ob das wohl ihr wahres Aussehen war.

Miss Demi legte den Spiegel weg und nahm Laylas Hand. »Du besitzt eine sehr gefährliche Kraft. Gottheiten können sich als

Sterbliche ausgeben, aber nur selten können Sterbliche sich als Gottheiten ausgeben. Nutz diese Fähigkeit mit Bedacht, Layla. Bring dich damit nicht in Schwierigkeiten.«

Das erinnerte Ava an den Rat ihrer Mom. »Hat meine Mom sich damals in Schwierigkeiten gebracht?«

Miss Demi warf ihr einen seltsamen Blick zu.

»Sie haben sie als Rebellin bezeichnet«, sagte Ava.

»Deine Mutter musste das, was die Accademia lehrt, am eigenen Leib erfahren«, erwiderte Miss Demi leise. Dann marschierte sie zur Tür und wies sie an zu gehen. »Es klingelt gleich zum Ende der Stunde, und ich habe noch einen Termin.«

»Moment mal, was meinen Sie mit ›am eigenen Leib erfahren‹?«, hakte Ava nach.

»Das solltest du sie lieber selbst fragen. Entschuldigt mich jetzt bitte, da wartet schon jemand auf mich.«

Ava wirbelte zur Tür herum und entdeckte Cassie. Sie fixierte Ava und ihre Lider begannen zu zucken. Doch ehe ihre Augen sich verdrehen und sie wieder etwas prophezeien konnte, zog Miss Demi Cassie in den Raum und schloss die Tür.

15

Als Ava, Layla und Arnold aus Miss Demis Büro zurückkehrten, trafen sie auf Fia. Die wirkte erstaunlich entspannt für eine Person, die gerade vom Schulleiter kam, weil sie eine Göttin beleidigt hatte.

»Also hat Mr Orion dir keinen Tadel erteilt?«, fragte Ava hoffnungsvoll.

»Oh doch«, entgegnete Fia. »Und mir einen langen Vortrag darüber gehalten, dass ich es auf einen Verweis anlegen würde, wenn ich nicht bald meine Einstellung ändere. Na ja, wenigstens habe ich so den Rest von Miss Klios Unterricht verpasst.«

Sie grinste, aber Ava war nicht nach Lachen zumute. Einen Verweis? Ohne Fia hätte sie auf der Accademia nicht mal halb so viel Spaß. Layla und Arnold wechselten einen besorgten Blick. Auch sie schienen Fias Situation nicht lustig zu finden.

»Was habt ihr denn?«, meinte Fia. »Ist doch erst der erste Tadel. Außerdem war es das wert, oder nicht, Ava? Diese eingebildete Athe…«

»Pst! Willst du dir direkt einen zweiten einfangen?«, zischte Layla.

Arnold blickte sich hastig um, als würde die Göttin in irgendeiner Ecke lauern.

»Ja, es hat sich gelohnt. Wir wollen nur nicht, dass du Mr Orion irgendwann auch so einen Brief schreibst«, erwiderte Ava leise. »Ha!« Fia lachte auf. »Keine Sorge, das wird nicht passieren.« Aber Ava wusste, das hieß bei Fia nicht, dass sie sich nie wieder in Schwierigkeiten bringen wollte, sondern nur, dass sie es niemals bereuen würde.

Erst nach dem Abendessen bot sich Ava die Gelegenheit, Fia allein abzupassen und um ein Gespräch unter vier Augen zu bitten. Sie war sofort einverstanden. Die beiden fanden allerdings keinen passenden Ort. Layla und Arnold hingen in Avas Zimmer rum, in Fias machte Cassie ihre Hausaufgaben und überall sonst liefen Schülerinnen und Schüler herum, quatschten oder lernten zusammen.

»Wie wärs mit einem der Kursräume?«, schlug Fia vor.

Es war nicht explizit verboten, sie nach Ende des Unterrichts zu betreten. Trotzdem wollte Ava lieber nicht in Miss Klios Raum gehen. Die Mythologielehrerin sollte nicht zufällig hereinschneien und auf Fia stoßen. Mr Heffs Werkstatt war zur allgemeinen Sicherheit abgeschlossen. Der Raum von Mr Moros war düster und deprimierend, weil er Farben hasste und deswegen alles in Schwarz gehalten war. Unter Miss Demis Tür drang Licht hindurch. Wahrscheinlich hatte sie noch eine Sprechstunde. Schließlich schob Ava Fia in Miss Moiras Kurszimmer. Die alte Lehrerin schien keine Nachteule zu sein. Falls sie doch auftauchte, würde Ava ihr einfach sagen, sie wollte nur kurz ein Buch holen, das sie hier vergessen hatte.

Der Raum war ausgestattet mit allerlei Stammbäumen von

Tieren, Monstern, Heldinnen und Helden. Ein riesiges Gebilde aus Draht und Garn hing von der Decke. Am ersten Tag hatte Miss Moira ihnen erklärt, dass es sich dabei um eine Doppelhelix handelte – die Struktur der DNA, in der die Erbinformationen gespeichert waren. Am zweiten Tag hatte sie den menschlichen Lebenszyklus veranschaulicht, indem sie sich in ein Baby verwandelte, das vor ihren Augen heranwuchs und nach und nach zu einer alten, runzligen Frau wurde.

Es gab genügend Tische und Stühle, aber aus purem Trotz schwang Fia sich auf Miss Moiras Pult. Ava setzte sich ihr gegenüber auf einen der Tische.

»Willst du mir wegen des Tadels noch mal ins Gewissen reden?«, fragte Fia sie belustigt.

Das hätte Ava gern getan, genau wie sie sich selbst ständig ermahnte, sich zu benehmen. Doch das war nicht der Grund, warum sie mit Fia sprechen wollte.

»Ich wollte mich bei dir bedanken«, sagte sie. »Dafür, dass du Medusa verteidigt hast. Diese Version der Geschichte hatte ich total vergessen. In jeder anderen wird sie als das schlimmste Monster von allen dargestellt.«

»Ich denke nicht, dass sie die Schlimmste ist. Versetz dich mal in ihre Lage. Dauernd dringen Männer in ihr Zuhause ein und versuchen, ihr den Kopf abzuhacken. Da wäre meine Laune auch im Keller«, entgegnete Fia.

Am liebsten wäre Ava ihr um den Hals gefallen, stattdessen rutschte sie vom Tisch und hopste neben ihrer Freundin auf das Pult. »Da ist noch was, das ich dir erzählen wollte. Ich weiß, von wem ich abstamme. Ich glaube, ich weiß es schon lange.«

Sie wartete ab, ob Fia es erriet, aber die nickte nur und fragte: »Und?«

Ava starrte auf ihre Füße. »Von Medusa.«

Fia kicherte leise. »Hab ich mir gedacht, nach deinem Blick in Miss Klios Kurs, als Athene so über sie hergezogen ist.«

»War das so offensichtlich?«, fragte Ava verzweifelt. »Meinst du, die anderen haben es auch gemerkt?«

»Kann ich mir nicht vorstellen. Die schieben es bestimmt darauf, dass du gestresst warst, weil du Athene rumführen musstest. Falls es dir nicht aufgefallen ist: Dieser Zyklopenschleimer Zale war der Einzige, der sie mochte. Außerdem weiß ich im Gegensatz zu den anderen Dinge über dich, die dadurch total Sinn ergeben.«

»Zum Beispiel?«

»Dass du Schlangen liebst. Und eine Abneigung gegen scharfe Klingen hast.«

»Stimmt. Und diese widerspenstigen Haare ...«, ergänzte Ava.

Fia zog sanft an einer von Avas geringelten Locken. »Deine Haare sind toll. Schade, dass sie nicht zischeln und kriechen. Das wäre noch cooler.«

Ava grinste. »Aber nur in deiner Welt. Versprich mir, dass du es vorerst niemandem verrätst, ja? Nicht mal Layla und Arnold. Ich erzähle es ihnen, wenn ich so weit bin.«

»Keine Sorge. Ich bin nicht so eine Klatschtante.« Fia gab Ava einen Schulterstupser. »Du solltest dich nicht dafür schämen, wer du bist, Ava. Egal, was Athene oder die anderen sagen.«

Ava war platt. Selbst ihre Mom tat so, als müsste man ihre

113

Abstammung geheim halten. Vielleicht war Medusa gar nicht so schlimm, wie alle meinten. Vielleicht hatte Fia recht, und Medusa hatte einen guten Grund für ihre Wut. Ava blinzelte ein paar Tränen weg. »Also ist es für dich okay, mit einer Gorgone befreundet zu sein?«

Fia starrte sie an. »Hallo? Darauf hab ich mein ganzes Leben gewartet! Verrat mir nur eins: Hast du schon mal jemanden in Stein verwandelt? Das wäre der Hammer!«

»Nein, aber so ähnlich ...«, antwortete Ava.

Und dann sprudelte die Story mit Owen aus ihr heraus. Als sie zu dem Moment kam, als Owen sich plötzlich nicht mehr bewegt und gesabbert hatte, klatschte Fia begeistert. »Ich wünschte, ich hätte auch so eine Kraft. Geschieht ihm recht!«

»Aber so was von«, bekräftigte Ava. Es laut auszusprechen, tat gut. Sie hatte Owen ja nicht mit Absicht erstarren lassen. Aber er hatte seinen Willen ohne jede Rücksicht durchgesetzt. Ihre Wut hatte also einen guten Grund gehabt, genau wie bei Medusa.

»Gab es sonst noch jemanden?«, fragte Fia neugierig.

Ava verneinte. »Ich hab auch keine Ahnung, ob ich das ein zweites Mal hinkriegen würde. Bei Owen ist es einfach passiert. Außerdem will ich keinen Ärger bekommen.«

»Manchmal lohnt es sich aber«, erwiderte Fia.

War das wirklich so? Ava stellte sich vor, wie Zale die ganze Schule dazu anstiftete, »Gorgo-Girl« zu skandieren, während ihre Mom, Jax, Mr Orion und Miss Klio die Köpfe schüttelten, enttäuscht über ihre mangelnde Beherrschung. »Bist du sicher, dass du bis jetzt keine Kraft hast?«, fragte sie, um das Thema zu wechseln.

»Wenn doch, hätte ich sie längst an Miss Klio ausprobiert.«

Ava grinste. »Dann hab ich ja noch mal Glück gehabt. Ich brauche dich nämlich hier. Erinnerst du dich an Mr Moros Schwächeanfall am ersten Tag? Ich dachte, du hättest vielleicht was damit zu tun gehabt.«

»Ich?«, stieß Fia aus. »Ich wünschte, es wäre so, aber mir scheint das eher etwas zu sein, was deine Leute können. Hat Jax seine Kraft schon entdeckt?«

»Nein.«

An dem Nachmittag war allerdings noch jemand von »ihren Leuten«, wie Fia es ausdrückte, vor Ort gewesen.

»Meine Mom war da, aber sie hat sich extrem gut unter Kontrolle. Sie rastet nie aus, fängt nie einen Streit an und will immer nur, dass alle sich verstehen. Sie würde sich einer Lehrkraft nie widersetzen, geschweige denn eine angreifen ...«

»Na ja, laut Miss Demi war sie früher eine echte Rebellin«, gab Fia zu bedenken. »Gibt es etwas, wofür sie wieder anfangen würde zu kämpfen? Es müsste etwas Dramatisches sein ... zum Beispiel, dass man ihr die Kinder wegnimmt.«

»Aber sie *wollte* uns auf die Accademia schicken ...«, hob Ava gerade an, da erinnerte sie sich an das Telefongespräch, das sie an dem Tag mitgehört hatte, als Owen erstarrt war, und an das energische »Auf keinen Fall!« ihrer Mom. Vielleicht hatte jemand von der Accademia angerufen und ihr ins Gewissen geredet, damit sie Ava herschickte. Das würde den aufgelösten Zustand ihrer Mom und die zerzausten Haare nach dem Telefonat erklären.

Selbst die Weihnachtsplätzchen und die heiße Schokolade bekamen dadurch eine völlig neue Bedeutung. Wahrscheinlich hatte sie einfach einen letzten schönen Moment mit ihren Kindern verbringen wollen.

»Sie hatte gar keine Wahl, oder?«

Fia schüttelte den Kopf.

Jetzt vermisste Ava ihre Mom noch mehr. Genau wie bei Miss Demi und Persephone hatten die Gottheiten auch ihre eigene Familie auseinandergerissen. »Deswegen war sie so durch den Wind, als sie sich von Jax und mir verabschieden sollte. Sie hat keinen Ton rausgebracht.«

Fia sprang von Miss Moiras Pult und tigerte auf und ab. »Vielleicht hat deine Mom sich so sehr aufgeregt, dass sie Mr Moros aus Versehen eingefroren hat. Aber noch mehr Sorgen macht mir etwas anderes: Wenn diese Schule angeblich so toll ist, warum hat deine Mom sich dann überhaupt darüber aufgeregt, euch hierlassen zu müssen? Das passt doch nicht zusammen. Und jedes Mal, wenn wir etwas, das sie uns hier beibringen, infrage stellen oder aus einer anderen Perspektive betrachten, behandeln sie uns, als ob wir etwas Verbotenes tun. Alle betonen immer, wir müssten unbedingt lernen, uns zu beherrschen. Für die männlichen Götter gilt das aber nicht, oder wie? Die fangen einfach Kriege an, verschleppen Frauen und zerstückeln ein vermeintliches ›Monster‹, nachdem es sie einmal schief angeguckt hat …«

Das Knarzen von Schritten auf dem Flur ließ Ava erschrocken aufhorchen. »Fia …«, wisperte sie warnend.

»Mir doch egal, sie sollen mich ruhig hören.« Trotzdem unterbrach Fia ihre Tirade.

»Mr Moros hatte bestimmt nur Kreislaufprobleme«, sagte Ava

laut, damit ihre Stimme bis vor die Tür drang. »Immerhin war es an dem Tag ziemlich heiß.«

Fia schnappte sich Zettel und Stift von Miss Moiras Pult und kritzelte drauflos. Dann schob sie Ava die Notiz zu. Darauf stand: *Sprich mit deiner Mom!*

16

Ava erschien es wie eine Ewigkeit, bis sie endlich eine Gelegenheit hätte, ihre Mom nach ihrer Zeit an der Accademia und dem Vorfall mit Mr Moros zu fragen. Doch die Weihnachtsferien rückten rasch näher, und ehe sie sichs versah, verabschiedete sie sich mit einer Umarmung von Fia, die über die Festtage nach Irland reiste, und von Layla, die mit Arnold als Gast zu ihrer Familie in Venedig fuhr. Es waren keine langen Ferien – nur elf Tage –, deshalb hatte ihre Mom ein Familientreffen in Rom arrangiert. Sie hatte Ava und Jax geschrieben, dass das mehr Sinn ergeben würde, als mit den beiden den ganzen weiten Weg in die USA zurückzufliegen. Insgeheim aber fragte Ava sich, ob die Gottheiten ihr verboten hatten, Italien mit ihren Kindern zu verlassen.

Mr Orion persönlich brachte Ava und Jax zum Zug, der sie nach Rom bringen sollte. Offenbar hatte der Schulleiter ein spezielles Auge auf sie.

»Ihr macht euch wirklich gut, besonders du, Ava«, lobte Mr Orion sie, ehe sie einstiegen. Trotz allem, was Fia über die Accademia gesagt hatte, freute Ava sich über das Kompliment.

Die dreistündige Fahrt verbrachte sie mit Lesen und den Extraübersetzungen für Latein und Griechisch. Aber je näher sie der italienischen Hauptstadt kamen, desto schwerer fiel es ihr, sich zu konzentrieren. Sie konnte es kaum erwarten, ihre Mom endlich wiederzusehen. Da merkte sie, dass Jax seine Aufgaben weggepackt hatte und sie anstarrte.

»Was?«

»Vor Dad darfst du das Monsterthema auf keinen Fall ansprechen«, sagte er.

»Das ist mir klar!«

Jax seufzte. »Warum bist du eigentlich immer so?«

»Wie? Wie eine Gorgone?«

»Nein! Als hätte ich dir was getan!«

»Zale hat mich Gorgo-Girl genannt. Hast du ihm das gesteckt?«

»Bist du deswegen so schlecht drauf? Natürlich nicht! Was hätte ich davon? Wenn du eine Gorgone bist, gilt für mich dasselbe.«

Da war was dran. Etwas besänftigt fuhr sie fort: »Als ich Athene rumführen sollte, meinte sie, ich wäre mit Medusa verwandt, hat aber behauptet, von ihr hätte Zale das nicht gehört. Entweder lügt sie, oder es weiß noch jemand Bescheid.«

Jax' Gesichtszüge entgleisten. »Athene hat die Medusa-Vermutung bestätigt?«

»Ach komm, so schlimm ist das auch wieder nicht.« Ava dachte an Tias Reaktion. »Einigen Überlieferungen zufolge ist sie das Opfer, nicht das Monster.«

»Aber nicht in denen, die ich gelesen habe«, entgegnete Jax.

»Du meinst die, die Miss Klio uns zu lesen *gegeben* hat. Aber lassen wir das, ich will nicht über Medusa reden. Ich will wissen, wer es Zale sonst verraten hat.«

Jax schüttelte den Kopf und seufzte, als wäre Ava diejenige, die vom Thema ablenkte. »Ich hab dir doch gesagt, dass er Mr Orions Schoßhündchen ist. Er ist jeden Tag in seinem Büro. Anscheinend arbeitet er für ihn. Vielleicht ist er da auf die Information gestoßen.«

Die Möglichkeit hatte Ava noch nicht in Betracht gezogen. Aber sie erschien ihr wesentlich plausibler, als dass ihr Bruder sie in die Pfanne gehauen oder Athene Gerüchte verbreitet haben könnte.

Jax verschränkte die Arme vor der Brust. »Willst du mir sonst noch was vorwerfen?«

Ava verneinte. Sie war zu stolz, um sich zu entschuldigen, schlug aber einen freundlicheren Ton an. »Dich hat Zale nicht als Gorgo-Boy bezeichnet, oder?«

Sie fürchtete, Jax würde nun nicht mehr mit ihr reden, aber er schien ihre unausgesprochene Entschuldigung anzunehmen.

»Nein. Wobei das wahrscheinlich nur eine Frage der Zeit ist.«

Ava runzelte die Stirn. »Offenbar hat er es nur auf mich abgesehen.«

Jax zuckte mit den Schultern. »Du bist die größere Bedrohung für ihn.«

»Weil ich mehr Monster bin?«

»Nein. Weil Mr Orion dich mag. Und falls du es unbedingt hören musst, Ava: Du bist gut in der Schule. Du hast einen besseren Ruf bei den Lehrkräften als ich.«

»Kaum zu glauben!« Ava konnte sich ein Grinsen nicht verkneifen.

»Ist irgendwie auch unfair«, meinte Jax. »Als würden sie in dir mehr Potenzial sehen als in mir.«

»So habe ich mich die letzten zwölf Jahre gefühlt«, erwiderte Ava. Sie hatte Jax nie erzählt, wie schwer es war, immer in seinem Schatten zu stehen. Es tat gut, ihm das offen zu sagen, vor allem, da er es jetzt selbst erlebte. Sie beschloss, ihm ein weiteres Geheimnis anzuvertrauen.

»Hey, weißt du noch, am ersten Tag, als Mr Moros umgekippt ist, draußen auf der Terrasse, während sich alle verabschiedet haben?«, fragte sie.

»Ja.«

»Ich glaube nicht, dass er einfach so zusammengeklappt ist.«

Jax musterte sie argwöhnisch. »Du hast ihn doch nicht erstarren lassen, oder?«

»Quatsch! Aber was, wenn Mom es war?«

Jax schüttelte den Kopf. »Mom?! Mr Moros war ihr Lehrer. Er hat sie nur begrüßt.«

»Moment mal!« Ava beugte sich über den Tisch. »Sie haben sich unterhalten?«

»Ja, Ava.« In Jax' Stimme schwang Sarkasmus mit. »War schon sehr verdächtig, dass sie ein paar Worte gewechselt haben.«

Der Zug wurde langsamer, und die Passagiere holten nach und nach ihre Koffer und Jacken aus der Gepäckablage über den Sitzen. Auch Jax stand auf, aber Ava zerrte ihn zurück auf den Platz neben sich.

»Er muss irgendwas zu ihr gesagt haben«, wisperte sie. »Mom wollte uns eigentlich gar nicht auf die Accademia schicken. Ich glaube, die Gottheiten haben sie dazu gezwungen. Könnte sie Mr Moros deswegen angegriffen haben?«

»Wovon sprichst du? Mom hat doch ausführlich in ihrem Brief

geschrieben, dass wir an der Schule gut aufgehoben sind. Außerdem würde sie nie derart die Kontrolle verlieren. Sie hat ihre Ausbildung an der Accademia abgeschlossen.«

»Aber beim Abschied war sie so aufgewühlt, dass sie nicht mal mehr sprechen konnte …«

»Das beweist gar nichts. Allmählich klingst du echt paranoid. Selbst wenn rauskommt, dass wir Gorgonenblut haben, musst du ruhig bleiben. Dreh nicht durch und wirf den Gottheiten Entführung oder so einen Schwachsinn vor. Das Schlimmste wäre, wenn du Medusas schlechten Ruf auch noch bestätigst.«

»Aber Mom …«, hob Ava zu einem Widerspruch an.

Ein Klopfen am Fenster ließ sie beide herumwirbeln. Da war sie, wie aufs Stichwort. Ava sprang auf und raste zur Tür, wobei sie fast Jacke und Koffer vergaß.

»Mom!«

Sollte die ganze Welt sie doch für ein Monster halten. Es war ihr egal. Sie warf sich in die Arme ihrer Mutter.

Selbst im trüben Winternebel war die antike Stadt traumhaft. Lichterketten überspannten die Straßen, vor den Kirchen standen majestätische Weihnachtsbäume und auf jedem Platz war eine Krippe aufgebaut. Besonders interessierten sie jedoch die Überreste der römischen Bauwerke: Aquädukte, Torbögen, Säulen und natürlich die göttlichen Tempel. Am nächsten Tag spazierten Jax und ihr Dad die Via Appia entlang, eine alte Straße aus der Römerzeit. Ava und ihre Mom besuchten das Pantheon. Es war das am besten erhaltene antike Gebäude Roms, und die riesige Kuppel gehörte zu den größten der Welt.

Während die beiden in der Schlange warteten, um über den Portikus, die offene Säulenhalle, einzutreten, fragte ihre Mom: »Habt ihr schon gelernt, aus welcher Sprache der Begriff ›Pantheon‹ stammt?«

Ava nickte. »Es ist ein Wort, das sich aus dem Altgriechischen entwickelt hat. Von *pān*, das so viel bedeutet wie ›alle‹, und *theos* für ›Gott‹. Also ist es ein Tempel für alle Gottheiten. So einen Versammlungsort gibt es auch auf dem Olymp.«

Ihre Mom lächelte. »Wie gesagt, die Ausbildung an der Accademia ist hervorragend.«

»Trotzdem hast du mir nicht verraten, aus welchem Grund du mich wirklich dorthin geschickt hast«, erwiderte Ava.

»Nein«, gestand ihre Mom. »Aber wie ich höre, hast du deine Gefühle sehr gut unter Kontrolle. Du hast die Beherrschung bisher nicht verloren und bist nicht wütend geworden. Nicht mal auf Pallas Athene.«

»Du weißt davon?«

Die dunklen Augen ihrer Mom blitzten. Sie beugte sich leicht vor und flüsterte ihr zu: »Ich konnte sie nie leiden. Sie mag andere Frauen und Mädchen nicht und ist ziemlich arrogant.«

Ava grinste. »Ich hätte sie für den Aufsatz einfach Owen überlassen und mir eine andere Göttin aussuchen sollen. Demeter zum Beispiel.«

Die Miene ihrer Mom hellte sich auf. »Ich liebe Miss Demi! Sie war meine Lieblingslehrerin.«

»Sie mag dich auch«, sagte Ava. Ihre Mom wirkte so entspannt, dass Ava den Moment nur ungern zerstörte. Aber es war die perfekte Überleitung, um sie zu fragen, wie es damals für sie auf der

Accademia gewesen war.»Sie meinte, du warst früher eine richtige Rebellin.«

Ihre Mom lachte.»Ja, das war ich wohl. Ich habe mal einen Zyklopen erstarren lassen, weil er Witze über meine Haare gerissen hat.«

Ava war begeistert von der Vorstellung, ihre Mom könnte sich mit jemandem wie Zale anlegen.»Dann hast du die gleiche Kraft von Medusa geerbt wie ich?«

Ihre Mom nickte und sagte mit gedämpfter Stimme:»Du weißt also, mit wem wir verwandt sind.«

»Meine Freundin Fia hat erzählt, in einer Version der Geschichte ist Medusa gar nicht von Anfang an ein Monster, sondern ...«

»Stopp!«, unterbrach ihre Mom sie.

Bei ihrem scharfen Tonfall zuckte Ava zusammen.

Ihre Mom seufzte.»Es ist nur ... Du kannst nicht ändern, wer wir sind. Du kannst nur lernen, dich unter Kontrolle zu haben.«

Wahrscheinlich wollte ihre Mom sie bloß dazu bringen, es hinzunehmen. Aber dass sie sich weigerte, über eine andere Möglichkeit auch nur zu sprechen, ärgerte Ava.

»Heißt das, du lässt niemanden mehr erstarren?«

Ihre Mom bedachte sie mit einem seltsamen Blick.»Natürlich nicht. An der Accademia habe ich gelernt, meine Kraft zu zügeln.«

»Dann hast du also nie die Fassung verloren und aus Versehen ...«

»Nein!«Das Lächeln ihrer Mom war verschwunden.

»Ich dachte nur … Als Mr Moros umgekippt ist …«

»Mr Moros ist steinalt. Er ist ohnmächtig geworden. Ich nutze meine Kraft niemals, und das solltest du auch nicht tun. Ava, ich verlass mich darauf, dass du das im Griff hast.«

Die Schlange vor ihnen setzte sich in Bewegung, und ihre Mom marschierte ins Gebäude. Ava eilte ihr hinterher, durch ein gewaltiges Tor in das höhlenartige Innere des antiken Tempels. Touristinnen und Touristen schlenderten ziellos über den glänzenden Marmorboden und das Echo ihrer Stimmen verlor sich im leeren Raum. Ava legte den Kopf in den Nacken, um die hohe Decke zu betrachten. In der Mitte der Kuppel entdeckte sie ein kreisrundes Loch, durch das zu ihrer Verwunderung Wasser tropfte.

»Anscheinend hat es angefangen zu regnen«, sagte ihre Mom. Sie stand jetzt wieder neben ihr und klang so ruhig wie immer. Aber Ava merkte, dass sie sich zusammenriss.

»Ist das Loch aus einem bestimmten Grund da?«, fragte sie.

Ihre Mom nickte. »Das Opaion wurde eingebaut, damit die Menschen zum Himmel aufschauen können. Und über den gewölbten Boden darunter fließt das Regenwasser ab. Den Gottheiten scheint das zu imponieren. Seit Tausenden von Jahren bewahren sie das Pantheon schon vor Zerstörung, und das sogar, obwohl es mittlerweile eine christliche Kirche ist.«

»Vielleicht erinnert es sie daran, wie viel Macht sie haben«, meinte Ava. »Sie können runtergucken … und die Leute nass machen.«

Sie wartete auf ein Lachen, aber ihre Mom wand sich nur unbehaglich.

125

»Was ist damals an der Accademia passiert?«, fragte Ava. »Warum hast du dich so verändert?«

»Was meinst du?«, entgegnete ihre Mom, aber Ava hatte das Gefühl, sie wusste ganz genau, was sie meinte.

»Heute bist du keine Rebellin mehr …«

»Ich bin eben erwachsen geworden.«

»Und das ist alles? Es ist nichts vorgefallen?«

Der Blick ihrer Mom glitt hinauf zum Opaion. »Mir war irgendwann klar, dass ich mich nicht einfach meiner Wut hingeben und jede x-beliebige Person, die ich nicht mag, erstarren lassen kann.«

»Es gibt auch Leute, die unsere Kraft cool finden«, sagte Ava.

»Wer?«

Ava zuckte nur mit den Achseln, weil sie Fia nicht schon wieder erwähnen wollte.

»Es sieht vielleicht cool aus, aber es ist gefährlich. Versprich mir, dass du deine Gefühle nicht die Oberhand gewinnen lässt. Du hast es bisher so gut gemeistert und solltest nicht den gleichen Fehler machen wie ich.«

»Welchen Fehler?«, hakte Ava nach.

Ihre Mom verzog das Gesicht. »Schon gut.«

»Es ist also doch was passiert!«

»*Jetzt reichts!*«

Noch nie hatte ihre Mom sie so angeblafft. Ava war verletzt. Aber offenbar hatte sie einen Nerv getroffen. Irgendetwas *war* vorgefallen.

»Du wolltest mich nicht auf die Accademia schicken. Ich habe mitbekommen, was du am Telefon nach dem Vorfall mit Owen gesagt hast. Sie haben dich gezwungen uns anzumelden, oder? Und du tust so, als wäre es deine Idee gewesen. Ich habe es verdient, die Wahrheit zu erfahren. Also, was war damals los?«

Allmählich schien ihre Mom zu begreifen, dass Leugnen zwecklos war. »Es tut mir wirklich leid«, sagte sie etwas sanfter. »Aber es gibt Dinge, die kann ich dir einfach nicht erzählen.«

17

Der Januar in Venedig war grau und verregnet. Die feuchte Kälte kroch durch alle Kleiderschichten, egal wie viele es waren, und verursachte Gänsehaut sowie hartnäckige Erkältungen. Nur Mr Moros, der ihnen immer mehr und immer schwierigere Hausaufgaben aufbrummte, blühte in dieser düsteren Jahreszeit geradezu auf. Nach den Ferien vermissten alle ihre Familien umso mehr, besonders die aus dem ersten Grad hatten Heimweh. Viele von ihnen hatten, genau wie Ava, mit einem Elternteil aufwühlende Gespräche über ihre familiären Wurzeln geführt. Miss Demis Sprechstunden waren ziemlich ausgebucht, und wenn Ava sie fragte, was damals mit ihrer Mom geschehen war, wurde sie von ihr vertröstet.

»Sie weicht dir aus«, meinte Fia in einem der wenigen Momente, wo sie unter sich waren. »Wahrscheinlich hätte sie gar nicht erst mit dem Thema anfangen dürfen.«

»Irgendwas muss passiert sein«, beharrte Ava. »Irgendwas Schlimmes.«

»Hast du deine Kraft eigentlich schon ausprobiert? Vielleicht brauchst du sie mal«, sagte Fia.

»Mach ich noch«, antwortete Ava. Doch jedes Mal, wenn sie

daran dachte, hörte sie die Stimme ihrer Mutter: *Versprich mir,*
dass du deine Gefühle nicht die Oberhand gewinnen lässt.

Normalerweise vergaß Ava im Schwimmbad ihre Sorgen, aber
hier an der Accademia geriet sie zu oft zwischen Morgan und
Anahita, die Nachkommen von Skylla und Charybdis – was,
wenn auch nicht tödlich, todsicher mit dem letzten Platz endete.
Nachdem sie ein paarmal fast ertrunken war, beschwerte Ava
sich bei Miss Doris, aber Morgan und Anahita behaupteten, sie
wollten sie nur zu Bestleistungen anspornen. Und Fia war nicht
da, um ihr beizuspringen. Miss Doris hatte sie nie dazu bringen können, den Beckenrand loszulassen, daher durfte sie die
Schwimmstunden in der Werkstatt bei Mr Heff verbringen.

Eines Nachmittags Ende Januar, als Ava wie so oft hustend
und prustend das Ziel erreichte, kletterte sie aus dem Becken und
marschierte auf Morgan und Anahita zu, die sich abklatschten,
weil sie den ersten und zweiten Platz belegt hatten. Ihr Herz raste,
als sie sich ihnen näherte. Ob es an der Nervosität lag oder an der
Anstrengung, nicht im Strudel unterzugehen, wusste sie nicht.

»Könnt ihr nicht endlich mal damit aufhören?«, fragte sie.

Anahita musterte sie, als hätte Ava die beiden bei einem sehr
wichtigen Gespräch gestört. »Womit?«

»Das Wasser aufzuwirbeln, mich über den Haufen zu schwimmen ...«

Morgan verdrehte die Augen. »Wie oft sollen wir es dir denn
noch erklären? Das hier ist nicht deine alte Schule. Du bist nicht
mehr die Beste.«

»Darum gehts nicht, sondern darum, fair zu bleiben«, entgegnete Ava.

Anahitas Gesicht kam Avas bedrohlich nah. »Willst du damit andeuten, dass wir mogeln?«

»Nein! Nur …«

»Und was machst du, wenn wir nicht aufhören? Uns in Stein verwandeln?«, fragte Morgan.

Bestimmt hatte Zale es ihnen verraten! Ava starrte die beiden böse an, ihre Wangen brannten.

Anahita grinste fies. »Du warst schon immer irgendwie hässlich, Gorgo-Girl. Vielleicht ist das ja deine besondere Kraft.«

In Gedanken hörte Ava die Stimme ihrer Mom: *Dreh dich um und geh.* Und Fias: *Nutz deine Kraft.*

Morgan lachte. »Jemand sollte ihr den Kopf abhacken und einen neuen aufsetzen.«

Ava spürte ihre Wut aufflammen. Die Stimmen in ihren Gedanken verschwanden und wurden ersetzt durch ihre eigene. »*Ihr* benehmt euch hässlich!«, zischte sie. »Mogeln *und* mobben! Ihr habt es nicht anders verdient!«

Sie machte einen Schritt auf die beiden zu und fixierte sie mit ihrem Blick, erst Morgan, dann Anahita. Sofort krümmten sich Morgans Arme und erstarrten. Anahita klappte die Kinnlade runter, ehe auch sie wie festgefroren dastand.

Es funktionierte! Ava wünschte, Fia könnte das sehen. Morgan und Anahita eine Lektion zu erteilen, war jeden Tadel wert. Ihre Mom wäre bestimmt enttäuscht, aber als Schülerin hatte sie schließlich selbst mal einen Zyklopen erstarren lassen. Wie sauer konnte sie da schon werden? Ava wollte gerade überprüfen, ob sie jemand beobachtete, da zuckte es um Morgans Mund und die zwei Mädchen brachen in Gelächter aus.

»Jetzt hast du es uns aber gezeigt, Gorgo-Girl«, spottete Anahita.

»Du bist so hässlich, dass wir ganz gelähmt waren«, fiel Morgan mit ein.

Ava floh in die Umkleide. Warum waren die beiden nicht erstarrt? Sie hatte sich total lächerlich gemacht. Von nun an würden Morgan und Anahita sie nur umso mehr schikanieren. Bestimmt erzählten sie jetzt allen, von wem sie abstammte und dass sie hässlich war und einen Ausraster gehabt hatte.

Sie zog sich an, spritzte sich Wasser ins Gesicht und lief hinaus, bevor der Rest des Schwimmteams eintrudelte. Als sie schließlich Miss Klios Kursraum betrat, hatte sie sich wieder gefangen. Fia warf ihr trotzdem einen prüfenden Seitenblick zu.

»Alles okay bei dir?«, erkundigte sie sich.

Es war die wohl am nettesten gemeinte Frage, die Ava je gestellt worden war. Sie nickte, aus Angst, in Tränen auszubrechen, sobald sie den Mund aufmachte. Was war schlimmer, als ein Monster zu sein? Ein Monster zu sein und keine Kraft zu besitzen!

Fia zog eine Augenbraue hoch, doch zu Avas Erleichterung tauchte Miss Klio auf, ehe ihre Freundin nachhaken konnte.

»Unser Thema heute ist die Harpyie«, verkündete Miss Klio. »Wer kann mir die wesentlichen Merkmale dieses Monsters nennen?«

Normalerweise hätte Ava sich gemeldet. Aber sie war zu aufgewühlt, um etwas zu sagen. Fia kannte die Antwort sicher auch, musterte Ava allerdings weiter von der Seite. Zum Glück machte Lindiwe mit, deren Schlaflosigkeit ein echter Vorteil beim Lernen war.

»Harpyien sind halb Frau, halb Vogel.«

»Sehr gut«, lobte Miss Klio. »Was noch?«

»Sie haben richtig üblen Mundgeruch«, antwortete Mathias.

Einige lachten.

Miss Klio lächelte. »Stimmt. Sie sind bekannt für ihren Gestank und ihre Unersättlichkeit. Hat jemand eine Idee, welche Rolle sie im Mythos um Jason und die Argonauten gespielt haben?«

Schweigen. Miss Klio hielt nach einer erhobenen Hand Ausschau, bis ihr Blick an Ava hängen blieb.

Bevor sie sich bremsen konnte, rutschte Ava heraus: »Ich weiß es nicht.«

Natürlich wusste sie es. Ihr war nur nicht danach, die Geschichte zu erzählen. Ava starrte auf ihr Heft, um Miss Klios enttäuschte Miene nicht ertragen zu müssen. Zu ihrer Überraschung meldete sich im nächsten Moment jemand anderes.

»Fia?«

Ava wandte sich ihrer Freundin zu und formte ein stummes *Danke.*

Fia zwinkerte ihr zu, ehe sie Miss Klios Frage beantwortete.

»König Phineus von Thrakien missbrauchte einst seine Gabe als Seher. Dafür bestraften ihn die Gottheiten: Sie schickten die Harpyien, die sich jeden Tag über seine Speisen hermachten, und ließen ihn Hunger leiden. Jason rettete ihn, zusammen mit den Boreaden, den geflügelten Windbrüdern, indem sie die Harpyien fortjagten. König Phineus war darüber so glücklich, dass er Jason und seiner Mannschaft verriet, wie sie mit dem Schiff unversehrt durch die Symplegaden gelangen konnten, einen Engpass zwischen zwei Felseninseln.«

Miss Klio wirkte genauso überrascht wie alle anderen, nickte jedoch einen Sekundenbruchteil später. »Sehr gut, Fia.«

Fia lächelte. »Aber die Harpyien waren keine richtigen Monster. Sie waren Windwesen.«

»Nein, sie waren Monster«, widersprach Miss Klio unwirsch. Miss Klios veränderter Tonfall sorgte für Unruhe im Kurs.

»Sie waren Windwesen, die schlechte Taten gerächt haben. Das macht sie nicht zu Monstern«, entgegnete Fia.

Miss Klio lief rot an. »Sie waren ekelerregende, stinkende Vogelfrauen …«

»Warum sind eigentlich so viele der angeblichen Monster weiblich?«, unterbrach Fia sie.

Ava schüttelte warnend den Kopf. Fia würde sich wieder Ärger einhandeln! Aber es war schon zu spät. Mit einer schwungvollen Handbewegung beförderte Miss Klio Fias Tisch in die Luft. Dort schwebte er einen Moment, ehe er mit einem Knall wieder herunterkrachte und Fia dabei nur knapp verfehlte. »Das reicht mir jetzt mit deiner Respektlosigkeit!«

Schockiert starrte Ava auf den neuen Riss im Boden. Beim Gedanken daran, was passiert wäre, wenn der Tisch Fia getroffen hätte, fing ihr Herz an zu rasen. Lindiwe, die neben ihr saß, war blass geworden. Mathias zitterte.

Die Einzige, die keine Angst zu haben schien, war Fia. Sie sprang auf, das Gesicht fast so rot wie ihre Haare. »Ich lasse mir von Ihnen nicht den Mund verbieten! Mir reicht auch, dass Sie sich immer auf die Seite der männlichen Götter stellen! Dass Sie immer Geschichten aussuchen, in denen wir die Bösen sind! Dass …«

Rauch quoll zwischen Fias Lippen hindurch. Was war mit ihr los? Hatte Miss Klio sie innerlich in Brand gesetzt?

»Fia!« Ava deutete auf ihren Mund.

Aber Fia funkelte Miss Klio nur wütend an. »... dass immer *Sie* entscheiden, was die Wahrheit ist!«

Und dann spuckte Fia Feuer. Alle warfen sich auf den Boden, als die Flammen nach oben loderten und die Decke versengten. Fia schien es kein bisschen Angst zu machen, dass sie sich gerade in einen menschlichen Gasbrenner verwandelte. Miss Klio hingegen betete panisch murmelnd zu Poseidon. Also war sie für diesen Ausbruch nicht verantwortlich.

Fia hatte ihre Kraft gefunden.

Plötzlich war ein Klirren zu hören, und im nächsten Moment zerbarsten die Fenster unter dem Druck einer gewaltigen Welle. Fia schrie, als sie genau auf sie zurollte, über ihr zusammenschlug und das Feuer löschte.

Da stand sie nun in einer Pfütze Kanalwasser, schnaufend und schaudernd, die Augen weit aufgerissen, die Haare triefend nass. Der Kursraum war das reinste Chaos. Überall lagen Scherben, die Decke war schwarz und der Boden rissig und feucht. Ava fand die Stimme als Erste wieder. »Fia! Sag doch was. Gehts dir gut?«

Ihre Freundin nickte und hustete eine Dampfwolke aus.

Miss Klio zeigte auf die Tür und befahl bedrohlich leise: »In Mr Orions Büro, Fia. Sofort.«

Fia gehorchte ohne ein Wort des Widerspruchs.

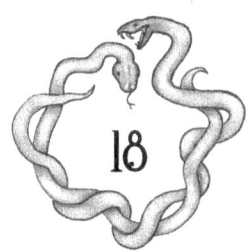

18

Nach dem Unterricht berief Ava eine Krisensitzung mit Layla und Arnold ein. Sie hockten zusammen in ihrem Zimmer auf dem Boden, und Ava erzählte ihnen, was passiert war.

»Tja, wenigstens weiß Fia jetzt, von welchem Monster sie abstammt«, meinte Layla. Ihre braunen Haare nahmen einen orangefarbenen Ton an, und Ava fragte sich, ob sie sich gleich aus Mitgefühl in Fia verwandeln würde.

»Von einer Chimära«, sagte Ava. Die Chimära, ein Wesen, das zum Teil Löwe, Ziege und Schlange war, konnte als einziges Monster Feuer speien. »Ergibt irgendwie Sinn. Sie hat keine Angst vor Mr Heffs Schmiede, mag aber kein Wasser.«

»Feuerspeien ist eine echt coole Fähigkeit.« Arnold seufzte.

»Fia wird sich aber viel Mühe geben müssen, das unter Kontrolle zu bekommen«, warf Layla ein.

Es war fast 16:00 Uhr und über eine Stunde her, dass Miss Klio Fia zu Mr Orion geschickt hatte. »Bestimmt kassiert sie gerade den zweiten Tadel«, meinte Ava.

»Sie hätte ja auch fast eine Lehrerin gegrillt«, bemerkte Layla.

»Die sie beinahe mit einem Tisch ausgeknockt hätte«, hielt Ava dagegen.

»Miss Klio würde einer Schülerin nichts tun.«

Ava war sich da nicht so sicher. »Ich hätte Miss Klios Frage zu den Harpyien einfach beantworten sollen. Dann wäre es erst gar nicht zu der Diskussion gekommen ...«

»Gib dir nicht die Schuld dafür. Irgendwann wäre es sowieso passiert«, tröstete Layla sie.

»Es ist nur ... Ich war so schlecht drauf, weil ...« Den Teil der Geschichte hatte Ava bisher ausgespart. Aber falls die beiden nicht längst mitbekommen hatten, was sie war, würden sie es ohnehin bald rausfinden. Sie holte tief Luft. »Ihr kennt doch Morgan und Anahita aus dem zweiten Grad?«

Arnold stöhnte. »Die, die so gerne Leute absaufen lassen?«

»An seinem zweiten Schultag musste Miss Doris ihn aus einem Strudel fischen«, erklärte Layla.

»Tja, und ich hab das Glück, mit ihnen in einem Schwimmteam zu sein!«, erwiderte Ava. »Heute sind wir richtig aneinandergeraten. Sie haben mich ›Gorgo-Girl‹ genannt, genau wie Zale, als Athene zu Besuch war.«

»Alle werfen sich ständig irgendwelche Spitznamen an den Kopf«, beschwichtigte Layla sie. »Aber wenn sich bei dir noch keine Kraft gezeigt hat ...«

»Das ist es ja«, unterbrach Ava sie leise. »Einmal schon. Ich habe einen Jungen erstarren lassen.«

Arnold machte große Augen. »Du denkst also, du bist wirklich ...«

»Ich weiß es«, sagte Ava. »Ich bin eine Nachfahrin von Medusa. Athene hat es bestätigt, und meine Mom auch. Ich hatte bisher nur Angst, es euch zu erzählen.«

»Brauchst du nicht.« Layla grinste. »Du musst mir nur den Gefallen tun, mich in einem meiner besseren Looks erstarren zu lassen.«

»Haha«, meinte Ava, war aber erleichtert, dass es Layla nicht störte, sich mit einer Gorgone das Zimmer zu teilen.

»Könntest du das nicht mal bei Zale versuchen? Bitte, bitte?«, flehte Arnold.

Ava seufzte. »So einfach ist das nicht. Es klappt im Moment nicht. Ich habs bei Morgan und Anahita ausprobiert.«

»Sei froh. Sonst hättest du dir garantiert einen Tadel eingehandelt«, sagte Layla.

»Meine Mom wäre jedenfalls nicht glücklich darüber gewesen.« Ava berichtete, was ihre Mom ihr in Rom erzählt hatte.

»Vielleicht hast du deine Kraft nur gut unter Kontrolle«, mutmaßte Arnold.

»Aber ich wollte sie benutzen, nicht unterdrücken …«

Ehe sie weitersprechen konnte, flog die Tür auf und Fia rauschte herein. Sofort sprangen die drei auf und umringten sie.

»Was ist passiert?«, fragte Ava.

Fia grinste. »Mr Orion hat mir einen zweiten Tadel erteilt und mir eine ewig lange Standpauke gehalten. Jetzt, da ich wüsste, dass ich eine Chimära bin, hätte ich keine Ausreden mehr, mich danebenzubenehmen. Es wäre meine letzte Chance, bla, bla, bla …«

Ava freute sich über Fias gute Laune, machte sich aber gleichzeitig Sorgen, weil sie kurz davor war, von der Schule zu fliegen.

»Na toll, Ava ist also eine Gorgone, du bist eine Chimära und ich bin nach wie vor nichts«, fasste Arnold zusammen.

»Ach, Arnold. Irgendwann offenbart sich deine Kraft auch«, tröstete Layla ihn.

»Und vielleicht funktioniert deine sogar mehr als einmal«, sagte Ava. Dann schilderte sie Fia den Zwischenfall im Schwimmbad. Als sie fertig war, meinte Fia:»Das heißt nicht, dass du die Kraft doch nicht hast. Wahrscheinlich warst du einfach nicht wütend genug. Oder der Gedanke an deine Mom hat dich zurückgehalten. Übrigens wollte ich dir auch dringend noch was erzählen. Eventuell kannst du dadurch rausfinden, was damals auf der Accademia passiert ist.«

»Was denn?«, fragte Ava.

»Als Mr Orion mich zusammengestaucht hat, kam Zale plötzlich rein. Die beiden sind vor die Tür gegangen, um irgendwas zu besprechen, und haben mich allein gelassen. Mr Orions Aktenschrank stand einen Spalt offen, deswegen habe ich mal einen Blick riskiert. Darin waren ziemlich viele Mappen – eine für jeden Schüler und jede Schülerin, auch die der Ehemaligen. Inklusive der Stammbäume, die bis zu unseren Monsterahnen zurückreichen.«

Zale konnte also einfach nachgeschaut haben. Jax hatte recht gehabt.

»Das war aber noch nicht das Interessanteste«, fuhr Fia fort. »In den Unterlagen finden sich auch Meldungen zu sämtlichen Schulverstößen. Komplette Verhaltensberichte!« Sie klatschte aufgeregt in die Hände.»Wisst ihr, was das bedeutet?«

Ava keuchte.»Ich könnte den Bericht über meine Mom lesen.«

»Genau! Dann erfährst du, was passiert ist. Dafür müssten wir uns nur Zutritt zu Mr Orions Büro verschaffen …«

»Wir?«, unterbrach Ava sie. »Noch ein Tadel, und sie schmeißen dich von der Schule!«

»Ava hat recht. Ihr würdet eine ganze Reihe von Regeln brechen«, sagte Layla.

Fia zuckte mit den Achseln. »Ava hat Antworten verdient, und die stehen in diesen Berichten.«

»Und deswegen sollte *ich* das auch tun, nicht du. Ich habe noch keinen Tadel. Falls ich erwischt werde, wäre das mein erster.«

»Aber nur ich weiß, wo du die gesuchten Unterlagen findest. Ich bin die Einzige, die schon mal in Mr Orions Büro war«, erwiderte Fia.

»Kommt nicht infrage. Das Risiko ist viel zu groß«, widersprach Ava.

»Egal wer es macht, es ist eine schlechte Idee!«, sagte Layla. »Ava, du entwickelst dich hier super und bist Miss Klios Liebling. Wozu willst du das aufs Spiel setzen?« Laylas Haarfarbe änderte sich von Orange in Weiß. »Arnold, sag doch auch mal was. Sie fliegen bestimmt auf ...«

Sie wandte sich an Arnold. Der starrte zu Avas Überraschung bloß auf seine Füße.

»Arnold?! Jetzt erzähl mir nicht ...«, hob Layla an.

»Vielleicht entwickle ich nie eine Kraft.« Er seufzte. »Aber wenn ich meinen Stammbaum sehen könnte, wüsste ich zumindest, was ich bin.«

»Unfassbar!« Layla warf den Kopf in den Nacken. »Ich mach da nicht mit!«

»Musst du auch nicht«, erwiderte Ava. »Arnold und ich gehen, und du kannst dich da raushalten. Verrat uns nur nicht.«

»Keine Sorge«, grummelte Layla. »Aber wenn ihr später bis zum Hals in Problemen steckt, sagt nicht, ich hätte euch nicht gewarnt.«

19

Sie planten den Einbruch für den ersten Karnevalsabend. In den USA hatte Ava nie Karneval gefeiert. Layla erklärte, die Tage vor der Fastenzeit wären in Venedig eine große Sache, und gab zähneknirschend zu, dass das Timing für ihr verrücktes Vorhaben perfekt war. Massenhaft Touris würden verkleidet und maskiert in die Stadt strömen, durch die Straßen ziehen und am Canal Grande Party machen. Es gäbe schicke Bälle und Wettbewerbe um das beste Kostüm, Paraden und Open-Air-Konzerte.

Selbst die Accademia nahm an den Feierlichkeiten teil. Laut Miss Klio gingen sie zurück auf vorchristliche Zeiten, in denen man so den Winter verabschiedet und den Frühling begrüßt hatte. Mr Orion veranstaltete für die gesamte Schule einen Maskenball und wollte das Event dieses Jahr sogar persönlich beaufsichtigen. Der größte Pluspunkt aber war, dass der Ball nicht im großen Saal, sondern auf der Dachterrasse in Miss Atalantes Sporthalle stattfinden würde. Zu diesem Zweck hatte Miss Terpsichore, die Muse des Tanzes, die Erlaubnis erhalten, die Halle in einen verglasten Partyraum mit Panoramablick zu verwandeln. Das hieß, die Party war so weit wie nur irgend möglich von Mr Orions Büro entfernt.

Am Morgen vor dem Ball suchten sie sich im Schulshop mit Absicht die verbreitetsten Karnevalsmasken aus. Fia entschied sich für die schwarz-weiße Maske des Harlekins, eines Gauklers mit ausdrucksstarker Mimik. Arnold wählte eine mit langem gebogenen Schnabel, die zwar Ähnlichkeit mit einem Vogel hatte, Layla zufolge früher aber von mittelalterlichen Pestärzten genutzt worden war. Layla selbst kaufte sich eine weiße Volto- oder Geistermaske mit rot bemalten Lippen. Und Ava wollte die Katzenmaske aufsetzen, die sie damals mit ihrer Mom erstanden hatte. Am Abend zogen die Mädchen bodenlange Ballkleider dazu an – Leihgaben aus dem Shop. Fia trug ein grünes, Layla ein goldenes und Ava ein blaues.

»Ich würde auch gern meine Haarfarbe ändern können«, sagte Fia zu Layla, während sie sich im Spiegel betrachtete.

»Kannst du doch«, meinte Layla. »Man nennt das ›Haare färben‹.«

Sie schmollte immer noch, obwohl ihr klar war, dass sie den anderen ihren Plan nicht ausreden konnte. Fia hingegen war so Feuer und Flamme, dass ständig winzige Funken hinter ihrer Maske hervorstoben.

»Als wäre man mit einer Wunderkerze befreundet«, brummte Layla.

Sie wurden von einem Klopfen unterbrochen. »Was?«, rief Layla. Die Tür öffnete sich, und Arnolds riesiger Schnabel tauchte auf. Er hatte ihn mit einem breitkrempigen schwarzen Hut und einem Umhang kombiniert. Theatralisch schwang er ihn herum, stolperte aber sofort darüber. Ava hoffte, sie würde nicht bereuen, ihn als Komplizen mitzunehmen.

»Alles gut?«, fragte sie, als er das Gleichgewicht wiedergefunden hatte.

Er schob den Schnabel zur Seite. »Klar. Nur etwas aufgeregt.«

»Wenn du zu nervös bist, kann ich auch mitgehen«, bot Fia an.

»Auf keinen Fall!«, riefen Ava und Layla gleichzeitig.

Wie geplant betraten sie eine halbe Stunde später den Partyraum auf dem Dach. Miss Terpsichore hatte ganze Arbeit geleistet. Glitzernde Discokugeln glitten über ihre Köpfe hinweg, mitreißende Musik dröhnte aus unsichtbaren Boxen. Auf Tischen waren üppige Platten mit Lasagne und Ravioli, zuckerbestäubten Donuts und Ricotta-Cannoli angerichtet, die sich wie durch Zauberhand immer wieder auffüllten. Mitten auf der Tanzfläche sprudelte fröhlich ein heißer Schokobrunnen, aus dem Milch- und Kakaofontänen schossen, sobald man eine Tasse davorhielt. Harlekins, Hofnärrinnen, Pestärzte und andere Karnevalsgestalten standen in Grüppchen zusammen, aßen und plauderten. Ein paar Katzen tanzten und ließen ihre Kleider im Takt über den Boden wirbeln.

Nur eine Person im Raum erkannte Ava sofort, und das war Mr Orion, der von einem Podium aus alles überschaute. Selbst mit der gruseligen schwarzen Maske ohne Mund und in einem gerüschten Anzug aus dem siebzehnten Jahrhundert war seine riesige Gestalt unverwechselbar.

Da sie sich vorher darauf geeinigt hatten, sich zu verteilen, damit Mr Orion sie nicht zusammen sah, wandte Ava sich von den anderen ab und bediente sich an der Lasagne. Nervös stocherte sie darin herum, während sie nach und nach immer mehr Mitschülerinnen und Mitschüler identifizierte. Der Teufel mit den drei Beinen war Arata. Offenbar hatte er sich extra ein drittes wachsen lassen, um auf der Tanzfläche angeben zu können. Der große Harlekin musste Lindiwe sein, und der Hofnarr, der mit der Katzenschar zu *Macarena* tanzte, Mathias. Auch Jax war leicht zu erkennen. Er trug eine ähnliche Maske wie Arnold und stieß in seiner Gruppe mit einer heißen Schokolade auf die Gottheiten an.

»Na, hast du Spaß, Gorgo-Girl?« Ein kaltes, weißes Gesicht starrte ihr entgegen, doch als der Kopf sich drehte, erschien noch ein zweites. Dann zischte ihr die doppelgesichtige Maske ins Ohr: »So als schrecklichstes Monster von allen?«

»Wenigstens benehme ich mich nicht wie eins«, konterte Ava.

Die beiden Fratzen funkelten sie an. »Was hast du gerade gesagt?!«

Ava blickte auf ihren Teller. Es war der falsche Zeitpunkt, sich mit Zale anzulegen. Schlimm genug, dass er sie unter der Maske sofort erkannt hatte.

»Nichts«, erwiderte sie daher nur.

Die doppelgesichtige Maske schaute bedrohlich auf sie herab. »Ist auch besser so.«

Um 22:00 Uhr war es auf der Tanzfläche brechend voll. Sogar Zale mischte mit und stampfte wild neben Anahita herum. Durch ihr ständiges Herumgewirbel konnte man leicht erraten, wer sich hinter der Harlekin-Maske verbarg.

Als Zales zwei Gesichter gerade in die entgegengesetzte Richtung blickten, schlüpfte Ava aus der Halle und raste die Treppen hinunter zu Mr Orions Büro, wo sie sich mit Arnold treffen wollte. Doch der Flur war leer. Ava wartete in einem dunklen Winkel. Wo blieb er nur?

Dann, endlich, hörte sie Schritte.

»Ava, bist du da?« Seine Stimme zitterte.

Es war zwar dunkel, aber sie konnte ihn riechen. Bestimmt schwitzte er stark. Irgendjemand sollte ihm wirklich mal ein Deo schenken.

»Wo warst du denn so lange?«, fragte Ava.

»Sorry«, sagte er, lieferte ihr aber keine Erklärung.

Ava holte einen Bund mit Dietrichen aus der Tasche, den Fia sich von Mr Heff geborgt hatte, und ging vor der Tür in die Hocke. Arnold schob die Vogelmaske zurück und sah ihr blinzelnd mit seinen großen Augen zu.

»Vielleicht sollten wir das doch lieber nicht tun.«

Auch Ava hatte Zweifel – wie viele Tadel würden sie für den Einbruch in Mr Orions Büro bekommen? Trotzdem schluckte sie sie hinunter. Sie musste einfach wissen, was ihre Mom damals getan hatte.

»Ach, das wird schon. Ich muss nur …« Sie horchte auf ein Klicken im Schloss.

»Layla hält es für einen Fehler«, flüsterte er.

»Vergiss Layla. Wolltest du nicht rausfinden, wer du bist?«

Er nickte und spähte in Richtung der Treppe. »Zale meinte mal, Mr Orion würde Monster in seinem Büro verstecken. Vielleicht schützen sie es vor Eindringlingen …«

»Du brauchst keine Angst vor Monstern zu haben, Arnold. Schließlich sind wir selbst welche. Na endlich!« Ava drehte am Knauf und stieß die Tür sanft auf. »Los, komm.«

Arnold ließ die Schultern sinken. »Tut mir leid, Ava. Ich kann das nicht.« Sein Gesicht war verzerrt, als würde er gleich anfangen zu heulen. »Bestimmt hasst du mich jetzt wie die Pest. Würde jedenfalls zu meinem Kostüm passen.«

»Arnold! Du willst doch nicht ...«

Aber er hatte schon auf dem Absatz kehrtgemacht und trabte zurück durch den Flur. Sie hörte ihn auf der Treppe stolpern, vermutlich über seinen Umhang, und dann weiterrennen.

Tja, dachte Ava und seufzte. Seine Nervosität wäre wahrscheinlich sowieso eher hinderlich als eine Hilfe gewesen. Außerdem war die Luft jetzt deutlich besser. Sie würde ihm einfach später sagen, dass es okay war. Und sie konnte ja auch ohne ihn einen Blick in seine Akte werfen.

Aber als sie das dunkle Büro betrat, wünschte sie sich doch, sie wäre nicht ganz auf sich allein gestellt.

20

Ava schloss die Tür hinter sich und knipste eine kleine Taschenlampe an. Sie ließ den Lichtstrahl durchs Büro wandern, nur für den Fall, dass Mr Orion tatsächlich Monster zur Bewachung der Schulgeheimnisse einsetzte, aber nichts regte sich in den Ecken oder sprang aus den Schatten hervor. An den Wänden hing eine Reihe von Tierköpfen mit Glasaugen, daneben eine riesige Keule – klar, Orion war ein berühmter Jäger gewesen. Trotzdem schauderte Ava bei der Vorstellung, wie Orion die armen Tiere erschlug. Ein gewaltiges Gemälde zeigte die Gottheiten auf ihren olympischen Thronen. Abgesehen davon sah der Raum allerdings aus wie ein x-beliebiges Schulleitungsbüro. Es gab einen Ledersessel, einen massiven Eichenschreibtisch und einen Orientteppich, und überall lag Papierkram herum.

Die übrige Einrichtung stammte aus der Natur: ein großes Meeresschneckenhaus auf der einen Seite des Schreibtischs, ein Terrarium mit Moos und feingliedrigen Grünpflanzen auf der anderen. Offenbar hatte Mr Orion ein Problem mit Insekten, denn an den Rahmen der gigantischen Fenster, die auf den Kanal hinausgingen, klebten Fliegenköder. Ava lächelte. Während der ersten Schulwochen hatte sie selbst einige Stiche der gefürchteten venezianischen Mücken – *Zanzare* – abbekommen. *Halbgötter haben es auch nicht besser als wir.*

Sie richtete die Taschenlampe auf den Aktenschrank. Er stand hinter dem Schreibtisch an der Wand, genau wie Fia gesagt hatte.

Auf einmal meinte Ava, draußen auf dem Flur Schritte zu hören. Sie hielt inne und lauschte. Stille. Hatte sie sich das Geräusch nur eingebildet? Schnell schaltete sie die Taschenlampe aus. Sie wusste jetzt, wo alles war, und würde sich auch im Mondlicht zurechtfinden. Vorsichtig schlich sie weiter und hatte den Schreibtisch fast umrundet, als es plötzlich leise an der Tür klopfte. Sie erstarrte.

»Ava!«, wisperte Fia. »Bist du da drin?«

Sie stürzte zur Tür und öffnete sie. »Was ist? Kommt jemand?«

»Nein. Aber Arnold ist die Treppe hochgerannt, da dachte ich ...«

Ava ließ die angehaltene Luft aus ihren Lungen strömen. Dann zerrte sie Fia ins Büro und schloss die Tür. »Er hat die Nerven verloren. Halb so wild. Du solltest abhauen. Was, wenn Orion auftaucht?«

»Der ist viel zu beschäftigt mit dem Ball. Ich dachte, du brauchst vielleicht Hilfe.« Ehe Ava widersprechen konnte, zog Fia sie mit zum Aktenschrank und riss eine Schublade auf. »Hier sind sie. Alphabetisch sortiert.«

»Ich weiß«, erwiderte Ava. »Ich wollte gerade ...«

Doch Fia blätterte bereits durch die *A*s zu den *B*s. Schon hatte sie die Mappe »Baldwin« in der Hand, reichte sie Ava und leuchtete ihr mit der Taschenlampe, damit sie etwas lesen konnte.

»Das schaff ich auch allein«, meinte Ava. »Du solltest echt gehen.«

»Aber ich habe eine Kraft, mit der ich dich beschützen kann«, warf Fia ein.

»Ich muss nicht beschützt werden. Du bist diejenige mit zwei Tadeln.«

»Jetzt lies schon«, sagte Fia.

Ava seufzte. Wenn sie ihre Freundin weiter drängte zu gehen, würde ihr Vorhaben nur umso länger dauern.

»Na gut. Dann halt still.«

Ava starrte auf die Mappe. Das erste Schriftstück war ein Familienstammbaum, der zu einer gemeinsamen Vorfahrin zurückreichte. Sie stand in fetten Lettern ganz oben: »Medusa, Gorgone.« Am unteren Ende war ihre Mutter verzeichnet, Melanie Williams Baldwin, gefolgt von Jaxon und Ava Baldwin.

»Die Einträge zum Verhalten kommen nach den Herkunftsunterlagen«, bemerkte Fia.

Ava blätterte weiter, bis sie ein Dokument mit ihrem Namen entdeckte. Sie überflog die wenigen Notizen:

Einmaliger Einsatz ihrer Kraft.
Viel Selbstbeherrschung.
Mutter hat sie gut vorbereitet.

»Sie wissen ja alles«, meinte Ava.

»Hab doch gesagt, es ist gruselig«, gab Fia zurück. »Du solltest mal die Aufzeichnungen über mich sehen. Die sind seitenlang. Jetzt zu denen von deiner Mom.«

Ava durchsuchte die Mappe, bis sie ein Dokument mit dem Namen »Melanie Williams« fand. Da standen weitaus mehr Kommentare. Ava las sie, so schnell sie konnte:

Schwierige Schülerin.

Gibt Widerworte im Unterricht.

Unsachgemäßes Einsetzen ihrer Kraft.

»Deine Mom war eine Eins-a-Unruhestifterin!«, sagte Fia, die ihr über die Schulter lugte.

»Das erklärt nur nicht, was damals passiert ist.«

Doch da fiel Ava ein Wort am unteren Rand des Papiers ins Auge.

Weggelaufen.

Ava blätterte zur nächsten Seite. Sie war voll beschrieben, allerdings war jede Zeile geschwärzt. Und auf den Seiten danach sah es genauso aus. Jemand hatte mit einem dicken, fetten Marker alles durchgestrichen. Nur ganz hinten entdeckte sie noch etwas Lesbares.

Achtundvierzig Stunden später am Ufer von Poveglia aufgegriffen.
Wurde zur Accademia zurückgebracht.
Stellt in Zukunft kein Problem mehr dar.
Wird sich ab sofort mustergültig verhalten.

»Was haben sie mit ihr gemacht?«, fragte Fia.

Langsam klappte Ava die Mappe zu. Ihre Hände zitterten.

»Keine Ahnung.«

Plötzlich flog mit einem ohrenbetäubenden Krachen die Bürotür auf.

21

Licht flammte auf, und Ava und Fia blinzelten in das Gesicht des Schulleiters.

»Guten Abend, die Damen«, sagte Mr Orion so freundlich, als wären sie sich auf dem Weg zum Unterricht im Gang begegnet.

Ava rutschte das Herz in die Hose, ihr Puls raste. Jede Faser ihres Körpers schrie danach, Fia zu packen und an Mr Orion vorbei durch die Tür zu flüchten. Aber sie würden ihm nicht entkommen. Ava brauchte eine andere Strategie, um Fia zu schützen. Fieberhaft dachte sie nach. »Es ist meine Schuld. Ich wollte meine Akte sehen. Ich wollte wissen, mit welchem Monster ich verwandt bin. Ich habe Fia überredet …«

Mr Orion hob die Hand, um ihren Redefluss zu stoppen. »Zale hat mir alles erzählt.«

»Zale?« Ava wechselte einen verstohlenen Blick mit Fia.

»Er hat euren Freund Arnold auf der Toilette getroffen. Da Arnold ziemlich durch den Wind war, hat Zale gefragt, was los sei.«

Kurz überlegte Ava, ob sie Arnold beim nächsten Mal, wenn sie ihn sah, erstarren lassen sollte. Dann aber wurde ihr klar, dass Zale der Letzte war, dem Arnold sich freiwillig anvertrauen würde. Bestimmt hatte er es aus ihm rausgepresst.

Mr Orion trat zu ihnen, nahm Fia die Taschenlampe ab und schloss den Aktenschrank. Er drehte sich wieder um und deutete auf die andere Seite seines Schreibtischs. »Darf ich bitten? Ich möchte mit euch reden.«

Ava schaute Fia besorgt an, aber die verdrehte nur die Augen und stapfte hinüber. Ava folgte ihr, wünschte jedoch, Fia und Mr Orion würde mehr trennen als nur ein Schreibtisch, besonders nach der Sache mit Miss Klio. Hoffentlich blieb er diesmal auf dem Boden stehen.

»Ava, dir mache ich keinen Vorwurf. Du warst nur zu neugierig und hast dich mit den falschen Leuten angefreundet. Du hättest mein Vertrauen nie missbraucht, wenn Fia nicht herumgeschnüffelt und dich dazu angestiftet hätte, hier einzubrechen.«

»Sie hat mich nicht dazu angestiftet. Ich wollte es so«, widersprach Ava.

Fia schüttelte den Kopf. »Sie lügt. Das geht alles auf meine Kappe.«

Ava sah Fia beschwörend an, um ihr zu vermitteln: *Du hast viel mehr zu verlieren als ich.*

»Natürlich geht das auf deine Kappe, Fia«, erwiderte Mr Orion ruhig. »Und ich bin froh, dass du es wenigstens zugibst, statt dich hinter deiner Freundin zu verstecken. Damit erhältst du deinen dritten Tadel. Beim letzten Mal habe ich dich davor gewarnt, dich nicht gegen die Götter aufzulehnen.«

Fia schnaubte, wobei ihr eine Rauchwolke entwich. »Ist das nicht genau das, was Monster tun?«

»Ruhe!«, herrschte Mr Orion sie an.

»Nein!« Fia spie Funken. »Ich lasse mir den Mund nicht verbieten!«

»Bei der Macht der Götter – schweig, Chimära!«, brüllte Mr Orion und schnitt mit der Hand durch die Luft.

Ava zerrte Fia rückwärts zur Tür, aber zu spät. Fia versuchte, etwas zu sagen. Ihre Augen traten hervor, aber weder Feuer noch Worte kamen ihr über die Lippen.

»Fia! Alles okay?«, fragte Ava.

Die sah sie nur panisch an. Ihre Brust hob und senkte sich. Ava wirbelte zu Mr Orion herum. Noch nie hatte sie sich gegen eine Lehrkraft aufgelehnt oder sie angeschrien. Aber hier ging es nicht um sie. Hier ging es darum, für ihre beste Freundin einzustehen.

»Was haben Sie mit ihr gemacht?«, rief Ava.

»Glaubst du, wir würden Monster mit ihrer Kraft zurück in die Welt der Sterblichen schicken?« Mr Orion klang nun wieder ruhiger. »Nein, das wäre unverantwortlich. Stell dir vor, was für ein Chaos sie verbreiten könnten. Ausgestoßene der Accademia werden mit einem passenden Fluch belegt.«

»Das haben Sie uns nie gesagt!«

»Ihr sollt euch aus freiem Willen ordentlich benehmen, nicht aus Angst.« Er musterte Fia. »Mit Drohungen kommt man bei den ganz Ungehorsamen ohnehin nicht weit.«

»Aber sie kann nicht mal mehr sprechen!«, regte Ava sich auf, während Fia sie nur hilflos ansah.

»Das ist ihre gerechte Strafe. Sie hat Glück. Es hätte schlimmer sein können, wie bei Prometheus, dessen Leber jeden Tag gefressen wird, oder Tantalos, der bis in alle Ewigkeit Hunger und

Durst leiden wird. Dies ist von nun an ihr Schicksal. Ihre Stimme ist ebenso gefährlich wie ihre Kraft.«

Deswegen hatte ihre Mom am ersten Tag beim Abschied nichts gesagt! Ava war sich ganz sicher. Mr Orion hatte sie zum Schweigen gebracht, nachdem sie Mr Moros hatte erstarren lassen.

Fia spannte die Nackenmuskeln an und öffnete den Mund, aber kein Ton kam heraus. Ava konnte es kaum mit ansehen.

»Machen Sie das rückgängig!«, schrie sie.

Die Wut in ihr schwoll an wie eine unaufhaltsame Welle. Mit welchem Recht raubten die Gottheiten ihrer Mutter und ihrer besten Freundin gewaltsam die Stimme? Das war total unfair! Nicht Fia war hier das Monster, sondern die Gottheiten!

Mittlerweile war Ava egal, ob sie einen Tadel kassierte, ihr war egal, dass sie eine Gorgone war oder was die anderen über sie dachten. Sie fixierte Mr Orion mit ihrem Blick. Ehe sie allerdings versuchen konnte, ihre Kraft bei ihm anzuwenden, kehrte der Schulleiter ihr den Rücken zu.

»Sei nicht töricht, Ava. Die Götter sind stärker als du. Ich werde dir keinen Tadel erteilen, wenn du dich sofort beruhigst.«

»Geben Sie Fia ihre Stimme zurück! Schicken Sie sie nicht weg!«

»Du lässt dich von deinen Gefühlen leiten. Vertrau auf die Weisheit der Götter. Sie vollbringen Wunder. Nachdem der sterbliche König Oinopion mir das Augenlicht genommen hatte, stellten sie es am Ende wieder her. Vielleicht zeigen sie irgendwann Erbarmen und machen es ungeschehen. Jetzt verabschiede dich von ihr.«

Ava wandte sich zu Fia, der Tränen über die Wangen strömten.

Sie wollte gerade die Arme um sie schlingen, als die Tür hinter ihnen aufging.

»Mr Orion, ich brauche Hilfe! Oben herrscht Tumult!« Es war Miss Klio.

Reflexartig drehte sich der Schulleiter zu der Lehrerin um. Doch Ava hatte ihn im Visier. Zorn erfüllte sie. Keine *irrationale Wut*, wie Athene Medusas Erbe bezeichnete. Sie war traurig, weil sie kurz davor war, ihre beste Freundin zu verlieren. Verzweifelt, weil sie so ungerecht behandelt wurden. Und entschlossen, sie mit allen Mitteln zu beschützen.

Mr Orion japste und versuchte noch, den Blick abzuwenden, aber zu spät. Er fror an Ort und Stelle ein, gefangen in der Bewegung. Ohne ein Wort fiel Fia ihr um den Hals.

Miss Klio starrte mit weit aufgerissenen Augen den reglosen Schulleiter an. »Beim Olymp! Jetzt sind wir erledigt.«

Ava legte den Kopf schief. »Layla?«

Ein Stöhnen verriet Miss Klios wahre Identität. »Ich wusste doch, dass das eine dumme Idee war!« Sie spähte in den Flur und zischte: »Arnold, Jax, beeilt euch.«

Die beiden stürzten herein und Layla schloss die Tür hinter ihnen. Als Jax Mr Orion ansah, schlug er sich gegen die Stirn.

»Ava, was hast du getan?«

»Wegen ihm ist Fia stumm! Er wollte sie von der Schule werfen, ohne ihre Kraft und ihre Stimme!«

»Cassies Prophezeiung!«, rief Arnold. »Sie hat doch davon gesprochen, dass Fia bald ihre Zunge verlieren würde. Damit war ihre Stimme gemeint. Also hatte Cassie ausnahmsweise mal recht!«

Die drei blickten Fia an. Die schnitt eine Grimasse.

»Kannst du echt nicht sprechen?«, fragte Layla.

Fia klappte den Mund auf und zu und schüttelte den Kopf.

Ava schnappte sich einen Zettel und einen Stift von Mr Orions Schreibtisch und hielt sie Fia hin. »Und schreiben?«

Neugierig beugten sie sich vor. Fia setzte an, aber das Papier blieb leer.

»Vielleicht liegt es am Stift.« Ava probierte es selbst aus. Diesmal erschien Tinte auf dem Blatt. Sie schmiss den Stift hin. »Der Fluch scheint zu verhindern, dass sie sich überhaupt äußern kann.«

»Egal, was Mr Orion ihr angetan hat, du kannst den Schulleiter nicht einfach einfrieren!«, sagte Jax. »Jetzt steckst du richtig in der Klemme. Ich hab dir doch gesagt, du musst dich im Griff haben.«

»Warum bist *du* eigentlich hier?«, blaffte Ava ihn an.

»Ich habe ihm erzählt, was passiert ist«, sagte Arnold, der im Büro auf und ab tigerte. »Layla auch. Es ist alles meine Schuld. Ich bin hoch und auf die Jungstoilette. Zale kam rein und hat gesehen, dass ich geheult … dass ich ganz aufgelöst war. Daraufhin hat er mich kopfüber aus dem Fenster gehalten, bis ich mit der Sprache rausgerückt bin. Es tut mir so leid, Ava! Ich hatte Angst, er würde mich diesmal wirklich fallen lassen.«

Fia deutete auf die Tür. Ava verstand sofort, was sie dachte.

»Wo ist Zale jetzt?«, fragte sie.

»Er sollte oben die Aufsicht übernehmen, während Mr Orion das hier unten mit euch klärt«, sagte Arnold.

»Wenn Mr Orion nicht bald wieder auftaucht, wird Zale nach ihm sehen«, meinte Jax.

Arnold musterte Mr Orion. »Was glaubt ihr, wie lange er in diesem Zustand bleibt?«

»Keine Ahnung«, sagte Ava. »Letztes Mal hat es eine Stunde oder so gedauert. Allerdings war meine Wut diesmal viel größer. Können wir ihn nicht hier einsperren? Und Layla übernimmt oben die Aufsicht?«

»Das verschafft dir vielleicht etwas Zeit, aber sobald Mr Orion zu sich kommt, weiß er trotzdem, was passiert ist«, warf Jax ein. »Was habt ihr euch dabei gedacht? Mom meinte doch, du darfst die Kontrolle nicht …«

»Mom hat uns nicht die Wahrheit erzählt«, unterbrach Ava ihn. »Ich habe ihre Akte gefunden. Sie ist damals weggelaufen, Jax! Sie mochte es hier nicht. Das brave Verhalten haben sie ihr *aufgezwungen*.«

Jax schüttelte den Kopf. »Wahrscheinlich wollte sie nur ein normales Leben führen. Und dafür muss man sich eben an die Regeln halten.«

»Du hörst nicht zu! Sie ist geflohen! An einen Ort, der Poveglia heißt.«

»Poveglia?«, wiederholte Layla.

»Kennst du ihn?«, fragte Ava.

Layla verzog das Gesicht. »Das ist eine verlassene Insel in der Lagune, eine mittelalterliche Pestinsel. Früher hat man Kranke zum Sterben dahin geschickt. Später wurde dort eine schreckliche Anstalt für psychisch kranke Menschen errichtet, in der Patientinnen und Patienten gefoltert wurden. Angeblich spukt es dort.«

»Was hatte Mom dann da verloren?«, wunderte sich Ava.

»Ist doch egal«, meinte Jax. »Du machst es nur schlimmer,

wenn du weiter nachforschst. Es reicht. Los, wir suchen jetzt die richtige Miss Klio und ...«

»Nein!«, widersprach Ava heftig. »Wir müssen Fia helfen und der Sache mit Mom auf den Grund gehen.«

»Ava ...« Jax knirschte mit den Zähnen. »Ich wurde mit dir auf diese Schule geschickt, um auf dich aufzupassen. Lass es gut sein ...«

»Ich brauche keinen Babysitter!«, wehrte sich Ava. »Du spielst dich total auf, dabei bin ich die Stärkere von uns beiden, und außerdem viel mutiger.«

»Und das größere Monster«, fügte Jax hinzu, drehte sich um und stapfte davon.

»Und du willst möglichst gar keins sein!«, rief Ava ihm hinterher.

»Dafür habe ich mich nun mal entschieden, genau wie Mom!«, giftete Jax. »Würde dir auch guttun.«

»Von wegen entschieden! Orion hat ihr die Stimme geraubt, Jax! Sie konnte uns nicht mal Tschüss sagen.«

Der Ruck, der durch seine Schultern ging, verriet, dass er sie gehört hatte. Trotzdem weigerte er sich, sie anzuschauen. »Du hast es hier mit Gottheiten zu tun, Ava. Gegen die kannst du nicht gewinnen. Fia wusste, worauf sie sich einlässt. Das habt ihr jetzt davon.«

»Feigling!«

»Ava«, sagte Layla beschwichtigend. »Er hat nicht ganz unrecht. Wir können nicht viel tun.«

»Aber wir *müssen* Fia helfen. Bevor Mr Orion wieder zu sich kommt und sie wegschickt«, erwiderte Ava.

»Und wie?«, fragten Layla und Arnold wie aus einem Munde.

Ava überlegte. Nach einer Weile wandte sie sich an Layla. »Kannst du dich noch ein bisschen länger als Miss Klio ausgeben?«

»Ich glaube schon. Ich habe das Gestaltwandeln geübt und kann es jetzt besser kontrollieren.«

»Super. Du führst Fia und mich über den Flur, als wären wir zwei Kriminelle. Arnold, schnapp dir den Schlüssel von Mr Orion und schließ ihn ein. Wir müssen Zale abfangen, bevor er hier nach dem Rechten sieht.«

»Und wohin gehen wir?«, erkundigte sich Layla.

Ava nahm Fias Hand und drückte sie.

»Zu der einzigen Göttin, die ihr helfen kann.«

22

»Klio«, grüßte Miss Demi überrascht. »Was ist los? Haben die zwei etwas angestellt?«

Layla schob Ava und Fia durch die Tür. »Allerdings. Ich bin's übrigens – Layla.«

Miss Demi seufzte. »Layla, ich habe dir doch gesagt, du sollst dich nicht in irgendwelche Lehrkräfte verwandeln. Damit riskierst du einen Tadel ...«

Arnold schlüpfte hinter ihnen her in den Raum. »Ist jetzt eh zu spät.«

Sofort sprudelte die ganze Geschichte aus Ava heraus. Als sie bei dem Teil mit der Akte ihrer Mom und dem ins Büro platzenden Mr Orion angelangt war, riss Miss Demi die Augen auf. Ava erzählte, wie der Schulleiter Fia zuerst die Stimme geraubt und anschließend einen Schulverweis erteilt hatte. Ein wütender Ausdruck huschte über Miss Demis Gesicht. Bei ihr waren sie definitiv an der richtigen Adresse.

»Können Sie Fia ihre Stimme zurückgeben?«, flehte Ava.

»Ich bin nicht stark genug, um diesen Zauber umzukehren, und auch wenn, würde ich damit nur Zeus' Zorn erregen. Aber ihr könnt etwas für sie tun. Bringt Fia nach Poveglia.«

»Poveglia? Dahin, wo meine Mom damals war?«

»Genau. Dort findet ihr eine Person, die vielleicht in der Lage ist, Fia zu helfen. Mehr kann ich dazu nicht sagen, da ich Zeus einen Schwur geleistet habe.«

Layla verwandelte sich zurück in sich selbst. »Kein Mensch würde sie mit dem Boot nach Poveglia fahren. Niemand hat dort Zutritt. Außerdem sind alle in Venedig ziemlich abergläubisch, was die Insel betrifft, und mir geht es genauso. Gibt es keine andere Lösung?«

»Ich fürchte, nicht«, erwiderte Miss Demi.

»Können Sie uns nicht irgendwie hinbringen?«, fragte Ava. »Wenn sich sonst alle weigern?«

»Das wäre ein Verstoß gegen die Regeln. Dann würde Hades Persephone noch länger in der Unterwelt festhalten.«

»Aber ich habe keine Ahnung, wie wir es ohne Sie nach Poveglia schaffen sollen.«

»Ich schon«, murmelte Layla. »Ich fahre euch.«

Ava wandte sich an sie. »Bist du sicher?«

Layla seufzte. »Du brauchst mich ja offensichtlich. Und Fia auch.«

Arnold trat vor. »Ich komme mit.«

Fia runzelte die Stirn. Wahrscheinlich überlegte sie, ob er auf halbem Weg nicht doch wieder die Nerven verlor. Andererseits schien er ihnen wirklich helfen zu wollen. Nur hatte er keinerlei Kraft, um sie oder auch nur sich selbst zu schützen.

Ava fand den Gedanken daran, dass ihm etwas zustoßen könnte, unerträglich. »Du steckst von uns allen noch am wenigsten mit drin …«

»Zale hat mich heute Abend schon einmal kopfüber aus dem Fenster hängen lassen. Ich würde mich sicherer fühlen, wenn ich mitkomme«, erwiderte er.

Dafür hatte Ava auch wieder Verständnis.

»Nehmt ihn mit«, mischte sich nun auch Miss Demi ein. »Ihr braucht jede Unterstützung, die ihr kriegen könnt. Lasst ihn auf Poveglia vor dem Krankenhaus Wache halten.« Layla blinzelte entsetzt. »Meinen Sie damit die Anstalt? Da müssen wir rein?«

Miss Demi nickte. »Euch passiert nichts, versprochen. Großartig helfen darf ich zwar nicht, aber auf bescheidene, unsichtbare Art.« Sie eilte zum Schreibtisch, schloss eine Schublade auf und kramte darin herum. »Die habe ich extra für dich aufbewahrt, Ava. Hoffentlich finde ich sie, ihr dürft keine Zeit verlieren.«

»Hey, Arnold«, flüsterte Ava, sodass Miss Demi sie nicht hörte. »Tut mir leid. Deine Akte habe ich total vergessen. Auf einmal stand Mr Orion da und …«

»Schon okay.« Er zuckte traurig mit den Schultern. »Wahrscheinlich bleibe ich eh für immer ohne Kraft. Aber vielleicht kann ich mich ja auf andere Art nützlich machen. Es ist schrecklich, was Mr Orion Fia angetan hat.«

»Hier ist sie!« Miss Demi reichte Ava eine goldene Maske, die die Form eines menschlichen Schädels hatte, mit Löchern für Augen und Nase und langen Zähnen im lippenlosen Mund.

»Ich habe doch schon eine Maske«, meinte Ava.

»Das ist keine Karnevalsmaske. Sie ist von meiner Tochter. Nur du darfst sie tragen, Ava. Und das hier ist für dich, Fia.«

Sie gab ihr ein kleines silbernes Feuerzeug. »Du hast vielleicht dein Feuer verloren, Liebes, aber der Funke in dir ist immer noch da. Dies wird dir treue Dienste leisten, besonders auf Poveglia.«

»Danke. Sie sind wirklich nett zu uns. Vielen Dank für Ihre Hilfe«, sagte Ava.

Miss Demi schaute zu Fia, dann wieder zu Ava. »Damals hatte ich Angst, deine Mutter zu unterstützen. Obwohl ich das gern getan hätte.«

Sie öffnete die Bürotür einen Spalt und spähte in den Flur, ehe sie sich an Layla wandte. »Schnell, verwandle dich zurück in Miss Klio und schleus sie zum Hinterausgang.«

Layla wechselte brav die Gestalt – sie hatte es mittlerweile richtig gut im Griff – und winkte Ava, Fia und Arnold, ihr zu folgen. Auch Miss Demi verließ mit ihnen das Büro, bog aber in die andere Richtung zur Treppe hin ab. Sie waren erst ein paar Meter weit gekommen, als Ava mehrere Leute von oben herunterkommen hörte. Eine tiefe, angespannte Stimme stach besonders heraus.

»Miss Demi, haben Sie Mr Orion gesehen?«, fragte Zale.

»Nein, Zale. Ich dachte, er wäre auf dem Ball.«

»Er ist nach unten gegangen, um … Hey! Sind das dahinten Ava, Fia und Arnold?«

»Bleibt ruhig«, wisperte Ava Layla und Arnold zu. »Nicht losrennen.«

»Mhm, und Miss Klio«, antwortete Miss Demi. »Offenbar haben sie irgendetwas angestellt.«

Ava wartete nur darauf, dass Fia ihr zuflüsterte: *Na, zumindest der Teil ist nicht gelogen.* Dann fiel ihr wieder ein, dass ihre Freundin ja nicht sprechen konnte. Sie vermisste ihre spitze Zunge jetzt schon.

»Das können Sie laut sagen«, meinte Zale. »Vielleicht ist Mr Orion in seinem Büro.«

Layla führte sie um die nächste Ecke. Da sie nun außer Sichtweite waren, legten sie einen Zahn zu. Layla trabte voran, wie Miss Klio es nie getan hätte. Als sie den Hinterausgang erreichten, blieben sie kurz stehen und blickten sich um. Für das unerlaubte Verlassen der Accademia würde Ava sich wahrscheinlich gleich mehrere Tadel einhandeln. Aber heute Abend hatte sie ohnehin schon eine ganze Liste von ähnlich schweren Verstößen begangen. Ein Zurück gab es nicht mehr.

»Miss Klio?«

Eine Stimme hinter ihnen ließ Ava zusammenfahren. Sie wirbelte herum. Vor ihr stand ein großes weißes Skelett in weißem Ballkleid mit einer Sense in der Hand. Fia hatte sich als Erste wieder von dem Anblick erholt. Sie winkte dem Skelett grüßend zu. Da erkannte auch Ava die blauen Augen und langen schwarzen Haare. Es war Cassie.

»Hi, Fia. Wo gehst du hin?«

Ava antwortete an Fias Stelle. »Miss Klio hat sie gebeten, ihr zu helfen mit, äh …«

Ratlos sah sie Layla an.

»Der Deko für den Ball«, ergänzte Layla.

»Ich kann Ihnen auch gern helfen, Miss Klio«, bot Cassie an.

»Danke, Cassie, wir kommen zurecht«, erwiderte Layla. »Geh lieber nach oben.«

Doch Cassie rührte sich nicht. Plötzlich wurde ihr Blick glasig, und sie starrte ins Leere. Fia schüttelte sie, aber es war zu spät. Cassies Augen rollten zurück.

»*Sobald Medusas Tochter flieht, es sie über und unter Wasser zieht*«, sang sie mit schaurig hoher Stimme.

Bevor jemand darauf reagieren konnte, wurde Cassies Blick wieder klar. Als wäre nichts gewesen, sagte sie:»Okay, Miss Klio. Dann bis nachher.«

Sie hopste davon und klopfte dabei mit der Sense auf den Boden.

»Ähm, das klang ja gar nicht gut«, meinte Layla.

»Aber sie hat mit ihren Prophezeiungen erst ein einziges Mal richtiggelegen«, sagte Arnold.

Fia deutete auf ihre Lippen und funkelte ihn an.

»Na gut, es war was Ernstes«, lenkte er ein.

»Meinem Schicksal kann ich mich eh nicht entziehen«, sagte Ava.»Aber ihr könnt natürlich selbst entscheiden. Wenn ihr einen Rückzieher machen wollt, versteh ich das.«

Layla und Arnold wechselten einen Blick und schüttelten die Köpfe.

»Komme, was wolle, wir hängen da zusammen drin«, erwiderte Layla.

Ava wusste, dass ihr Gefahren bevorstanden, vielleicht sogar der Tod. Trotzdem ging ihr in diesem Moment das Herz auf. Was auch passierte, sie war nicht allein. Sie hatte Freundinnen und einen Freund an ihrer Seite, die für sie da waren. Für die sie kein Freak war, obwohl sie ihnen erzählt hatte, von wem sie abstammte.

Sie holte tief Luft und stieß die hohe Holztür auf. Draußen

war es dunkel. Dennoch schallte ihnen Musik und Gelächter vom Karnevalstreiben in den Gassen entgegen. Sie zog sich die Totenkopfmaske von Miss Demi übers Gesicht und nahm Fias Hand.

»Auf geht's.«

23

»Ava, wo bist du?«, wisperte Layla mit panisch gepresster Stimme. Sie standen in einer dunklen Gasse, die zur Straße führte. Layla hatte sich wieder in sich selbst zurückverwandelt.

»Hier«, sagte Ava.

Aber Layla blickte geradewegs durch sie hindurch, und Arnold drehte sich suchend um die eigene Achse. Fia drückte ihre Hand, als wollte sie sichergehen, dass Ava auch wirklich da war.

»Könnt ihr mich nicht sehen?«

»Nein!«, antwortete Layla.

Ava zog sich die Maske vom Kopf. »Jetzt?«

»Du bist zurück!«, freute sich Arnold.

Layla atmete erleichtert aus. »Ich dachte schon, die Götter hätten dir was getan.«

»Es ist die Maske.«

Fia öffnete den Mund, brachte jedoch kein Wort über die Lippen. Frustriert fuchtelte sie mit den Armen.

Ava erriet ihre Gedanken. »Laut Miss Demi ist es ein Geschenk von Persephone. Wahrscheinlich ist es gar keine Maske. Sondern eine Kappe! Hades' Tarnkappe. Das meinte Miss Demi also damit, dass sie auf bescheidene, unsichtbare Art helfen kann.«

Fia nickte begeistert.

Layla grinste. »Wie praktisch! Wir müssen nämlich noch ein Wassertaxi klauen.«

»Wie bitte?!«, rief Arnold.

»Wie gesagt, kein Mensch würde uns freiwillig nach Poveglia bringen, schon gar nicht an Karneval. Das heißt, anders kommen wir nicht auf die Insel. Zieht eure Masken über, dann fallen wir nicht so auf.« Sie deutete mit dem Kopf auf Ava. »Vor allem du.«

Layla ging voran durch die überfüllte Straße und schlängelte sich durch die Massen, während sie sich ständig in andere Menschen mit prächtiger Verkleidung verwandelte. Ava wusste nur, dass sie es war, weil sie ihnen alle paar Meter den Weg Richtung Wassertaxi-Station wies und sie zur Eile antrieb. Mal hatte sie die Gestalt von Männern in Herrenwesten mit lockigen grauen Perücken, mal die von goldgesichtigen Frauen, Teufeln, Narren oder Katzen. Als waschechte Venezianerin kannte Layla sich aus. Am Tag ihrer Ankunft in Venedig hatte ihre Mom Ava erklärt, dass hier kein GPS der Welt half und sich nur die Einwohnerinnen und Einwohner in dem verworrenen Labyrinth aus schmalen Gassen, die man *Calli* nannte, zurechtfanden. War ihre Mom damals allein nach Poveglia aufgebrochen? In dem Bericht war sonst niemand erwähnt worden. Ava konnte sich nicht vorstellen, das hier ganz alleine zu schaffen.

Layla scheuchte sie kreuz und quer über Bogenbrücken und durch dunkle Innenhöfe, Steintreppen hinauf und an jadegrünen Kanälen entlang, bis sie schließlich – wieder in ihrer Gestalt – am Ende einer Gasse haltmachte und auf einen Steg deutete, der in den Canal Grande ragte.

»Da ist der Wassertaxistand«, sagte sie. An den über zehn Anlegestellen lag nur ein Motorboot vertäut.

Fia musterte panisch das undurchdringliche grüne Wasser. Ava nahm die Tarnkappe ab, damit Fia sie sehen konnte. »Es führt kein Weg daran vorbei.«

Fia holte tief Luft und nickte.

»Wir haben Glück, dass noch ein Boot da ist«, meinte Layla. »Normalerweise gibt es massig davon, aber an Karneval blättern die Touris oft ein Vermögen für Privatfahrten hin.«

Arnold schluckte. »Seid ihr sicher, dass Miss Demi uns nicht in einen Hinterhalt lockt? Vielleicht warten in dem Krankenhaus auf Poveglia schon die Gottheiten auf uns, um uns gefangen zu nehmen. Warum wollte sie sonst, dass ich mitgehe? Ich habe doch gar keine Fähigkeit.«

»Jetzt reiß dich mal zusammen, Arnold«, wies Ava ihn zurecht. »Wir können Miss Demi vertrauen. Außerdem war meine Mom auch dort und hat es überlebt.«

Ava verschwieg die Tatsache, dass sie seitdem offenbar ein anderer Mensch war.

Layla tippte ihr auf den Arm. »Er macht eine Zigarettenpause …«

»Was?«, fragte Ava.

»Der Kapitän.« Layla zeigte auf einen drahtigen jungen Mann, der sich am Ende des Stegs eine Zigarette genehmigte. »Setz die Tarnkappe auf und steig heimlich ins Boot. Du musst es zu dem Anleger da vorne bringen.« Sie deutete auf das Kanalufer in einiger Entfernung. »Dort treffen wir uns.«

»Aber ich kann gar nicht Boot fahren!«

»Es ist ganz leicht«, entgegnete Layla. »Er hat den Schlüssel
stecken lassen. Dreh ihn einfach. Dann schieb den Schalthebel
nach vorn. Oh, und vergiss nicht, mit dem Steuerrad zu lenken.«

»Aber ich …«

Fia packte sie von hinten an den Schultern und schob sie sanft
vorwärts. Die Botschaft war klar. Dies war ihre einzige Chance,
nach Poveglia zu gelangen.

»Okay, ist ja gut«, murmelte Ava.

»Gib uns drei Minuten Vorsprung«, bat Layla.

In Gedanken zählte Ava die Sekunden, ehe sie die Tarnkappe
über den Kopf zog und sich auf den Pier schlich. Ein loses Brett
knarzte unter ihren Füßen. Der Kapitän drehte sich um. Sie rechnete schon damit, dass er sie ansprechen würde. Aber nachdem
er einen Moment direkt in ihre Richtung gestarrt hatte, wanderte
sein Blick zurück aufs Wasser und er paffte weiter seine Zigarette.
Leise kletterte Ava ins Motorboot und löste das Tau. Dann setzte
sie sich auf den Fahrersitz und griff nach dem Schlüssel, der in der
Zündung steckte. Das kann ja was werden, dachte sie.

Als der Motor brüllend zum Leben erwachte, wirbelte der Kapitän herum und stieß einen Fluch auf Italienisch aus.

Wie Layla es ihr erklärt hatte, drückte Ava den Schalthebel
nach vorn. Mit einem Satz schoss das Boot auf den Kanal und
verfehlte nur knapp einen Wasserbus. Hupen ertönte. Ava riss das
Steuerrad herum. Am Pier schrie der Kapitän: »Mein Boot! Mein
Boot wurde von einem Geist geklaut!« Fast hätte Ava laut gelacht,
doch da merkte sie, dass sie geradewegs auf einen *Palazzo* zuraste,
und riss das Steuer erneut herum. Sie entdeckte die anderen auf
einem Steg, wo sie winkend und rufend auf und ab sprangen.

171

»Zieh den Schalthebel zurück!«, brüllte Layla.

Ava befolgte ihre Anweisungen, und der Motor erstarb. Das Boot glitt auf den Steg zu. Sie versuchte, es so zu lenken, dass sie seitlich anlegen konnte, erwischte aber nicht den richtigen Winkel.

»Wirf das Seil rüber!«, forderte Layla sie auf.

Ava schleuderte es ihnen entgegen, sodass Layla es fangen und sie an den Steg ziehen konnte.

»Du hattest recht, das war keine besonders gute Idee.« Sie hüpfte in das Wassertaxi.

Ava nahm die Tarnkappe ab und lächelte. »Hat doch geklappt.«

»Ab jetzt sollte trotzdem besser ich übernehmen.« Layla setzte sich ans Steuer.

Ava half Fia ins Boot. Ihre Hand war kalt und schwitzig. Ava drückte sie beruhigend und führte Fia und Arnold in das verglaste Passagierhäuschen hinter dem Cockpit. Layla ließ den Motor an und legte geübt ab. Dann schob sie den Schalthebel weiter nach vorn, bis sie mit ordentlichem Tempo über den Canal Grande brausten. Ihre Haare, die im kühlen Februarwind hin und her peitschten, veränderten ständig die Farbe. Durch die Glasscheibe hatten Ava, Fia und Arnold eine tolle Aussicht auf die von Kuppeln gekrönten Kirchen der Stadt und die zur Feier des Tages beleuchteten *Palazzi*. Fia aber hatte den Blick gesenkt und drückte sich tief in ihren Sitz.

»Alles okay mit ihr?«, fragte Arnold.

»Sie mag kein Wasser, schon vergessen?« Ava tätschelte Fia den Arm. »Bald sind wir da, dann hast du das Schlimmste überstanden.«

Sie umschifften Gondeln und sausten an Fähren vorbei, flogen über die Wellen in deren Kielwasser und entfernten sich in einer großen Rechtskurve von der Stadt. Wenige Minuten später erstreckte sich die offene Lagune vor ihnen, während sie die Lichter von Venedig immer weiter hinter sich zurückließen. Hier draußen war es ruhig. Der Vollmond erhellte die Inseln, die sie auf allen Seiten umgaben. Layla erklärte ihnen, woran sie auf ihrem Weg nach Süden vorbeikamen. Da waren der lange Streifen Strand namens Lido und viele kleine Inseln, die im Mittelalter Klöster beherbergt hatten.

»Wir schaffen das schon«, redete Ava Fia gut zu, die sich auf dem Ledersitz gegenüber zu einer Kugel zusammengerollt hatte.

Layla klopfte an die Scheibe. »Wir sind gerade an Santo Spirito vorbeigefahren. Die nächste Insel ist Poveglia.«

Ava stand auf, um ihr im Cockpit Gesellschaft zu leisten, als das Boot auf einmal abrupt anhielt und sie in Arnolds Schoß geworfen wurde.

»Was war das denn?« Er half ihr auf die Beine.

Zusammen wankten sie aus dem Häuschen hinaus in eine gespenstische Stille. Der Motor war aus.

»Das Wasser in der Lagune ist ziemlich seicht. Vielleicht sind wir nur aufgelaufen«, meinte Layla zuversichtlich.

Ava spähte über den Bootsrand, sah aber nichts außer ihrer ängstlichen Miene, die sich im Wasser spiegelte. Jetzt trat auch Fia zu ihnen aufs Deck.

»Versuchs noch mal mit dem Motor«, sagte Ava zu Layla, Fia zuliebe in einem extra ruhigen Tonfall.

Layla drehte den Zündschlüssel. Doch der Motor stotterte nur. »Wenn ich es noch öfter probiere, säuft der Motor nur ab.«

Fia packte Ava und deutete verzweifelt auf die Insel. Vor Poveglia türmte sich eine Welle auf und rollte auf sie zu. Je näher sie kam, desto größer wurde sie – zehn Meter, zwanzig, dreißig. Sie schien alles Wasser der Lagune in sich aufzusaugen. Fia umklammerte Avas Hand, als die Welle schließlich vor ihnen aufragte und den Himmel und die Sterne verdeckte. Vage erkannte Ava in der Wasserwand das gefurchte Antlitz des Meeresgotts und seinen langen weißen Bart.

»Poseidon!«, schrie Arnold. »Jetzt sind wir erledigt!«

Der Wellenkamm drohte, sich zu überschlagen. Kaltes Wasser und Schaum spritzte ihnen ins Gesicht.

»Er macht uns platt!« Arnold griff nach Fias anderer Hand.

»Ava, kannst du ihn nicht einfrieren?«, fragte Layla.

»Hört auf, Poseidon!«, brüllte Ava der Welle entgegen, aber sie konnte die Augen des Meeresgottes nicht ausmachen. Er schien sie vor ihr zu verbergen. »Es geht nicht!«

Layla, die es aufgegeben hatte, den Motor zu starten, nahm Arnolds freie Hand und rief ihm mit bebender Stimme zu: »Schon gut. Wenigstens sind wir nicht allein!«

Tränen strömten Fia über die Wangen. Ava lauschte ihrem Atem und pochenden Herzschlag. Gleich würden sie unter Wasser sein, genau wie Cassie es vorausgesagt hatte.

»Tut mir leid«, sagte Ava zu Fia. »Tut mir leid, dass ich dich in diese Lage ...«

»Festhalten!«, schrie Arnold.

Ava schloss die Augen und wartete darauf, dass die haushohe Welle über ihren Köpfen zusammenschlug und sie mit sich riss. Stattdessen wurde sie in die Luft gehoben. Aber nicht vom Wasser. Lautes Flügelschlagen drang an ihr Ohr, und sie öffnete die Augen. Arnold waren ein Paar riesige schwarze Flügel gewachsen.

Er flog die Wasserwand hinauf und zog sie alle mit sich. Unter ihren baumelnden Beinen kippte das Wassertaxi nach hinten, als die Woge weiter stieg. Ava rutschte das Herz in die Hose. Der Wellenkamm drohte zu brechen und sie unter sich zu begraben. Aber Arnold war schneller. Er sauste darüber hinweg und nur ein harmloser Schwall Schaum platschte gegen Avas Fußknöchel. Mit ohrenbetäubendem Donnern brach die Welle über dem Boot zusammen. Als Ava erneut hinunterschaute, trieben nur noch Wrackteile im aufgewühlten Wasser.

»Arnold! Du hast uns gerettet!«, rief sie.

»Und deine Kraft entdeckt!«, ergänzte Layla.

»Dann bist du eine Harpyie?«, fragte Ava.

Arnold grinste und nahm Kurs auf die mondbeschienene Insel.

»Muss wohl. Das würde auch meinen ständigen Hunger erklären.«

»Das ist nicht unbedingt eine Monstereigenschaft. Das könnte auch einfach nur daran liegen, dass du dreizehn bist«, meinte Ava, die sich an Fias Streit mit Miss Klio über Harpyien erinnerte. »Aber es erklärt, warum du so schnell fliegen kannst. Du stammst von den Sturmgöttinnen ab.«

»Das ist so cool!«, sagte Layla.

Arnold strahlte. »Ich wusste, ich konnte meine Freundinnen nicht sterben lassen, und da habe ich es einfach ... gespürt.«

Das zeigte wieder einmal, wie falsch die Annahmen der Accademia waren, dachte Ava. Kräfte, mit denen man Freundinnen und Freunde rettete oder sich gegen Mobbing wehrte, machten sie nicht zu Monstern.

»Guckt mal, wir sind fast da!«, rief Layla und unterbrach damit ihre Gedanken. »Da unten ist Poveglia.«

Im Mondlicht erkannte Ava die Silhouetten mehrerer Gebäude und eines Kirchturms. Der Rest der Insel aber war in Dunkelheit gehüllt. Ava zitterte. Poveglia war irgendwie *zu* finster, *zu* still. Hatte Arnold nicht vorhin noch befürchtet, Miss Demi könnte sie in eine Falle locken und geradewegs in die Fänge der Gottheiten treiben?

»Äh … ich glaube, wir haben ein Problem«, sagte Arnold.

»Was?«, fragten Layla und Ava im Chor.

»Ich weiß nicht, wie man landet.«

»Was soll das heißen, du weißt nicht, wie man landet?«, wiederholte Layla.

»Winde landen nicht. Sie … wehen nur.«

Ava überlegte. König Aiolos hatte einst ein paar raue Winde für die Seefahrt in einem Säckchen gesammelt und sie Odysseus mitgegeben, dessen Männer sie später dummerweise wieder herausgelassen hatten. Sie hatte allerdings kein Säckchen, das sie Arnold überstülpen konnte. Außerdem wäre eine blinde Landung wahrscheinlich noch gefährlicher. Gab es nicht irgendeine Art von Wind, der bis zum Boden reichte?

»Tornados landen!«, sagte Ava. »Versuch mal, in Kreisen runterzufliegen.«

Arnold gehorchte, und schon schraubten sie sich in die Tiefe.

»Es funktioniert!«, rief Layla.

Doch die Kreise wurden immer enger und immer schneller, bis sie alle wild herumgewirbelt wurden. Ava kam sich vor wie auf einem außer Kontrolle geratenen Karussell. Fest umklammerte sie Fias Hand.

177

»Achtung, die Häuser!«, brüllte Layla.

Ava versuchte, unten etwas zu erkennen, aber dafür drehten sie sich zu schnell. Sie sah alles verschwommen, bis sie auf Gras und Erde aufschlug. Ihr war so schwindelig, dass sie erst einmal liegen blieb. Dann merkte sie, dass sie Fias Hand losgelassen hatte. Wenn ihre Freundin sich wehgetan hatte, konnte sie nicht mal schreien. Mühsam kam Ava auf alle viere. »Fia!«

»Ihr geht's gut.« Layla deutete auf Fia, die schon wieder auf den Beinen war und sich den Dreck abklopfte.

»Sorry für die harte Landung«, entschuldigte sich Arnold.

»Das war schließlich das erste Mal, dass du deine Kraft angewendet hast«, sagte Layla verständnisvoll.

Ava wusste, wie wichtig es war, Arnold Mut zūzusprechen, daher ergänzte sie: »Und du hast uns vor Poseidon gerettet.« Fia bedankte sich bei ihm, indem sie die Arme um ihn schlang.

Arnold lächelte und klappte die Flügel ein, als hätte er sie schon sein ganzes Leben. Sie verschmolzen mit seinem Rücken und verschwanden.

»Das ist echt die allercoolste Kraft«, meinte Layla.

»Was redest du da? Du kannst dich in eine Gottheit verwandeln«, entgegnete Arnold.

»Aber ich kann nicht fliegen.«

Fia stampfte mit dem Fuß auf, und Ava übersetzte: »Können wir den Superkräfte-Wettbewerb auf später verschieben? Zumindest bis wir rausgefunden haben, wo wir hinmüssen?«

Sie schauten sich um, aber viel zu sehen gab es nicht, nur ein karges Feld, begrenzt von einer Reihe dunkler Bäume.

Layla verzog das Gesicht.

»Was denn?«, fragte Ava.

»Ich glaube, wir sind auf dem ehemaligen Pestgelände, wo sie die Leichen entsorgt haben.«

Die Härchen auf Avas Armen stellten sich auf. »Okay … Konzentrieren wir uns lieber auf die Häuser. Eins davon muss das Krankenhaus gewesen sein.«

»Die waren hinter den Bäumen«, sagte Arnold.

Fia kramte in ihrer Tasche nach dem Feuerzeug von Miss Demi und ließ es aufschnappen. Mithilfe des Lichts führte sie sie über den Rasen und deutete auf einen schmalen Pfad, der sich durch die Baumgruppe schlängelte. Er war so überwuchert, dass sie hintereinander hergehen und sich durch dorniges Gestrüpp und Ranken schlagen mussten. Raschelnd bahnten sie sich einen Weg durch das Laub, um Betontrümmer und mit Moos bewachsene Mauerreste herum, bis sie einen Eisenzaun erreichten. Überall waren Schilder mit einer schwarz durchgestrichenen roten Hand angebracht, versehen mit dem Wort *Proibito* – »Verboten«. Dahinter stand ein niedriges Steingebäude mit einem Baugerüst drum herum. Die Fenster waren dunkel. Ava fragte sich, ob da drin wirklich jemand war. Wer würde im Stockfinstern hocken, noch dazu in einer ehemaligen psychiatrischen Anstalt? Aber sie vertraute Miss Demi. Das hier war keine Falle.

»Müssen wir da unbedingt rein?«, jammerte Layla. »Können wir nicht einfach von hier draußen rufen?«

Doch da hatte Fia schon ein Loch im Zaun entdeckt und quetschte sich hindurch.

»Echt mutig, wenn man bedenkt, dass sie nicht mal sprechen kann«, bemerkte Arnold.

»Los, kommt.« Ava winkte die anderen durch das Loch. Was Fia antrieb, war kein Mut, sondern Verzweiflung. Falls wirklich jemand da drin war und ihr die Stimme zurückgeben konnte, mussten sie diese Person finden, und zwar schnell. Die Gottheiten waren ihnen auf den Fersen.

Es war so gespenstisch still, dass jeder ihrer Schritte gleich doppelt laut wirkte. Fia schwenkte das Feuerzeug, um Ava und den anderen die Richtung zu weisen. Unter einem mit Efeu umrankten Vorsprung entdeckten sie einen von Spinnweben überzogenen Eingang. Fia wischte sie beiseite und stieß die Tür auf.

»Ich bleibe hier und halte Wache, wie Miss Demi vorgeschlagen hat«, meinte Arnold. Man konnte ihm die Erleichterung über diese Aufgabe anmerken.

Layla schaute nervös am Gebäude hinauf. »Vielleicht sollte ich Arnold Gesellschaft leisten.«

»Nichts da, ich brauche Verstärkung.« Ava zog sie mit sich und lief Fia hinterher.

Im Inneren zeigte das Licht des Feuerzeugs zerbröckelte Wände und eiserne, ineinander verkeilte Bettgestelle. Es roch modrig, aber auch säuerlich, als wäre an diesem Ort etwas – oder jemand – verfault.

»Hier müssen sie die Leute gefoltert haben.« Ava deutete auf eine Kette, die an einem der Betten befestigt war.

»Nicht zu fassen, worauf ich mich hier eingelassen habe.« Layla atmete schwer.

Ihre Angst war ansteckend. Ava lief ein Schauer über den Rücken. Was, wenn die Geister dieser armen Seelen sie aus dem Schatten heraus beobachteten? Sie dachte an ihre Mutter, die früher ebenfalls durch die Ruinen der Anstalt gewandert war. Etwas Wichtiges musste sie nach Poveglia geführt haben. Bestimmt hatte Mr Orion auch ihr die Stimme geraubt. Sonst würde doch niemand freiwillig diesen Ort aufsuchen, vor allem nicht allein. »Jetzt verstehe ich, warum die Leute meinen, hier würde es spuken.«

»Das meinen sie nicht nur«, wisperte Layla. »Die Fischerinnen und Fischer wollen in der Nähe der Insel nicht mal angeln. Sie erzählen, dass sie Schreie aus der Anstalt hören und nur menschliche Knochen am Haken haben.«

Da blieb Fia wie angewurzelt stehen und legte den Kopf schief, als würde sie lauschen, ob sie die gespenstischen Schreie auch hörte. Dann rannte sie aus dem Raum.

»Wo will sie hin?«, fragte Layla.

Sie sprinteten hinter ihr her in einen langen Flur mit kaputten Türen zu beiden Seiten, auf dem überall verrostete Krankentragen standen.

»Fia, warte!« Avas Stimme hallte von den Wänden wider.

Aber Fia eilte weiter, durch Pfützen aus Mondlicht, das durch die Löcher im Dach fiel. Erst am Ende des Flurs hielt sie an. Im selben Moment erscholl ein furchterregender Schrei.

Panisch sahen Ava und Layla sich an. Eins war klar: Wer auch immer da geschrien hatte, es war nicht Fia.

»Fia!«, rief Ava und hetzte durch den Gang. »Ich komme!«

25

Ava bremste abrupt ab. Vor ihr, auf einer Treppe, stand Medusa. Das war doch unmöglich! Aber es bestand kein Zweifel. Von ihrem Kopf ringelten sich Schlangen, ihre Haut war bleich, das Kinn spitz und in ihren trüben Augen lag Trostlosigkeit. Überraschenderweise fand Ava jedoch keins dieser berüchtigten Medusa-Merkmale abstoßend. Im Gegenteil, sie empfand Mitleid mit ihrer Vorfahrin. Wie viel Zeit hatte sie wohl allein auf Poveglia verbracht? Ava wusste, was es bedeutete, eine einsame Außenseiterin zu sein. Und Fia hatte recht: Medusas zischelnde Haare waren irgendwie cool.

Verständnislos sah Ava zwischen Fia und Medusa hin und her. »Warum haben Sie geschrien?«

»Deine Freundin hat mir einen wahnsinnigen Schrecken eingejagt. Ich hatte schon seit Ewigkeiten keine Besucherinnen mehr, geschweige denn drei.«

Layla, die sich hinter einer alten Trage geduckt hatte, kam nun aus ihrem Versteck und nahm die Hände vom Gesicht. »Perseus hat Sie also nicht getötet?«, fragte sie.

Medusa lachte schallend. »Perseus? Ich bitte dich. Das soll er mal versuchen.«

»Ava! Layla! Fia!« Arnolds Stimme hallte durch die Ruine.

»Wo seid ihr? Ist euch was passiert?«

»Ist das ein Junge?«, wollte Medusa wissen. »Frauen und Mädchen kann ich nicht versteinern, aber falls eure Begleitung männlich ist, sollte er mir besser fernbleiben.«

Jetzt ergab Miss Demis Anweisung, Arnold draußen warten zu lassen, auch einen Sinn.

Ava wirbelte herum. »Arnold, komm nicht näher!«

»Ich halte ihn auf.« Layla rannte in seine Richtung.

Medusa glitt die Treppe herunter auf Ava zu. Ihre Schlangenhaare wanden sich. »Ich weiß, wer du bist. Du bist Melanies Tochter. Ich erkenne sie in dir wieder. Genau wie in mir.«

Ava fragte sich, ob auch andere ihr die Ähnlichkeit zu Medusa ansahen. Vielleicht hatten Isabelle und Evelyn ihr deswegen die Freundschaft gekündigt. Aber als ihre Vorfahrin sie nun in eine herzliche Umarmung schloss, war der Gedanke sofort wie weggewischt. Die schlanken schwarzen Nattern auf Medusas Kopf zischelten sie mit ihren gespaltenen Zungen an, um ihren Geruch aufzunehmen. Ava lächelte und ließ es zu.

»Wie ist dein Name, Kind?«, erkundigte sich Medusa.

»Ava.«

Medusa deutete auf Fia. »Und deiner?«

»Sie kann nicht sprechen«, erklärte Ava. »Das ist Fia.«

»Was ist mit ihrer Stimme passiert?«

»Die Götter haben sie ihr genommen. Und anschließend wollten sie sie von der Accademia werfen. Wir haben den Tipp bekommen, dass Sie ihr vielleicht helfen können.«

Medusa zog missmutig die Brauen zusammen. »Einst hätte ich

das vermocht, aber diese Tage sind längst vorbei. Ich sitze auf dieser Insel fest und habe nur noch die Macht, zu versteinern und zu verängstigen, nicht mehr, zu helfen oder zu heilen.«

Ava warf Fia einen nervösen Blick zu. »Und wenn wir Sie befreien? Würde Ihre Macht dann zurückkehren?«

»Befreien könnt ihr mich nicht. Der Fluch der Olympier ist zu stark. Dennoch gibt es einen Weg, meine Kräfte wiederherzustellen. Dem Orakel von Delphi zufolge geschieht das, wenn man mir meine wahre Geschichte erzählt.«

Layla gesellte sich wieder zu ihnen. »Können Sie Ihre Geschichte denn nicht selbst erzählen?«

»Das ist unsere Freundin Layla«, stellte Ava sie vor.

Medusa nickte zum Gruß. »Genau das ist das Problem, Layla. Sobald ich es versuche, versagt mir die Stimme. Und will ich meine Geschichte niederschreiben, verblassen die Worte, ehe sie jemand lesen kann. Ich zeige es euch. Geboren wurde ich ...« Medusa stockte der Atem. Sie hustete. »Seht ihr? Es hat keinen Zweck. Und auch wenn ich mir die Geschichte zurechtstottern würde, fehlen mir etliche Informationen.«

»Aber irgendjemand muss sie doch kennen«, sagte Ava.

»In Teilen, ja. Doch einige, die davon wissen, wurden bestraft und von den Göttern verbannt, andere wiederum wollen ihren Zorn nicht erregen und sprechen deswegen nicht darüber. Nur ein Mädchen war mutig genug, das Orakel zu befragen und sich auf die Suche nach den Frauen zu machen, die Teile der Geschichte beitragen können, um sie wieder zusammenzusetzen.«

Fia pikste Ava in die Seite, aber die wusste schon Bescheid.

»Meine Mom!«

Medusa nickte.

»Sie war also nicht wegen ihrer eigenen Stimme hier, sondern wegen Ihrer«, folgerte Ava. »Was hat sie davon abgehalten? Das können Sie uns doch sagen, oder?«

»Das kann ich. Schließlich ist das ihre Geschichte, nicht meine. Sie ist nicht weit gekommen, da hat Poseidon sie geschnappt. Und hätte sich nicht eine Lehrkraft bei den Gottheiten für sie ausgesprochen, wäre sie der Accademia verwiesen und für immer zum Schweigen gebracht worden.«

Bestimmt Miss Demi, dachte Ava dankbar.

»*Für immer?* Nur weil sie rausfinden wollte, was passiert ist?«, ereiferte sich Layla.

»Geschichten besitzen Macht. Aus diesem Grund haben die Olympier Mythen in Umlauf gebracht, die sie verherrlichen und schützen. Die sollte man genau unter die Lupe nehmen, denn darin werden Frauen entweder zu Geschöpfen ohne eigene Stimme – zu einem Baum oder einer Spinne – oder zu Monstern.«

Fia stampfte mit dem Fuß auf, als wollte sie *Genau!* rufen.

»Kein Wunder, dass meine Mom so eine Angst hat«, meinte Ava.

»Deine Mutter war das mutigste Mädchen, das ich kannte«, entgegnete Medusa.

»Bis Poseidon sie erwischt hat. Ich hasse die Götter!«, sagte Ava.

Layla schaute sich nervös um. »Ava ...«

Ava winkte ab. »Fia hatte von Anfang an recht! Die Accademia hilft uns eigentlich gar nicht dabei, unsere Kraft zu kontrollieren und sie für das Gute einzusetzen. Sie ist nur dazu da, damit wir nicht aus der Reihe tanzen! Und wenn wir nicht tun, was sie wollen, oder glauben, was sie wollen, werden wir sofort bestraft. Fia und meine Mom sind das beste Beispiel. Denkt mal an Poseidon! Er hätte uns fast ertränkt.«

»Und was sollen wir dagegen unternehmen?«, rief Layla frustriert. »Die Gottheiten haben viel mehr Macht als wir. Es heißt nicht umsonst Accademia del Forte, die Akademie des Starken. Und *sie* sind die Starken, Ava, nicht wir. Sie werden immer gewinnen.«

»Also geben wir einfach auf und erlauben ihnen, unsere Geschichten zu erzählen?«, fragte Ava. »Damit sie behaupten können, Fia hätte es *verdient*, ihre Stimme zu verlieren und von der Schule zu fliegen?«

Laylas Worte erinnerten sie an die von ihrer Mom und Jax. Sie sollte auf Nummer sicher gehen, sich von Leuten wie Owen und Mr Orion sagen lassen, was richtig und falsch war und wie sie sich zu fühlen hatte. Sie hatte genug davon! Sie wusste selbst, was richtig und was falsch war.

»Ganz bestimmt nicht!«, rief Ava. »Wir geben nicht auf. Wir werden Medusas wahre Geschichte in Erfahrung bringen und uns Fias Stimme zurückholen. Oder bei dem Versuch sterben.«

»Dann sterben wir wohl«, murmelte Layla vor sich hin.

Ava ignorierte sie und wandte sich an Medusa. »Ich glaube nicht, dass Mom dich vergessen hat. Und ich glaube auch nicht, dass sie glücklich ist.«

»Man kann nicht gleichzeitig glücklich sein und Angst haben«, bestätigte Medusa.

»Wie weit ist meine Mom gekommen?«

»Poseidon hat sie erwischt, als sie von Poveglia auf dem Weg nach San Michele war.«

»Die Friedhofsinsel?«, fragte Layla.

»Genau. Sie war auf der Suche nach Hekate, die einen Teil meiner Geschichte kennt.«

»Dann gehe ich ebenfalls dorthin und bringe zu Ende, was meine Mom angefangen hat. Medusa, Ihre Geschichte ist auch meine. Ich werde es schaffen, und Sie bekommen ihre Macht zurück und helfen Fia.«

»Ava, das ist viel zu gefährlich. Die Gottheiten werden dich umbringen«, sagte Layla.

»Meine Kraft wird mich schützen«, erwiderte Ava.

»Allein darauf kannst du dich nicht verlassen. Sie funktioniert nur bei männlichen Geschöpfen, nicht aber bei weiblichen«, warnte Medusa.

Jetzt wunderte es Ava nicht mehr, dass sie Morgan und Anahita nicht hatte einfrieren können.

»Zudem wissen die Götter nun Bescheid und sind vorbereitet. Sie werden dir nicht in die Augen schauen«, fuhr Medusa fort.

»Das ist mir egal. Ich gehe trotzdem. Ich habe keine Angst«, beharrte Ava.

Fia trat an ihre Seite und nahm ihre Hand.

»Arnold, kannst du uns auf der Insel San Michele absetzen?«, rief Ava laut durch den Flur und erklärte Medusa: »Er ist eine Harpyie.«

»Klar, wo ist die?«, rief er zurück.

»Ich weiß, wo. Ich komme mit«, meinte Layla.

»Du hast doch gerade gesagt, es wäre dir zu gefährlich«, erwiderte Ava.

Layla seufzte schwer. »Es ist zwar ein Selbstmordkommando, aber ich werde euch nicht alleine sterben lassen. Jetzt bin ich eh schon hier. Außerdem würde ich Hekate gern kennenlernen, so als eine ihrer treuen Untertaninnen.«

»Bist du eine Empusa?«, fragte Medusa sie.

Layla verbeugte sich tief. »Zu Ihren Diensten.«

»In dem Fall solltet ihr zwei unbedingt zusammenbleiben. Deine Kräfte werden sehr nützlich sein, vor allem bei der Suche nach Hekate«, erklärte Medusa.

Sie wandte sich an Ava. »Deine Mom hatte keine Unterstützung von Freundinnen oder Freunden. Sie hat es auf eigene Faust versucht.«

Könnte genau das am Ende den Unterschied machen?, überlegte Ava. Sie wären ein cooles Monsterheldenteam, aber würden sie die Gottheiten in die Knie zwingen? Sie wusste nur eins: Wenn, dann würden sie zusammen untergehen.

»Moment mal«, meldete sich Layla zu Wort. »Es kann doch nicht so schwer sein, Hekate auf San Michele zu finden. So groß ist die Insel ja nicht. Oder versteckt sie sich?«

»Hekate ist nicht auf der Insel«, entgegnete Medusa. »Sie ist *unter* der Insel.«

26

Irgendwo auf San Michele lag ein Zugang zur Unterwelt. Leider wusste Medusa nicht, wo, und Ava hatte keine Ahnung, wie sie ihn finden sollten. Wenigstens war der Weg bis zur Insel nicht weit gewesen. Arnold hatte sie von Poveglia über den langen, schmalen Lido bis auf die andere Seite von Venedig geflogen. Dort legte er eine schon etwas sanftere Bruchlandung zwischen den Gräbern hin. Traditionell wurden auf San Michele die Toten beerdigt, wie Layla ihnen erklärte. Auf dem Friedhof gab es verschiedene Bereiche, zum Beispiel für das Militär, für Nonnen, Priester, Nicht-Einheimische und sogar einen für Gondolieri. Im Gegensatz zu Poveglia, wo ein Hauch des Bösen – oder eher der Verrottung und Verzweiflung – in der Luft lag, wirkte San Michele mit seinen Fußwegen und den hohen, leise im Wind rauschenden Zypressen ziemlich friedlich.

Kreuz und quer marschierten die vier über die Insel, untersuchten große Familiengrüfte, stemmten sich gegen die Sockel hoch aufragender Engelsstatuen und tasteten vor schlichten Grabsteinen das Gras ab, damit sich vielleicht die Erde unter ihnen auftat. Aber noch immer waren sie auf keine Spur gestoßen, und es machte Ava nervös, Venedig so nah zu sein. Die Lichter der Stadt strahlten bis zu ihnen herüber. Hoffentlich war Mr Orion nach wie vor außer Gefecht gesetzt.

»Wo würdet ihr auf einer Insel voller Gräber das Tor zur Unterwelt verstecken?«, fragte sie, während sie an einer Wand aus rechteckigen Grabsteinen verschnauften, die mit Blumenzweigen geschmückt waren.

»Es gibt hier noch ein Kloster mit angeschlossener Kirche«, sagte Layla.

»Die Gottheiten würden den Eingang zur griechischen Unterwelt niemals in einer Kirche unterbringen«, meinte Arnold.

»Glaube ich auch nicht«, stimmte Ava zu. »Was aus der griechischen Mythologie verbindet die Welt der Toten mit der Welt der Lebenden?«

Fia tat so, als würde sie etwas in der Hand halten, und fuhr mit dem Zeigefinger darüber.

»Eine Schrift?«, riet Arnold.

Fia schüttelte den Kopf, stampfte auf und wedelte mit den Armen.

»Ein Tanz?«, versuchte es Layla.

Merklich frustriert schloss Fia die Augen. Dann wackelte sie mit den Fingern hin und her, hoch und runter und wippte dabei mit dem Kopf.

»Musik!«, rief Ava.

Fia klatschte Beifall, ehe sie die Bewegung vom Anfang wiederholte.

»Orpheus' Leier! Dank seiner Musik durfte er in die Unterwelt hinabsteigen und nach Eurydike suchen, obwohl er am Leben war.«

»Und was schlägst du vor?«, fragte Layla. »Dass wir singen? Dafür hättest du dir eine Sirene mitnehmen sollen.«

»Nein, aber wir müssen einen Musiker oder eine Musikerin finden. Liegen hier welche begraben?«

»Sogar mehrere sehr berühmte. Mir nach«, sagte Layla. Sie führte sie in einen etwas zugewachsenen Bereich der Insel, wo die Nicht-Einheimischen ruhten. Vor einem Betonblock, den nur ein paar Kiesel und ein einzelner Strauß vertrockneter Chrysanthemen zierten, blieb sie stehen. Über einem schlichten Kreuz stand der Name *Igor Stravinsky*.

»Er war ein berühmter Komponist aus dem zwanzigsten Jahrhundert«, erklärte sie.

Ava hob einen Fuß und übte damit langsam Druck auf den Block aus. Er gab nicht nach.

»Tja, war trotzdem ein guter Gedanke«, meinte Arnold.

Dann stieg Ava komplett auf das Grab. »Sorry, Fi…«

Doch bevor sie ausreden konnte, spaltete sich der Betonblock plötzlich und Ava stürzte in die Tiefe. Sie konnte in der Dunkelheit nichts sehen, hörte aber Musik von irgendwoher – eine Oboe, ein anschwellendes Zusammenspiel mehrerer Geigen, das Donnern einer Trommel. Sie fiel immer weiter, versuchte, irgendetwas zu fassen zu bekommen, eine Wurzel vielleicht. Aber da war nichts. Sie machte sich auf einen harten Aufprall gefasst.

Gerade als sie dachte, sie würde nie unten ankommen, sah sie unter sich ein helles Licht und erdigen Untergrund, der im Affenzahn auf sie zuraste. Ava streckte die Hände aus, um sich abzufangen. Aber ehe sie aufschlug, hörte sie Flügelschlagen, und auf einmal wurde sie in die Höhe gerissen und kreiste ein paar Meter über dem Boden in der Luft. Sie keuchte und ihr Herz pochte heftig.

»Nächstes Mal«, japste Arnold, »machen wir das direkt zusammen.«

Vorsichtig ließ er sie los und sie landete unversehrt.

»Danke«, sagte Ava.

»Ich hole schnell die anderen.« Arnold schraubte sich in Windeseile hinauf zu einer winzigen, vom Mond beleuchteten Öffnung.

Ava zog die Tarnkappe über, nur für den Fall, dass irgendjemand auftauchte. Dann schaute sie sich um. Sie war in einer Art Steintunnel, der weiter in die Tiefe führte. Die Luft war feucht und roch nach nasser Kohle, und an den unebenen Wänden entlang reihten sich Fackeln. Ansonsten wirkte der Ort nicht so, wie sie sich die Unterwelt vorgestellt hatte. Keine Spur von Geistern oder dem Fluss Styx, vom Fährmann oder von Kerberos, dem dreiköpfigen Hund – zum Glück!

Erneutes Flügelschlagen. Ava sprang zur Seite, als Arnold heranrauschte, zuerst Fia und Layla ablud und schließlich stolpernd selbst aufsetzte. Zum ersten Mal schaffte er es, sich auf den Beinen zu halten.

»Schöne Landung!«, lobte sie.

Arnold starrte in ihre Richtung. »Ava?«

»Sorry.« Sie nahm die Tarnkappe ab.

Sofort ergriff Fia ihren Ellbogen und deutete auf Layla. Sie hielt mit geschlossenen Augen einen Finger in die Höhe, als überprüfte sie einen Lufthauch, den nur sie spüren konnte.

»Alles okay, Layla?«, fragte Ava.

»Ja, alles super. Wir sind immer noch weit von Hekate entfernt, aber ich glaube, wir müssen hier entlang.« Sie zeigte in den gewundenen Tunnel.

»Kannst du sie orten?«, erkundigte sich Arnold.

Layla nickte. »Deswegen meinte Medusa, meine Kräfte wären sicher nützlich. Als Empusa habe ich eine Art eingebautes Hekate-Navi. Sobald sie in der Nähe ist, lotst es mich zu ihr.«

»Was würde ich nur ohne euch machen?«, sagte Ava aus tiefstem Herzen.

»Vielleicht klügere Entscheidungen treffen.« Layla seufzte. »Setz Hades' Tarnkappe lieber wieder auf. Falls uns hier jemand begegnet, kann ich so tun, als hätte Hekate mich zu sich zitiert. Du hast keine gute Ausrede.«

»Und was ist mit mir und Fia?«, fragte Arnold.

»Harpyien geleiten Seelen in die Unterwelt. Das ist eine ihrer Aufgaben als Rachegeister. Du könntest dir Fia geschnappt haben«, schlug Ava vor.

Fia pflichtete ihr mit einem Nicken bei und trat neben Arnold.

Nachdem Ava den Helm übergestülpt hatte, brachen sie auf. Der von Fackeln erhellte Tunnel schlängelte sich steil nach unten. Hin und wieder machte Fia sie auf Torbögen aufmerksam, die vom Hauptgang wegführten und mit griechischen und lateinischen Schildern versehen waren. Ava war froh, dass sie in Miss Kalliopes Unterricht gut aufgepasst hatte und die Hinweise lesen konnte. Auf dem ersten stand »Elysion«, auf dem zweiten »Asphodeliengrund«, auf dem dritten »Hades und Palast des Hades«. Doch Layla lief, ohne zu zögern, daran vorbei und steuerte immer weiter in die Tiefe.

»Klar, dass Hekate sich nicht im Elysion oder im Asphodeliengrund befindet. Das eine ist für Heldinnen und Helden, der andere für gewöhnliche Sterbliche. Aber bist du sicher, dass sie sich nicht im Hades oder im Palast des Hades aufhält?«, hakte Ava nach.

»Ganz sicher.« Layla marschierte immer weiter in die Unterwelt, bis sie einen bröckelnden, knochenweißen Torbogen erreichten.

Auf dem Schild stand nur ein Wort. Ava konnte einen Schauer nicht unterdrücken.

»Bitte sag mir, dass das nicht unser Ziel ist«, wimmerte Arnold.

»Tut mir leid«, erwiderte Layla. »Aber genau hier finden wir Hekate.«

»Die olympischen Gottheiten wollen wohl auf keinen Fall, dass Hekate was ausplaudert, wenn sie sie sogar in den Tartaros gesteckt haben«, meinte Ava. Der Tartaros war der tiefste Abgrund der Unterwelt, in den nur die schlimmsten Feindinnen und Feinde der olympischen Gottheiten eingesperrt und gefoltert wurden. »Dorthin würde doch nie jemand freiwillig gehen – göttlich oder sterblich.«

»Was du nicht sagst.« Arnold wich vor dem Torbogen zurück, aber Fia hielt ihn am Arm fest.

»Wir brauchen dich, Arnold«, bekräftigte Ava.

»Du hast leicht reden, du bist ja auch unsichtbar. Dich kriegen sie nicht so leicht«, murmelte er, folgte ihr jedoch trotzdem durch den Bogen.

Von dort aus fiel der Boden steil ab. Irgendwann entdeckten sie in der Dunkelheit eine eiserne zweiflügelige Pforte, hinter der in grünem Dämmerlicht ein riesiger Zyklop Wache stand. Er rieb sich das Auge und gähnte.

»Ich dachte, der Eingang wird von den hundertarmigen Hekatoncheiren bewacht«, flüsterte Ava.

Fia zuckte die Achseln, als wäre das am Ende auch egal.

Ava verstand, was sie meinte. Sowohl die Hekatoncheiren als auch die Zyklopen hatten im Kampf der Titanen Partei für die olympischen Gottheiten ergriffen und würden es immer wieder tun.

»Am besten sprichst du mit ihm, Arnold«, sagte Ava.

»Ich?«

Sie schlich auf Zehenspitzen zu ihm und wisperte ihm Anweisungen ins Ohr.

Kurz darauf marschierte er mit Fia, die er am Nacken gepackt hatte, zur Pforte. Layla schloss sich ihnen an.

»Lass mich durch!«, befahl er.

Der Zyklop blinzelte verschlafen. »Wer bist du?«

»Eine Harpyie.« Arnold breitete die schwarzen Schwingen aus und legte sie wieder an. »Die Götter schicken mich, um diese ungehorsame Sterbliche in den Tartaros zu werfen, wo sie hingehört.«

Der Zyklop musterte Fia. »Was wirft man dir vor?«

Fia machte den Mund auf, glotzte ihn aber nur stumm an.

»Sie kann nicht sprechen«, antwortete Arnold für sie. »Die Götter haben ihr die Kehle quasi zugeschnürt.«

Der Zyklop grinste. »Nichts im Vergleich zu dem, was sie da unten mit ihr anstellen werden.«

»Bestimmt reißen sie sie in Stücke«, meinte Arnold.

»Oder schneiden ihr das Hirn raus«, schlug der Zyklop vor.

»Vielleicht lassen sie es nachwachsen, damit sie es jeden Tag wiederholen können.«

»Oh ja!« Der Zyklop öffnete die Pforte. Dahinter ging es weiter bergab, hinein in einen stinkenden grünen Nebel, durch den man nichts erkennen konnte. Jenseits davon hörte man leises Wimmern und Weinen.

Arnold tat so, als müsste er seinen Griff um Fia wieder verstärken, und verschaffte Ava somit Zeit, vor ihnen durch die Pforte zu schlüpfen. Dann winkte er Layla heran.

»Diese Empusa wurde zu ihrer Herrin zitiert.«

»Pech für sie. Das ist eine Reise ohne Wiederkehr«, erwiderte der Zyklop.

Er stieß ein grollendes Lachen aus, warf die Pforte scheppernd hinter ihnen zu und schloss ab. Vor ihnen lichtete sich der grüne Nebel gerade so weit, dass sie einen offenbar aus Knochensplittern bestehenden Pfad erkennen konnten. Ava hätte ihn am liebsten gemieden, aber einen anderen Weg nach unten gab es nicht. Der Pfad schimmerte schwach und knackte unter jedem ihrer Schritte.

Um den Schein zu wahren, trottete Fia weiterhin vor Arnold her, der sie bei der Schulter gepackt hielt.

»Du warst der Hammer«, sagte Ava zu Arnold, als sie außer Hörweite des Wächters waren.

Er zuckte die Achseln. »Ich habe genug Zeit mit Zale verbracht, um zu wissen, dass man das Herz eines Zyklopen nur durch rohe Gewalt erreicht.«

»Aber echt! Ich hoffe nur, er lag mit der Reise ohne Wiederkehr falsch«, meinte Layla.

Fia deutete auf ihren Kopf und schüttelte warnend den Finger.

»Oder damit, dass sie Fia das Hirn rausschneiden«, übersetzte Ava.

»Ist denn schon mal jemand so weit in die Unterwelt vorge-

197

drungen und danach ins Reich der Lebenden zurückgekommen?«, fragte Arnold.

Ava überlegte. »Orpheus war im Palast des Hades, aber nicht so tief im Tartaros.«

Sie verstummten. Der Schwefelgeruch wurde immer schlimmer, und die dicke Luft erschwerte ihnen das Atmen. Das Wimmern und Weinen war zu einem unheimlichen Lied der Verzweiflung angeschwollen.

»Ich hab das Gefühl, wir laufen im Kreis. Was, wenn der Pfad in die Irre führt?«, sagte Arnold.

Fia holte das Feuerzeug hervor und machte Licht. Sie erstarrten. Von dort, wo sie standen, blickten sie geradewegs in einen gähnenden Abgrund. Der Pfad endete abrupt an der Felskante und ging in eine Steintreppe mit einem Geländer aus Knochen über, die sich im Zickzack um die Vorsprünge herumwand.

»Weiter?«, fragte Arnold.

Ava hoffte inständig, sie hätten ihr Ziel erreicht, aber Layla antwortete nur: »Jep, weiter.«

Sie folgten ihr die Treppe hinunter. Es wurde kälter und feuchter. Grünliche Lichtblitze erleuchteten Riesen, die man mit Eisenketten um den Hals an die Wand geschmiedet hatte. »Das müssen Titanen sein«, flüsterte Ava. »Die sind nach dem Krieg gegen sie hierher verbannt worden.«

Die Titanen fluchten auf Zeus und stemmten sich gegen ihre Ketten. Ava hatte Mitleid mit ihnen, wusste aber nicht, wie sie ihnen helfen sollte. Im Zickzack liefen sie die Stufen hinab in den immer schmaler werdenden Abgrund. Ava wurde schlecht von dem Gestank nach Fäulnis und Schimmel. Schrille Schreie durchschnitten die Luft und schmerzten ihr in den Ohren. Von den Wänden tropfte es, als würde die Grube weinen.

»Ganz sicher, dass wir noch weitermüssen?«, wisperte Ava. Layla nickte.

Plötzlich endete die Treppe. Vor ihnen erstreckte sich ein Wald aus dürren, kahlen Bäumen, überschwemmt von Wasser, so schwarz und undurchdringlich wie Obsidian. Fürchterliche Schreie schallten daraus hervor. Ein Blick auf das Wasser genügte, und sofort riss Fia Ava an der Hand zurück. Die klagenden Töne weckten auch Avas Fluchtinstinkt. Doch genau in dem Moment rief Layla: »Da ist sie!«

Sie deutete auf ein schwaches Licht, das immer wieder kurz aufleuchtete und von dem größten der Bäume ausging. Dieser begann, seine Gestalt zu ändern: Die dürren Äste wurden zu sechs Armen, der Stamm verwandelte sich in den Oberkörper einer Frau und ganz oben tauchte ein Kopf mit drei Gesichtern auf. Eins war jung und rund, eins mittelalt und schmal und das dritte alt und eingefallen, mit Falten und tief in den Höhlen liegenden trüben Augen. Am hellsten leuchtete das jüngste Gesicht, das von schwarzen langen Haaren umschmeichelt wurde, weniger hell das in der Mitte mit den grauen Haaren, und am wenigsten das alte Gesicht, umgeben von schlohweißen Haaren.

»Sieht sie immer so aus?«, flüsterte Arnold. Er klang nervös, was Ava gut verstehen konnte. Jemanden in allen Altersstufen zugleich zu sehen, war wirklich unheimlich.

Ava flüsterte zurück: »Ja, sie ist eine dreifaltige Göttin und repräsentiert Mädchen, Mutter und Greisin.«

»Oder die Mondphasen«, ergänzte Layla.

Fia drückte Avas Hand und zeigte auf die umstehenden Bäume. Sie fingen an, sich zu regen, und Ava erkannte, dass es gar keine Bäume waren, sondern die verzerrten Gestalten von Frauen und Mädchen. Von ihnen stammten auch die gequälten Schreie.

»Was ist das bloß für ein Ort?«, murmelte Ava. Instinktiv wäre sie am liebsten so schnell wie möglich von hier abgehauen, bevor Fia und sie sich selbst noch in Trauerweiden verwandelten.

Plötzlich erscholl eine Stimme in drei Tonlagen – schrill und mädchenhaft, tief und ernst, kratzig und keuchend. »Hinfort mit euch!«

»Hekate!«, sprach Layla die dreiköpfige Göttin an, als diese auf sie zueilte. Auf jedem ihrer Gesichter zeigte sich ein anderer Ausdruck: Angst, Wut, Verzweiflung.

»Verschwinde, Kind!«, riefen die Stimmen im Chor.

»Aber ich bin eine Empusa. Ich muss mit Ihnen reden«, flehte Layla.

»Mir ist bekannt, was du bist, und als meine Untergebene befehle ich dir zu gehen!«, sagte Mutter Hekate. »Oder willst du so enden wie diese armen Seelen hier?«

»Was ist denn mit ihnen?«, fragte Arnold vorsichtig.

»Das sind Frauen und Mädchen, die den Gottheiten nicht gehorcht haben und verwandelt wurden«, antwortete die Greisin. »Nicht einmal wir wissen, wer sie sind. Ein junger Mann wie du würde nicht an diesen Ort verbannt werden, aber Hades duldet keine sterblichen Reisenden in seinem Reich, auch nicht die Nachkommen der Harpyien. Ihr müsst von hier verschwinden. Ihr alle – und zwar sofort!«

»Wartet!« Ava zog die Tarnkappe vom Kopf. »Wir sind gekommen, weil Medusa uns geschickt hat.«

»Wer bist du?«, fragte das Mädchengesicht.

»Ava. Ich bin …«

»Moment!«, unterbrach die Greisin. »Ich erkenne sie in dir wieder. Du entstammst ihrer Linie.«

Sofort wurden Hekates Mienen sanfter.

»Ja, ich bin eine Nachfahrin von Medusa«, bestätigte Ava. Die sechs Hände der Göttin ergriffen Avas und hielten sie fest.

»Sag mir, Kind, wo ist sie?«, erkundigte sich die Mutter. In ihrer Verzweiflung glich die Stimme denen der leidgeplagten Frauen und Mädchen ringsherum. »Wo ist meine Tochter?«

»Ihre Tochter?!«, sagten Ava, Layla und Arnold wie aus einem Mund. In allen griechischen Mythen, die Ava gelesen hatte, war Medusa entweder die Tochter der Meeresgöttin Keto oder der Erdgöttin Gaia. Sogar Fia wirkte verwirrt. Lagen die Mythen wirklich so falsch?

»Ja«, erwiderte die Mutter. »Ach, meine geliebte Tochter. Ich habe nichts mehr von ihr gehört, seit Zeus mich in den Tartaros geschickt hat.«

»Weswegen eigentlich?«, hakte Layla nach.

»Angeblich, weil ich Demeter geholfen habe, Persephone zu finden, aber in Wahrheit wohl eher, weil ich Medusa großgezogen habe.«

Die Greisin fügte hinzu: »Zeus beschuldigte mich, eine Hexe zu sein.«

»Daraufhin teilte er meine Aufgabe, über den Mond zu wachen, seiner Tochter Artemis zu«, ergänzte das Mädchen.

»Wo ist Medusa denn nun? Bitte verratet es mir«, flehte die Mutter sie an.

»Sie ist auf einer Insel namens Poveglia. Die Gottheiten halten sie dort gefangen«, antwortete Ava.

Die Greisin seufzte. »Immer noch besser, als wenn sie hier wäre.«

»Aber sie kann ihre eigene Geschichte nicht erzählen. Deshalb hat sie uns zu Ihnen geschickt. Sie sagt, indem wir die Wahrheit über sie herausfinden, können wir ihre Macht wiederherstellen. Und dann hilft sie unserer Freundin Fia. Die haben die Gottheiten auch zum Schweigen gebracht.«

Das Licht des mütterlichen Gesichts fiel auf Fia. »Armes Ding. Ich würde alles für meine Medusa tun. Und du, Ava, bist wie eine Enkelin für mich. Allerdings werden Hades und seine dreiköpfige Bestie euch schon bald aufspüren. Wenn ihr die Geschichte hören wollt, geht ihr das Risiko ein, geschnappt zu werden und auf ewig hier gefangen zu sein.«

»Darauf lassen wir es ankommen. Nur so können wir Fia und Medusa retten«, erwiderte Ava.

Fia zeigte auf die sich windenden Frauen und Mädchen und legte eine Hand aufs Herz.

Das Mädchen Hekate nickte. »Was du fühlst, ist nur verständlich. Es ist nicht fair, dass sie so leiden.«

Mutter Hekate seufzte. »Nun gut, ich tue es für uns alle. Ich werde euch schnell erzählen, was ich weiß. Passt also gut auf!«

28

»Zunehmen und abnehmen, aufgehen und untergehen – so sah mein Leben im Himmelreich für Tausende von Jahren aus. Womöglich hätte es sich auch so fortgesetzt und ich wäre nie in den Genuss der Liebe gekommen, wäre mir nicht eines Nachts ein Glühwürmchen erschienen. Ich kannte das Insekt aus der Welt unter mir. Es tauchte stets in der Dämmerung auf, wenn ich meine Kutsche für die allabendliche Tour bereit machte. Dieses aber flog ungewöhnlich hoch, durchstieß den Wolkenschleier und umkreiste mich blinkend. Es wollte, dass ich ihm folgte, das spürte ich. Und das tat ich. Einige Sterbliche fragten sich sicherlich, warum der Mond sich in dieser Nacht nicht zeigte, obwohl ich voll und rund am Himmel stehen sollte. Doch die meisten bemerkten es nicht einmal. Schließlich schauen sie selten auf und beschäftigen sich eher mit dem, was vor ihren Füßen passiert.

Das Glühwürmchen führte mich nach Afrika und in die mittleren Regionen der Welt. Und dort, eingekuschelt in eine Wolke, fand ich ein friedlich schlummerndes Baby. An seiner flauschigen Wiege war eine Notiz befestigt, auf der stand: *Ihr Name ist Medusa.* Das Glühwürmchen sirrte zurück zur Erde und ließ mich allein zurück. Ich starrte in das Gesicht des Babys, strahlender und heller noch als meines. Von Liebe ergriffen hob ich das Mädchen hoch und drückte es an die Brust. Von da an war sie mein, und obwohl ich den Namen beibehielt, den jemand anderes ihr gegeben hatte, zog ich sie wie mein eigenes Kind auf.

Von da an fuhr Medusa jede Nacht mit mir in der Kutsche. Ich lehrte sie meine Magie und sang ihr etwas vor. Die Liebe zu ihr war so groß, dass mein Licht über Jahrzehnte hinweg kräftiger schien, was die Sterblichen nicht einmal bemerkten, da ihr Leben zu kurz ist, um himmlische Launen und Entwicklungen zu verstehen. Apollon jedoch erwähnte es so manches Mal und sagte zu Zeus, ich solle mich ein wenig bedeckt halten – nicht, dass die Sterblichen noch den Tag mit der Nacht verwechselten. Ich versuchte es, schließlich wollte ich Zeus nicht erzürnen. Ich habe den olympischen Göttern nie getraut. Aber Liebe lässt sich nur schwer unterdrücken.

Meine kleine Medusa wurde langsam und zugleich viel zu schnell groß, wie das bei Kindern so ist – bei den sterblichen wie auch bei den unsterblichen. Ein Jahrtausend schien vergangen zu sein, ehe sie Dinge bewusst wahrnahm, brabbelte und auf alles zeigte, die richtigen Worte suchte und ihre ersten Schritte tat. Doch schon im nächsten Augenblick war sie ein Mädchen, das allein die Gegend erkundete und über die Wolken auf die Sterblichen hinabspähte.

Von Anfang an war sie von ihnen fasziniert und stellte unzählige Fragen, auf die ich keine Antwort hatte. Das bereitete mir Sorgen, und so verbot ich ihr, je zur Erde hinabzusteigen. Ich hatte Angst, dass sie dort in Schwierigkeiten geraten könnte oder die olympischen Gottheiten Wind von ihr bekämen. Sie schenkten meinem Reich sonst kaum Beachtung, daher fühlte ich mich sicher, wenn wir über den Nachthimmel ritten. Trotzdem traute ich Zeus und seinen Brüdern nicht und wurde das Gefühl nicht los, die Person, die Medusa in meine Obhut gegeben hatte, wollte sie vor ihnen verstecken. Wie ihr seht, hatte ich einen äußerst ausgeprägten Beschützerinstinkt – den haben Mondmütter von Natur aus. Ich hütete sie wie meinen Augapfel. Da ich aber nie zuvor ein Kind gehabt hatte, verstand ich nicht, dass ich damit das genaue Gegenteil bewirkte. Eine Lektion, die ich schon bald auf tragische Weise lernen sollte.

Eines Nachts, als Medusa bereits tausend Jahre bei mir war, jedoch kaum älter aussah als du jetzt, fuhr sie in meiner Kutsche hinab zur Erde. Es war an dem Tag im Monat, an dem ich schlafe – Sterbliche sprechen von ›Neumond‹. Da die Pferde zur Dämmerung eigenständig in ihren Stall zurückkehrten, bemerkte ich es nicht, bis ich Medusa am nächsten Abend dort unten entdeckte. Am liebsten wäre ich sofort aufgebrochen und hätte sie wieder in den Nachthimmel zurückgeholt, wo ich sie schützen konnte. Doch sie wirkte so glücklich dort unten, sprudelte über vor Freude angesichts der Schönheit der Welt, der Menschen und der Tiere. Der Himmel besteht schließlich bloß aus Wolken, Sternen und Sonnenlicht, Träumen und Luft. Ich wusste, dass er ihr auf Dauer nicht genügen würde. Und so beobachtete ich sie aus der Ferne, voller Angst und gleichzeitig unheimlich stolz auf mein furchtloses Mädchen.

Medusa schloss die Sterblichen instinktiv ins Herz. Vielleicht lag es daran, dass sie nicht auf dem Olymp aufgewachsen war, wo sie als belangloses Spielzeug gelten. Vor allem Frauen und Mädchen fühlte sie sich verbunden. Es rührte sie, wie viel Mühe sich die Menschen gaben, Schönes zu erschaffen und Liebe zu finden, obwohl ihr Leben im Vergleich zu dem der Gottheiten so kurz und hart ist. Sie nutzte ihre Kräfte, um sie zu unterstützen, denn sie sah, wie sie unterdrückt und misshandelt wurden – nicht nur von den Göttern, sondern auch von den sterblichen Männern, die dieses Verhalten übernahmen. Sie ließ die Frauen unsichtbar werden, wenn sie in Gefahr schwebten, stärkte ihre Stimmen, wenn sie Angst hatten, und teilte mit ihnen das Wissen über Pflanzen, die sie und ihre Kinder heilen konnten. Um Medusa herum bildete sich ein Kult. Zunächst nur vereinzelt, in ein paar Dörfern, einigen Frauengemeinden. Doch Stück für Stück breitete er sich in ganz Griechenland aus.«

Schrill, aufbrausend, blindwütig, widerwärtig – mit diesen Worten hatte Athene Medusa beschrieben. Ava wusste noch, wie schrecklich sie sich dabei gefühlt hatte. Aber das war nicht die Medusa, die Hekate hier schilderte. Ihr zufolge war sie *beliebt* gewesen. Eine Vorfahrin, auf die man stolz sein konnte. Eine, die Frauen und Mädchen geholfen und nicht nur Männer in Stein verwandelt hatte.

»Warum habe ich davon noch nie gehört?«, fragte Ava.

Fia schüttelte drohend die Faust gen Himmel, auch wenn er hier, im tiefsten Abgrund des Tartaros, nicht zu sehen war.

»Wegen der Gottheiten«, übersetzte Ava.

»Deine Freundin hat recht«, sagte Mutter Hekate mit einem Seufzer. »Ich machte mir Sorgen um meine Tochter, besonders als man auf dem Olymp von ihrem guten Ruf erfuhr. Die Götter waren schon immer voll des Neides. Die allgemeine Bewunderung für diese hergelaufene Unsterbliche, deren Abstammung ihnen ein Rätsel war, war ihnen ein Dorn im Auge. Doch Zeus ist schlau. Er schleuderte keinen Donnerkeil auf sie oder warf sie in den Tartaros wie mich. Er wollte von den Menschen gemocht werden. Also pflanzte er ihnen Geschichten ein, vor allem den Dichtern: Medusa habe Schlangenhaare, verwandle Männer in Stein, sei eine der drei monströsen Gorgonen, eine Feindin seiner geliebten Tochter Athene. Durch diese Lügen und die Angst, die sie auslösten, schwand der Kult um Medusa.«

»Aber mittlerweile hat sie ja wirklich Schlangenhaare und kann Männer in Stein verwandeln. Wie ist das passiert?«, fragte Layla.

Hekate schüttelte traurig die Köpfe. »Obwohl ich nicht damit einverstanden war, dass Zeus den Namen meiner Medusa durch den Dreck zog, hoffte ich, sie würde die Erde wieder verlassen und zu mir zurückkehren, um in Sicherheit zu sein. Stattdessen jedoch tat sie etwas, das keine Gottheit je zuvor gewagt hatte. Sie …«

Doch bevor Hekate fortfahren konnte, erschien eine junge Frau auf der Treppe. Ihre Haut war so blass, dass die blauen Äderchen durchschimmerten, und auf ihrem strohblonden Haar saß ein Kranz aus toten Blumen. »Hades ist unterwegs. Sie müssen zurück in die Welt der Lebenden – sofort!«

Mit allen sechs Händen ergriff Hekate Avas Arm. »Sucht Hestia auf, die Göttin des Herdfeuers. Sie ist Zeugin dessen, was danach geschah.«

29

Die Neuigkeit, dass der Herr der Unterwelt im Anmarsch war, ließ das gequälte Wimmern und Weinen noch lauter werden. Wenigstens hatten sie eine mächtige Verbündete an ihrer Seite. Unter dem Kranz aus toten Blumen blitzten die lebhaften grünen Augen von Persephone, Miss Demis Tochter. Ava verbeugte sich.

»Vielen Dank für die Tarnkappe, Eure Majestät.«

Persephone nickte traurig. »Ich bin keine Freundin der olympischen Götter. Sie haben mich meiner Mutter entrissen.« Sie wandte sich an Arnold. »Sohn der Sturmwinde, kannst du uns von hier fortfliegen?«

»Uns alle? Ich meine, Euch auch, Eure Hoheit?«, fragte Arnold.

»Ja, ich werde euch so weit begleiten, wie es mir möglich ist.«

Arnold stimmte zu, bekam aber leichte Schnappatmung. Diesmal konnte Ava ihm nicht verübeln, dass seine Nerven blank lagen. Er hatte erst vor ein paar Stunden seine Flügel entdeckt, und jetzt sollte er schon die Königin der Unterwelt durch den Tartaros befördern, ohne zu viel Aufmerksamkeit zu erregen. Hoffentlich war er dem Druck gewachsen.

Persephone ergriff je eine Hand von Arnold und Ava und umklammerte sie mit ihren eiskalten Fingern. Fia nahm Arnolds andere Hand. Nur Layla zögerte. »Können wir Hekate nicht mitnehmen?«

»Du bist mir treu ergeben, Layla, und sehr freundlich, aber ich wurde von Zeus dazu verdammt, in Hades' Reich zu verweilen«, sagte die Greisin.

»Rettet meine Medusa. Damit helft ihr mir schon«, ergänzte die Mutter.

»Einige meiner Kräfte kann ich auch von hier aus einsetzen«, flüsterte das Mädchen mit einem Zwinkern.

Weiter oben hob ein Klagen und Kreischen an. »Ihr habt schon Glück, wenn euch selbst die Flucht gelingt. Sohn der Sturmwinde, flieg los!«, rief Persephone.

Layla packte Avas Hand. Arnold breitete die Flügel aus und hob entschlossen ab. Er schraubte sich so schnell in die Höhe, dass Ava sich der Magen umdrehte und ihr das Atmen schwerfiel. Über ihnen ertönten Schritte auf der Treppe und Rufe wie: »Da unten sind sie!«, dann wurde es um sie herum gleißend hell. Zuerst dachte Ava, sie würden durch Rauch schweben, aber die weiße Wolke war geruchlos und frostig kalt. Da bemerkte sie, dass Persephone dichten Winternebel auspustete, der sie einhüllte und verbarg.

»Flieg immer weiter nach oben«, wies Persephone Arnold leise an. Ava hatte keine Ahnung, wo die Grube zu Ende war. Im Schutz der Wolke stiegen sie höher und höher hinauf und schienen sich nicht nur im Raum, sondern auch in der Zeit zu verlieren. Vor Avas innerem Auge tauchte ihre Mom auf, wie sie am Abend, bevor sie zur Accademia aufgebrochen waren, zu Hause neben ihr auf der Bettkante saß. Ihr war sogar, als hörte sie ihre

Stimme: *Ich hab dich lieb. Du bist doch mein starkes Mädchen.*
Auch ihre Mom war stark. Sie hatte so viel mit sich selbst ausgemacht.

Nach Minuten oder Stunden – Ava konnte es nicht genau sagen – landeten sie schließlich, und zwar so elegant wie noch nie. Der kalte weiße Nebel löste sich auf und gab den Blick frei auf die eiserne Pforte des Tartaros. Der Zyklop verbeugte sich vor Persephone.

»Eure Majestät. Hades hat Charon und sein Gefolge soeben losgeschickt, um diese Eindringlinge zu schnappen.«

»Da bin ich ihnen wohl zuvorgekommen«, entgegnete Persephone. Sie schob Fia sanft nach vorn. »Der Harpyienjunge war ein bisschen übereifrig. Das Mädchen, das er uns gebracht hat, war noch nicht tot. Daher wird er sie zurück in die Welt der Lebenden geleiten.«

Arnold zuckte verlegen die Achseln, als hätte er der Vorfreude auf Fias blutiges Ende einfach nicht widerstehen können.

»Was die Empusa angeht, hat Hekate sich einen Scherz mit dir erlaubt. Sie darf keinerlei Besuch empfangen!«

»Verzeiht, Eure Majestät«, grummelte der Zyklop. »Ich dachte, die Empusa würde sich von nun an dauerhaft hier aufhalten …«

»Ich habe keine Zeit für deine Ausflüchte«, unterbrach Persephone ihn. »Gewähre ihnen Durchlass, dann berichte ich Hades, dass du getäuscht wurdest, und bitte ihn, Gnade walten zu lassen.«

Der Zyklop schrumpfte merklich. »Wie Ihr befehlt.« Er entriegelte die Pforte und öffnete sie mit einem Ruck seiner kräftigen Arme.

Unter seinem wachsamen Auge schlüpfte Ava, unsichtbar, wie sie war, noch vor Arnold, Fia und Layla durch das Tor. Geräuschvoll fiel es hinter ihnen ins Schloss, und Ava holte tief Luft. Hier auf dem Weg in die Welt der Lebenden war es schon deutlich heller. Sie nahm die Tarnkappe ab, damit die anderen sie sehen konnten.

»Kehrt zu dem Torbogen zurück, durch den ihr gekommen seid«, flüsterte Persephone. »Beeilt euch. Kerberos hat eure Fährte bestimmt längst aufgenommen. Ich bleibe hier, um Hades und Charon aufzuhalten.«

»Tut mir leid, dass wir Euch nicht befreien können«, meinte Ava leise.

Persephone wandte sich ab, um die Tränen in ihren grünen Augen zu verbergen. »Bis zum Frühling werde ich mich gedulden müssen. Sag meiner Mutter, dass ich sie lieb habe.«

Ava dachte an ihre eigene Mutter. Auch sie hatte man gezwungen, sich von ihrer Tochter zu trennen. Wut keimte in ihr auf und machte sie nur noch entschlossener. »Das werde ich.«

»Glaubt ihr, Medusa hat je erfahren, wer ihre wahre Mutter ist?«, fragte Ava, während sie durch den Tunnel eilten.

Fia zuckte mit den Schultern.

»Es könnte auch der Teil der Geschichte sein, den sie nicht kennt«, sagte Layla. »Mich interessiert aber vor allem, was Medusa *getan* hat.«

Fia hob drohend den Zeigefinger zur Decke.

»Etwas, das Zeus verärgert hat«, sagte Arnold. »Nur was?«

Fia deutete immer wieder auf die Decke.

»Klar! Medusa hat dem Olymp einen Besuch abgestattet. Sonst hätte Hestia doch gar nichts davon mitbekommen«, schloss Ava.

Laylas Miene hellte sich auf. »Weil sie das Herdfeuer im Thronsaal niemals verlässt. Das ist Hestias …«

Hundegebell übertönte den Namen der Göttin. Fia und Ava warfen sich einen besorgten Blick zu.

»Kerberos!«, wimmerte Arnold.

Ava schob ihre Freunde vorwärts und setzte die Tarnkappe auf. »Los, schnell!«

Sie rasten den Tunnel entlang, verfolgt vom Gebell, das immer lauter wurde und immer näher kam. Arnold versuchte, die Flügel zu spreizen, stieß dabei aber gegen die Wände. Sie waren also allein auf ihre Füße angewiesen. Kerberos' Krallen kratzten über den Boden. Die Aussicht auf lebende Beute ließ sein Kläffen und Heulen wilder werden. Er holte auf. Mit seinen drei Mäulern konnte er sich Fia, Layla und Arnold gleichzeitig schnappen und zerfleischen. Ava musste etwas tun.

»Lauft schon mal vor!«, rief sie Layla zu.

Fia schüttelte heftig den Kopf.

»Auf keinen Fall«, widersprach auch Layla.

Lautes Bellen. Ava blieb hartnäckig. »Kerberos ist ein Rüde. Ich kann ihn erstarren lassen. Los!«

»Nein, Ava, das ist zu gefährlich …«

Arnold wollte sie packen, griff aber ins Leere, weil sie nach wie vor unsichtbar war.

»Haut ab!«, zischte sie. »Bringt Fia hier raus.«

Hilflos schauten Arnold und Layla sich an, dann rissen sie Fia mit sich davon. Ava widerstand dem Drang, ebenfalls zu fliehen. Sie konzentrierte sich auf ihren Atem, damit er ruhiger wurde. Kerberos konnte sie zwar nicht sehen, aber er durfte sie auch nicht hören. Sie musste den Überraschungseffekt ausnutzen.

Das Knurren wurde lauter, und es roch nach Verwesung. Sie presste sich dicht an die Wand, als ein gigantischer Schatten in den Tunnel fiel. Sie unterdrückte das Zittern in ihren Armen und Beinen.

Der erste Kopf erschien. Er war so groß wie der eines Bullen, mit glühend roten Augen, einem riesigen Maul und muskulösem Nacken. Ava verhielt sich ganz still. Doch er schien ihre Anwesenheit zu spüren, denn er knurrte und entblößte dabei mehrere Reihen von Zähnen, ähnlich wie bei einem Hai. Und als wäre das nicht schon furchterregend genug, tauchte nun auch der zweite Schädel auf. Dicke Sabberfäden tropften aus dem Maul, und ein drohendes Grollen drang aus seiner Kehle. Dann schob sich Kerberos' dritter Kopf um die Ecke und schnüffelte mit erhobener schwarzer Schnauze. Mit den bärengroßen, krallenbewehrten Pranken setzte die Bestie zum Sprung an.

Avas Mund war staubtrocken. Sie war vor Angst so gelähmt, als hätte sie sich selbst eingefroren. Kerberos' Muskeln erzitterten, und in diesem Augenblick begriff Ava, dass er genau wusste, wo sie war – allein durch den Geruch. Sie riss die Tarnkappe runter, gerade als Kerberos einen Satz auf sie zu machte, und starrte in das Paar rote Augen, das ihr am nächsten war. Erschrocken wich der Hundekopf zurück und erstarrte mitten in der Bewegung. Schnell schaute sie zu dem zweiten und erwischte ihn nur Zentimeter von ihrem Arm entfernt. Doch ehe sie sich um den dritten

Kopf kümmern konnte, war er schon vorgeschnellt und biss ihr ins Bein. Der Schock verlangsamte Avas Reflexe, und so gelang es Kerberos, den Kopf wieder zurückzuziehen und ihrem Blick auszuweichen. Zu allem Übel war auch der Rest seines Körpers nicht komplett gelähmt. Er torkelte, als würde er gegen ein Betäubungsmittel ankämpfen. Der noch bewegliche Kopf wandte sich weiter von ihr ab und bellte wie verrückt.

Ava spürte warme Flüssigkeit ihr Bein hinabrinnen und sah nach unten. Zu ihren Füßen sammelte sich eine Pfütze aus Blut. Sie stolperte vorwärts, doch das Bein gab unter ihr nach. Kerberos hörte auf zu bellen und schnüffelte, Sabber troff ihm aus dem Maul. Er schüttelte sich und machte sich erneut bereit zum Angriff. Ava rutschte an der Wand hinab. Die Hundeköpfe vor ihren Augen verdoppelten sich und verschwammen. Dann verlor sie das Bewusstsein.

30

Ein klägliches Winseln weckte Ava. Mühsam öffnete sie die Augen. Kerberos' Krallen schabten über den Boden, während er versuchte, mit den noch halb gelähmten Vorderläufen vor Fia zurückzuweichen, die das Feuerzeug vor seiner Schnauze hin- und herschwenkte.

»Fia!«

Ava nahm ihre verbliebene Kraft zusammen und stolperte zu ihrer Freundin. Arnold und Layla fingen sie auf.

»Wir haben sie«, rief Layla. »Weg hier!«

Als Ava vorsichtig das verletzte Bein belastete, durchzuckte sie ein scharfer Schmerz und ihr Sichtfeld trübte sich wieder. Das Letzte, was sie noch sah, war Fias besorgte Miene.

Sie ließ die Augen geschlossen, frierend und zu müde, um zu sprechen, aber sie merkte, wie ihr Körper hochgehoben wurde. Sie rannten, dann flogen sie. Wohin, wusste sie nicht. Vielleicht hinauf in die Welt der Lebenden, vielleicht hinab ins Reich der Toten. Sie hörte Stimmen – ein Wirrwarr verschiedener Tonlagen –, verstand aber nichts. Ihr Herz schlug in immer größeren Abständen. Und in der Stille dazwischen drangen doch noch einige Worte zu ihr durch.

»Ich krieg sie nicht durch das Portal.«

»Es lässt sie nicht durch.«

»Weil sie stirbt!«

Sie sprachen über sie. Ava spürte ihre Finger und Zehen nicht mehr, konnte Arme und Beine nicht mehr bewegen. Das hätte sie eigentlich in Panik versetzen sollen, doch selbst dafür war sie zu schwach. Die Angst der anderen beunruhigte sie nicht. Ihr fehlte die Energie, sich darüber Gedanken zu machen. Die Stimmen klangen ohnehin undeutlich – monoton wie das Summen lästiger Insekten. Haut ab, dachte sie, lasst mich schlafen.

Dann aber drängte sich eine Stimme in den Vordergrund, mit der sie nicht gerechnet hatte.

»Nein! Sie darf nicht sterben!«

Jax?

Sie musste seinen Namen laut ausgesprochen haben, denn im nächsten Moment sah sie ihn über sich. Bestimmt halluzinierte sie nur. Warum sollte er in der Unterwelt sein? Er war doch in der Schule. Allerdings wirkte das blasse, vor Sorgen verkniffene Gesicht ziemlich echt.

»Bitte, Ava, bleib wach!«, rief er.

Auch wenn er vielleicht nur eine Fantasie ihres sterbenden Verstands war, versuchte sie, ihn anzulächeln, um ihn zu beschwichtigen. Sie wollte ihm noch so viel mit auf den Weg geben.

Sag Mom und Dad, dass ich sie lieb habe.

Sag Mom, sie soll nicht sauer sein.

Sag ihr, es war meine Entscheidung.

Bevor sie jedoch die Kraft aufbringen konnte, Worte zu formulieren, stach er sich in den Arm und fing an zu bluten. Sie wollte ihn anschreien, weil er sich selbst verletzt hatte. Aber jetzt war sie sich sicher, dass er nicht real war, sondern nur eine verstörende Wahnvorstellung ihres todgeweihten Hirns. Das Blut tropfte auf ihren Körper. Sie spürte die Wärme, als wäre es wirklich da, und ihr Herzschlag beschleunigte sich.

Dann ploppte es laut, und auf einmal lag Ava neben Jax im Mondlicht auf Strawinskys Grab.

Fia, Layla und Arnold hockten um sie herum. Mit angespannter, bleicher Miene richtete Jax sich auf. Ava hob den Kopf und warf einen Blick auf ihr Bein. Das Blut war versiegt, die Wunde verheilt. Erschöpft sank sie zurück. Ihr war noch etwas schwindelig.

»W-was ist passiert?«, brachte sie leise hervor.

»Ich glaube, dein Bruder hat seine Kraft entdeckt«, sagte Layla.

Jax atmete schwer und zitterte. Ein blutiges Rinnsal lief an seinem Arm hinab. Layla drückte ihre Hand auf den Schnitt. »Alles okay?«

»Ist nichts Ernstes. Nicht wie bei Ava«, schnaufte er.

Während der Schock nachließ, kehrte allmählich das Leben in Ava zurück, und damit auch ihre Stimme. Vorsichtig setzte sie sich auf. »Ich versteh das nicht. Wie bist du hierhergekommen?«

»Ich bin dir nach Poveglia gefolgt, um dich zu warnen«, antwortete er. »Medusa hat mir erzählt, dass du da warst …«

»Wie kann es sein, dass sie dich nicht versteinert hat?«, fragte Arnold.

»Sie hat mich schon von Weitem durchs Fenster gesehen und gemerkt, dass wir verwandt sind. Also hat sie mir geraten, sie nicht direkt anzuschauen. Und dann habe ich die anderen hier am Portal gefunden. Sie konnten dich nicht durchschleusen, Ava. Du warst fast ...« Er schluckte.

»Tot«, ergänzte Arnold. »Dein Bein sah richtig schlimm aus. So wärst du der Unterwelt nie entkommen.«

»Jax hat dir das Leben gerettet«, sagte Layla.

Ihr Bruder zuckte mit den Schultern, als wäre das keine große Sache. »Ich habe zu Gorgonen recherchiert. Und in ein paar Mythen hatte ihr Blut ... unser Blut ... heilende Kräfte. Ich musste es versuchen.«

»Also hat er mir eine Feder ausgerupft und mit der Spitze seinen Arm aufgeschlitzt«, sagte Arnold.

Ava blickte in Jax' rot unterlaufene Augen. Ja, vielleicht war er ihr nur aus einem Pflichtgefühl ihrer Mutter gegenüber gefolgt. Aber geheilt hatte er sie, weil er sie liebte. Daran zweifelte Ava nicht.

»Tut mir leid, dass ich dich einen Feigling genannt habe. Das bist du nicht. Überhaupt nicht«, sagte sie.

Jax schniefte. »Ich bin so froh, dass es dir gut geht ...«

Fia trat nervös von einem Fuß auf den anderen. Wahrscheinlich sollte das so was heißen wie: *Äh, Leute, das ist echt herzallerliebst, aber wir haben nach wie vor ein Riesenproblem.*

Ava stand auf und verlagerte das Gewicht erst nur leicht, dann immer mehr auf das verletzte Bein. »Wovor wolltest du mich eigentlich warnen?«

Jax sprang auf. »Mr Orion ist aus der Erstarrung erwacht und stinksauer. Er hat den Schulrat einberufen, um die Vorfälle zu diskutieren. Zeus, Poseidon und ein paar von den anderen Olympiern sind schon auf dem Weg zur Accademia. Vielleicht haben sie Nachsicht mit dir, wenn du schnell zurückgehst und dich entschuldigst.«

Hast du denn gar nichts begriffen, Jax?, wollte Ava schon sagen, aber obwohl ihr Bruder zu ihr hielt und sie liebte – er war eben immer noch der Alte. Er glaubte an das System und daran, dass die Götter nicht nachtragend waren.

»Du kapierst es nicht. Sie haben uns angelogen. Diejenigen, über die sie keine Kontrolle haben, schicken sie nicht einfach nur nach Hause. Sie quälen sie und bringen sie für immer zum Schweigen. Sorry, Jax, aber wir gehen nicht zurück. Nicht, bevor Fia ihre Stimme wiederhat.« Ava schüttelte heftig den Kopf.

Fia warf ihr einen dankbaren Blick zu und legte ihr eine Hand auf den Arm.

Ava umschloss sie mit ihrer und sah ihr in die Augen. »Das ist das Mindeste, was ich tun kann. Du hast mir da unten das Leben gerettet.« Sie wandte sich wieder an Jax. »Die Gottheiten bezeichnen uns als Monster, dabei sind wir gar keine. Wir sind nicht von Grund auf grausam. Genauso wenig wie Medusa.«

Dann erzählte sie ihm alles, was sie über ihre Vorfahrin rausgefunden hatten.

Das brachte Jax zum Einlenken. »Ich versteh dich ja, Ava. Was die Gottheiten da tun, ist nicht richtig. Aber denk daran, was Mom gesagt hat. Sie werden dich umbringen. Fast hätten sie es schon geschafft.«

»Du hast nur Angst, Jax. Das musst du nicht. Du bist stark. Du heilst Menschen. Komm mit uns. Wir können deine Hilfe gut gebrauchen.«

Jax betrachtete den Schnitt auf seinem Arm. Sein Blick wanderte von einem zum anderen, bis er schließlich auf Ava ruhte. »Das war echt stark von mir, oder?«

Ava nickte. »Aber bild dir bloß nichts darauf ein.«

Jax verdrehte die Augen. »Aye, aye, Chefin. Okay ... Wohin gehen wir als Nächstes?«

Wir. Sie grinste. »Du meintest doch, alle Gottheiten sind auf dem Weg zur Accademia, oder?«

»Nicht alle. Aber die Mächtigsten von ihnen. Zeus, Poseidon, Hades ...«

Fia schnipste mit den Fingern. Ava kam zum selben Schluss. »Perfektes Timing! Arnold, du musst uns wieder fliegen ...«

»Zurück in die Unterwelt?«, fragte Jax.

Ava schüttelte den Kopf. »In die andere Richtung.«

»Zum Olymp?!«

»Genau! Wenn Zeus und seine Brüder in der Accademia sind, können sie uns nicht davon abhalten, mit Hestia zu sprechen.«

Jax starrte Ava an, als hätte sie den Verstand verloren. »Sterbliche können nicht einfach in den Olymp spazieren. Er ist nur für göttliche Wesen sichtbar. Wie sollen wir etwas finden, das wir nicht sehen?«

»Wir müssen den Olymp gar nicht finden, nur die Horen«, entgegnete Ava.

Sie spähte zu Fia, die zustimmend nickte. Für die anderen fügte Ava als Erklärung hinzu: »Die Horen sind die Göttinnen der Zeit. Sie bewachen das Tor. Sobald wir auf sie stoßen, sind wir am richtigen Ort, und wenn sie uns erst reingelassen haben ...«

»Warum sollten sie uns reinlassen?«, unterbrach Layla.

Ava lächelte. »Weil es nicht *wir* sind, die sie reinlassen.«

Dann weihte sie die anderen in ihren Plan ein.

31

Arnold war fast so schnell wie ein Flugzeug, trotzdem brauchten sie ein paar Stunden, bis sie die griechische Küste erreicht hatten. Unterwegs erzählte Jax ihnen, wie der Rest der Schule auf den erstarrten Mr Orion und ihr Verschwinden reagiert hatte. Natürlich hatte Miss Klio Fia und ihre unerhörten Lügen über die Götter dafür verantwortlich gemacht. (Fia verdrehte die Augen.) Und Cassie hatte vorhergesagt, Mr Orion werde »sein Blut in der Flut« verlieren, was mal wieder keinerlei Sinn ergab. Zale hatte bei Mr Orion um Erlaubnis gebeten, Ava und die anderen suchen zu dürfen, aber der Schulleiter war nicht darauf eingegangen. Und währenddessen hatten Anahita und Morgan das Gerücht verbreitet, Ava würde auf Medusas Befehl die Accademia zerstören.

»Irgendwann wäre eh rausgekommen, dass wir von Medusa abstammen«, sagte Ava. »Vielleicht können wir jetzt wenigstens ihren Ruf retten.«

»Bevor oder nachdem die Götter uns in den Tartaros verbannt haben?«, fragte Jax.

»So schlimm ist es da unten auch wieder nicht«, meinte Arnold.

»Dein Ernst?«

»Nein, es ist schrecklich. Ich versuche nur, positiv zu denken.«

»Egal wie positiv ich denke, das hier ist eine furchtbare Idee«, entgegnete Layla.

Inzwischen hatten sie das griechische Festland überquert und glitten am Olymp entlang. Der höchste Gipfel des Bergmassivs war von einem Ring aus dichten Wolken umgeben.

»Der Legende zufolge liegt der Sitz der Gottheiten über den Wolken«, bemerkte Ava. »Arnold, kannst du durch sie hindurchfliegen?«

Arnold nickte, blieb dann aber auf der Stelle in der Luft schweben. Fragend schaute Fia ihn an.

»Alles okay?«, erkundigte sich Ava.

Arnold atmete tief durch. »Bevor wir von einem Donnerkeil zurück zur Erde katapultiert werden, wollte ich nur noch kurz loswerden, dass ich wirklich gern mit euch befreundet war.«

Statt die Augen zu verdrehen, wie Ava es von ihr erwartet hätte, drückte Fia ihre und wahrscheinlich auch Arnolds Hand.

»Sparen wir uns die gefühlsduseligen Ansprachen für den Tartaros auf«, meinte Jax.

»Niemand von uns landet im Tartaros.« Ava zog die Tarnkappe über. »Layla, bereit?«

»Ich glaube schon.« Konzentriert runzelte Layla die Augenbrauen.

»Los, Arnold!«, rief Ava.

Arnold stieg durch die Wolkendecke hinauf in dünnere Luftschichten. Hier war es weder hell noch dunkel, vielmehr herrschte ein seltsames Zwielicht. Einen Fußballplatz entfernt, auf einer

Wolkenplattform, standen drei Frauen und hinter ihnen ragte ein schimmerndes Tor aus Gold auf.

»Das sind die Horen«, flüsterte Ava.

»Du bist ein Genie«, sagte Jax aufgeregt. »Sie öffnen das Tor. Bestimmt weil sie Layla entdeckt haben.«

Layla – oder vielmehr Zeus – warf sich stolz in die Brust. Sie hatte sich in den König der Gottheiten verwandelt und war nun knapp zwei Meter groß, muskelbepackt, hatte einen braunen Bart und sprach mit tiefem Bass. »Die Horen sehe ich, aber kein Tor.«

»Es liegt genau vor uns«, sagte Ava.

»Ich kann es auch nicht sehen«, entgegnete Arnold.

Ava wandte sich an Fia. »Du?«

Fia verengte die Augen und schüttelte den Kopf.

»Und warum können wir es sehen?«, fragte Jax.

»Vielleicht sind wir mit den olympischen Gottheiten verwandt?«, schlug Ava vor.

»Über wen? Medusa? Wäre sie nicht im Olymp aufgewachsen, wenn sie Olympierin wäre?«

»Manche Göttinnen haben Zeus' Kinder vor Hera versteckt. Sie ist extrem eifersüchtig«, gab Ava zu bedenken.

Fia nickte zustimmend.

»Möglich, aber hätte Zeus sie dann nicht davor bewahrt, in ein Monster verwandelt zu werden?«, fragte Jax.

»Oder Medusa ist die Tochter einer anderen olympischen Gottheit. Hestia zum Beispiel …«

»Hestia hat keine Kinder«, meinte Layla.

»Na ja, mittlerweile wissen wir doch, dass die Mythen, die man uns beigebracht hat, nicht so ganz stimmen«, erklärte Ava. »Wir müssen tun, was Hekate gesagt hat: mit Hestia sprechen und uns anhören, was damals, als Medusa auf dem Olymp war, passiert ist. Jax und ich navigieren euch durch das Tor. Layla, geh einfach an den Horen vorbei. Es ist direkt hinter ihnen.«

»Sicher?«

»Du kannst uns vertrauen. Es ist da«, bekräftigte Jax.

»Denk dran, Layla, du bist hier der Boss. Du hast vor nichts und niemandem Angst. Außer vielleicht vor deiner Frau.«

Arnold schwebte zur Wolkenplattform und landete sanft. Die Wolken gaben unter ihnen nach wie Schaum, hielten ihr Gewicht aber. Steif verbeugten sich die Horen vor Layla. Aus der Nähe sahen sie alle unterschiedlich aus. Die erste war jung und schlank. Anstelle ihrer Haare wanden sich grüne Ranken vom Kopf bis zu den Füßen, und auf ihren Wangen blühten zwei pinke Rosen. Die zweite war älter, stämmig und rot im Gesicht. Das Orange ihrer Haare leuchtete, und auf ihrem Kleid wuchsen Äpfel und Kürbisse. Die dritte war die älteste und hatte überhaupt keine Haare. Eiszapfen hingen ihr an Kinn, Nase und Ohren, und sie trug ein Gewand aus Raureif.

Layla drehte sich zu Arnold und Jax um, wie sie es besprochen hatten. »Nur das Mädchen und ich betreten den Olymp. Ihr Jungs schert euch fort!«

Dann wandte Layla sich an die Horen, die von ihrem – oder eher Zeus' – Befehl nicht überrascht schienen. »Hera ist nicht zugegen, hoffe ich?«

Die drei Frauen schüttelten die Köpfe. Mit Unglücksmienen betrachteten sie Fia, sagten aber nichts. Ava fragte sich, warum. Hatte Zeus sie etwa auch zur Verschwiegenheit verdammt?

Layla marschierte mit Fia an den Horen vorbei. Doch als sie den Rand der Wolke erreichte, riss sie die Augen auf und hielt inne. Wahrscheinlich blickte sie in einen gähnenden Abgrund.

Die älteste der Horen neigte das Haupt, sodass sich ein Eiszapfen von ihrem Ohr löste und ihr auf die Füße fiel.

»Geh weiter«, wisperte Ava so leise wie möglich. »Vertrau mir.«

Layla holte tief Luft und trat über die Kante. Als nichts passierte, breitete sich ein Lächeln auf ihrem Gesicht aus.

Sie drehte sich noch einmal zu den Horen um. »Vielleicht sollte ich das Mädchen verwandeln, um es vor Hera zu verbergen. Zum Beispiel in eine Kuh. Oder einen Baum.«

An diese Art von Kommentar waren die Horen offenbar gewöhnt, denn sie gingen nicht darauf ein, sondern machten das Tor einfach wieder zu. Ava schaffte es nur knapp hindurch, ehe es mit einem Klick ins Schloss fiel. Was für dunkle Geheimnisse des Göttervaters hüteten die Horen wohl sonst noch?

Die Luft wurde wärmer, und Ava hatte das Gefühl, festen Boden unter den Füßen zu haben, obwohl sie nach wie vor im Himmel waren. Ein goldener Pfad schlängelte sich über einen Hügel, dicht bewachsen mit Blumen und Weinreben. »Seht ihr das?«, fragte sie Layla und Fia.

Die beiden nickten.

»Es ist alles vor mir aufgetaucht, nachdem ich durch das Tor gegangen bin«, antwortete Layla.

Intuitiv steuerte sie den größten der Marmortempel auf dem Hügel an. Bestimmt war das der Versammlungsort der Gottheiten, wo sich der Thronsaal befand. Dort würden sie auch auf Hestia treffen. Sie kümmerte sich um das Herdfeuer, das niemals erlöschen durfte.

Im Tempel bog Layla ein paarmal falsch ab. Aber sie hatten Glück und begegneten keinen anderen Gottheiten, nur einigen laufenden Tischen, für die Hephaistos so bekannt war. Die blieben entweder kurz stehen, um Layla Nektar anzubieten, oder trippelten nach einer respektvollen Verbeugung davon.

Schließlich erreichten sie ihr Ziel: eine Säulenhalle mit goldenem Boden und zwölf Thronen, die im Kreis um eine Feuerstelle angeordnet waren. Eine kleine Frau, nur wenige Zentimeter groß, kniete davor und stocherte mit einem eisernen Schürhaken in den niedrigen blauen Flammen. Beim Klang von Laylas Schritten drehte sie sich um. Sie hatte stumpfes, aschfarbenes Haar und bleiche Haut, als käme sie nie an die frische Luft. Layla wechselte einen verwirrten Blick mit Fia. Ava erriet ihren Gedanken. Konnte dieses winzige Geschöpf wirklich eine Göttin sein? Doch sie war die Einzige, die sich um das Feuer kümmerte. Fia nickte Layla aufmunternd zu.

»Sei gegrüßt, Schwester!«

Hestia sprang auf und starrte sie an. Zeus' Anblick schien sie in Unruhe zu versetzen. Reagierte sie immer so auf ihn? Ihre winzige Hand, in der sie den Schürhaken hielt, bebte.

»Ich zeige dem Mädchen meinen Thron«, verkündete Layla.

»Wer bist du?«, fragte Hestia in schrillem Tonfall.

»Was soll das heißen, wer bin ich? Ich bin der König des Olymps. Dein Bruder. Was ist denn nur …«

»Unsinn«, unterbrach die kleine Göttin sie unwirsch und

schwang den Schürhaken. »Du bist nicht Zeus. Sag mir, wen ich vor mir habe, sonst schlage ich Alarm.«

Schnell setzte Ava die Tarnkappe ab, fiel auf die Knie und kauerte sich zusammen, bis sie auf einer Höhe mit Hestia war. »Bitte nicht. Wir brauchen Eure Hilfe.«

Hestia verengte die Augen. »Ich weiß, wer du bist! Wegen dir hat Poseidon Zeus eine Nachricht geschickt.«

Layla verwandelte sich zurück in sich selbst, und sie und Fia knieten sich neben Ava. »Ihr habt recht, ich bin nicht Zeus. Ich wollte Euch nicht erschrecken.«

»Hekate schickt uns«, erklärte Ava. »Sie hat uns einen Teil der wahren Geschichte Medusas erzählt und uns gesagt, Ihr hättet den Rest miterlebt und könntet uns einweihen.«

»Ich habe keine Ahnung, wovon ihr redet«, erwiderte Hestia und stocherte wieder im Feuer herum.

Ava sank der Mut. Hatte Hekate sich getäuscht? Nein. Hestia wusste etwas. Sonst würde die winzige Göttin ihrem Blick nicht ausweichen.

»Ist Medusa *Eure* Tochter?«, fragte Ava.

Lachend warf Hestia den Kopf zurück. »Meine Tochter – ha! Als könnte ich dieses Feuer je lang genug aus den Augen lassen, um ein Kind zu empfangen und zu gebären. Scherzkeks.«

Ava glaubte ihr. Der bittere Unterton verriet, dass es keine Lüge war. Trotzdem hätte Hekate sie nicht auf Hestia angesetzt, wenn sie nicht wenigstens einen Teil des Geheimnisses lüften könnte.

»Erzählt uns doch einfach, was Ihr beobachtet habt, als Medusa hier war.«

Hestia kehrte Ava nach wie vor den Rücken zu. »Das steht mir nicht zu. Und nun hinfort mit euch, bevor euch jemand erwischt. Ich muss mich um die heilige Flamme kümmern. Schließlich habe ich eine Pflicht zu erfüllen. Wenn sie erlischt, erlischt auch das Licht der Welt. Ich kann nichts dazu sagen.«

Ava musste Hestia irgendwie umstimmen, und zwar schnell. »Auch nicht dazu, warum Ihr so klein seid?«

»Das war nicht immer so«, rechtfertigte Hestia sich. »Es liegt an der vielen Plackerei. Ihr solltet aufhören, freche Fragen zu stellen, und verschwinden.«

Ava dachte an ihre Mom. Sie zeigte immer vollen Einsatz, entweder im Haushalt, damit sie, Jax und ihr Dad sich wohlfühlten, oder im Elternrat, ohne dass ihr dafür gedankt wurde oder es auch nur jemand bemerkte. In Zukunft würde Ava die Arbeit ihrer Mutter mehr würdigen. Und plötzlich kam ihr eine Idee. »Nur noch eins. Dann gehen wir – versprochen. Woher wusstet Ihr, dass Layla nicht Zeus ist?«

»Ha! Zeus würde mich nie ›Schwester‹ nennen oder sich dazu herablassen, mir von seinen Plänen zu erzählen. Er kommandiert mich bloß herum … sofern er mich überhaupt zur Kenntnis nimmt.«

Genau wie Avas Mom wurde auch Hestia im Kreis ihrer Familie als selbstverständlich betrachtet. Und genau wie ihre Mom war sie nicht von Anfang an machtlos gewesen.

»Ihr habt früher auf einem der Throne gesessen, richtig?«, bohrte Ava weiter.

»Immerhin bringen sie euch an der Accademia ein paar Fakten bei. Ich saß auf einem Thron, bis ich eines Tages zu klein wurde und Zeus entschied, ihn lieber seinem Sohn Dionysos zuzuteilen«, erzählte Hestia.

»Wie unfair«, mischte Layla sich ein. »Dabei habt Ihr so eine wichtige Rolle. Viel wichtiger als der Gott des Weins.«

»Ihr wollt euch nur bei mir einschmeicheln.«

»Nein. Wir möchten Euch helfen … und anderen Frauen und Mädchen. Auch sie verdienen etwas vom Licht der Welt.«

Fia trat an die Feuerstelle.

»Zurück mit dir!«, blaffte Hestia.

Doch Fia rührte sich nicht.

»Was stimmt nicht mit ihr? Ist sie taub?«

»Nein, aber sie kann nicht sprechen. Orion hat ihr die Stimme genommen«, erklärte Ava.

In dem Moment klappte Fia das silberne Feuerzeug auf und ließ es über der Glut kreisen.

»Was soll das …«, hob Hestia schrill an, brach jedoch ab, als die Flammen höher züngelten.

Ava begriff. »Jetzt braucht Ihr es nicht mehr zu schüren und könnt kurz mit uns reden.«

Hestia schaute zwischen dem Feuer und Ava hin und her.

Hatten sie erreicht, dass sie sich etwas weniger klein fühlte? Ava hoffte es.

Hestia deutete auf Fia. »Du! Bring mich zu meinem Thron. Ich werde euch verraten, was ich weiß.«

Fias winzige Geste hatte den Ausschlag gegeben. Ava schenkte ihrer Freundin ein dankbares Lächeln.

Die öffnete ihre Hand für Hestia, sodass die Göttin im Taschenformat hoheitsvoll hinaufsteigen konnte, und trug sie zu dem mit Ranken umschlungenen Thron. Hestia wischte eine Weinrebe beiseite und ließ sich darauf nieder. Sie holte tief Luft und wurde allmählich größer. Ava, Layla und Fia versammelten sich zu ihren Füßen.

»Bis wohin hat Hekate euch die Geschichte erzählt?«, fragte Hestia, während sie immer weiter in die Höhe wuchs.

»Bis zu dem Punkt, an dem Zeus Lügen über sie in die Welt gesetzt hat«, sagte Ava. »Und dann soll Medusa etwas getan haben, das keine Gottheit vor ihr je gewagt hat …«

»Zumindest keine Göttin«, korrigierte Hestia finster.

»Ohne Einladung auf dem Olymp zu erscheinen?«, fragte Layla.

»Nicht nur das.« Inzwischen war Hestia fast so groß wie die Mädchen. Sie beugte sich vor und krallte die Finger in die Armlehnen. »Hört mir gut zu, denn ich werde es euch nur ein einziges Mal erzählen. Wir haben nicht viel Zeit.«

32

»Es war ein Tag wie jeder andere, als Medusa auf dem Olymp auftauchte. Zeus saß auf seinem Thron, erteilte den Gottheiten Befehle, lachte über das Unglück der Sterblichen, die nicht in seiner Gunst standen, und schwärmte von Frauen und Mädchen, deren Gestalt ihm imponierte. Ich kümmerte mich um das Feuer und achtete kaum auf sein Geschwätz. In Gedanken war ich bei den Menschenfrauen, die sich auf der Erde ihren schwierigen Aufgaben widmeten. Manchmal, wenn ich ihre Gebete hörte, schüttelte ich den Schürhaken, damit die herabregnenden Funken ihre heruntergebrannten Flammen neu entfachten. So konnte ich ihnen ein bisschen der harten Arbeit ersparen, die sie seit Anbeginn der Zeiten verrichteten. Zeus jedoch gefiel es nicht, wenn ich das Licht der Welt teilte, daher half ich den Leuten selten und verschloss meine Ohren vor ihrem Bitten.

Zeus' Lügen über Medusa waren mir bekannt. Unter uns Geschwistern bin ich die Älteste, die erste Tochter des Kronos' und der Rhea. Ich habe am längsten in meines Vaters Bauch verweilt und bin mit vorzeitlichen Intrigen vertraut. Doch einige der jüngeren Gottheiten erkannten nicht, dass Zeus bei den entsetzlichen Heldenliedern der Barden seine Hände im Spiel hatte.

232

An jenem Tag schwang Zeus also wie üblich seine primitiven Reden, als Medusa plötzlich in den Thronsaal platzte. Das allein war schon ein Schock für Zeus. Er konnte sich nicht erklären, wie sie an den Horen vorbeigekommen war, die ohne seine Einwilligung normalerweise keine Fremden einließen. Wie er im Nachhinein erfahren sollte, hatte sie an die älteste der Horen appelliert – Dike, die Göttin der Gerechtigkeit. Bei ihr war Medusa mit dem Argument, sie habe einen Anspruch auf Gerechtigkeit und Zutritt zum Olymp, auf offene Ohren gestoßen. Dike bezahlte dafür später mit ihrer Stimme. Auch die übrigen Horen sprechen, aus Solidarität zu ihrer verstummten Schwester, seitdem kein Wort mehr.

Medusa verbeugte sich nicht vor Zeus, sondern stand mit hoch erhobenem Haupt vor ihm und konfrontierte ihn mit seinen Lügen. Zeus stritt alles ab und behauptete, sie hätte sich das alles bloß ausgedacht. Das machte sie so wütend, dass sie laut wurde.

›Ihr verdient Eure Macht nicht! Sie beruht einzig und allein auf Grausamkeit! Und das wird Euch eines Tages das Genick brechen!‹, schrie sie.

Fluchtartig verließen die anderen Gottheiten den Raum, in der Gewissheit, dass Zeus nun Blitze nach ihr schleudern würde. Keine Göttin – und kein Gott – hatte es je gewagt, so mit ihm zu reden. Ich jedoch musste mich um das heilige Feuer kümmern und blieb, wo ich war. Zu der Zeit war ich schon so klein, dass Zeus mich nicht bemerkte oder um meine Anwesenheit scherte. In seinem Zorn schnappte er sich einen Donnerkeil und schüttelte ihn drohend.

›Deine Wut lässt dich zum Monster werden!‹, brüllte er. ›Genau das soll dein Schicksal sein. Von diesem Tag an wirst du ein Monster sein, das Männer in Stein verwandelt. Deine Kräfte werden schwinden, und deine Stimme wird deine Version der Geschichte nicht preisgeben können. Du wirst an einem verfluchten Ort hausen, den die Sterblichen aus Angst meiden.‹

Und bevor Medusa sich wehren oder auch nur zum Protest ansetzen konnte, löste sie sich mit einem Schwung seiner Hand in Luft auf.

»*Er* ist das Monster!«, meinte Ava entrüstet. »Nur weil sie ihm die Wahrheit ins Gesicht gesagt hat, hat er sie zum Schweigen gebracht! Genau wie Fia. Genau wie meine Mom.«

Erwartungsvoll sah sie Hestia an. Bestimmt teilte sie ihre Empörung. Aber die Göttin wirkte nachdenklich.

»Was?«, fragte Ava.

»Im selben Moment machte ich eine seltsame Entdeckung. Eine große Fliege war auf dem Köcher mit den Donnerkeilen gelandet. Zeus muss sie ebenfalls bemerkt haben, denn sein Blick ruhte auf ihr, ehe er sie mit der Faust schnappte und aus dem Thronsaal stürmte. Ich ...«

Doch ehe Hestia fortfahren konnte, ertönte ein ohrenbetäubender Schrei, und die Tür zum Saal wurde aufgestoßen.

33

Ava versuchte noch, die Tarnkappe aufzusetzen, da flatterte eine riesige Eule herein und schlug sie ihr aus den Händen.

»Ihr elenden Monster!«, kreischte die Eule mit weiblicher Stimme. »Wie könnt ihr es wagen, in Vaters Hallen einzudringen?«

Die Eule krallte sich in Avas Schultern und riss sie vom Boden hoch. Ava schrie vor Schmerz. Gerade rechtzeitig hängte Fia sich an ihre Füße, damit der Vogel sie nicht davontrug.

»Lass sie in Ruhe, Athene!«, befahl Layla, die wieder Zeus' Gestalt angenommen hatte.

Die Eule verwandelte sich in eine imposante Kriegerin und hielt Ava mit einem ihrer muskulösen Arme so fest umklammert, dass diese sich nicht mehr bewegen konnte. Ihre Schultern pochten und sie bekam kaum Luft.

Mit der anderen Hand richtete Athene den Speer auf Layla.

»Du kannst mich nicht täuschen, Empusa! Einen Schritt weiter, und ich spieße dich damit auf – oder sie.« Ihr behelmter Kopf deutete auf Ava.

Hestia rutschte von ihrem Thron und wurde wieder kleiner.

»Das sind doch noch Kinder«, beschwichtigte sie Athene.

»Warte nur, bis ich Vater berichte, dass du auf dem Thron meines Bruders gesessen hast. Spielst dich hier auf und vernachlässigst deine Aufgabe! Ich sollte dich bestrafen.« Athene näherte sich Hestia und zerrte Ava dabei hinter sich her. Schnell barg Fia die Göttin – auf das ursprüngliche Taschenformat zusammengeschrumpft – in ihrer Hand und drohte Athene mutig mit der Faust.

Ava versuchte, sich aus dem Griff der Göttin zu winden, schaffte es aber nicht.

»Diesen Aufstand hast du angezettelt, Chimära, nicht wahr?«, blaffte Athene Fia an. »Selbst ohne Stimme stiftest du noch Unruhe. Es wird Zeit, dass man dich in den Schädling verwandelt, der du ohnehin schon bist. In einen Wurm vielleicht, oder eine Kakerlake.«

»Wartet! Ihr wisst ja gar nicht, was passiert ist«, sagte Ava. Athene ignorierte sie. Der Speer fiel klappernd zu Boden, als sie die Finger nach Fia ausstreckte.

»Medusas Geschichte ist ganz anders, als Ihr denkt. Zeus hat ihr unrecht getan!« Ava ließ nicht locker.

Die Göttin packte Ava am Kragen und drehte sie herum, sodass sie sich Auge in Auge gegenüberstanden. »Lügnerin!«

Sie durchbohrte Ava geradezu mit ihrem kalten Blick. Gleich würde Athene *sie* in einen Wurm oder eine Kakerlake verwandeln. Trotzdem nahm Ava all ihren Mut zusammen und fuhr fort: »Es ist die Wahrheit. Hekate weiß es, und Hestia auch.«

»Und diesen zweitklassigen Göttinnen willst du Glauben schenken? Stattdessen soll mein Vater gelogen haben? Ausgerechnet mein großer, starker und aufrichtiger Vater!«

Sie war ein echtes Papa-Kind. Ausgeschlossen, dass Ava sie überzeugen konnte. Und wie sollte Athene es auch verstehen? Sie war die Tochter ihres Vaters, geradewegs seinem Kopf entsprungen. Sie hatte nicht mal eine Mutter, geschweige denn eine wie Ava, die sie liebte und alles tun würde, damit sie in Sicherheit war. Wobei, so ganz stimmte das nicht. Athene *hatte* eine Mutter: die Titanentochter Metis. Laut einer Prophezeiung jedoch sollte Metis einen Sohn gebären, der mächtiger war als sein eigener Vater Zeus. Daher hatte der Göttervater sie, als sie mit Athene schwanger war, durch eine List dazu gebracht, sich in eine Fliege zu verwandeln, die er anschließend verschlang. Aber sogar gefangen in Zeus' Kopf schaffte sie es, Athene das Leben zu schenken.

»Die Fliege!«, rief Ava.

»Welche Fliege?«, fragten Layla und Athene gleichzeitig.

»Hekate und Hestia haben beide im Zusammenhang mit Medusa ein Insekt erwähnt. Ein Glühwürmchen hat Hekate zu der Wolke geführt, auf der Baby-Medusa lag. Und Hestia hat eine Fliege auf Zeus' Köcher entdeckt, als er Medusa bestraft hat. Was, wenn das gar keine Insekten waren, sondern ...«

Layla klappte die Kinnlade runter.

»... Metis!«, schloss Ava.

Fia grinste breit.

»Das ist unmöglich! Mutter befand sich schon vor meiner Geburt im Körper von Vater. Sie hat mit dem schlangenhaarigen Monster nichts zu tun«, widersprach Athene.

»Und wenn sie entkommen ist?«, fragte Ava.

»Um Medusa zu helfen? Warum sollte sie das tun?«, empörte sich Athene.

Falls das, was Ava vermutete, stimmte, würde das auch erklären, warum Jax und sie das Tor zum Olymp sehen konnten. »Weil Mütter ihre Kinder nun mal lieben und sie beschützen.« Dabei dachte Ava an ihre eigene Mom.

Athene stampfte so heftig mit dem Fuß auf, dass der Thronsaal erbebte, und brüllte: »Metis hatte keine anderen Kinder, schon gar kein Monster wie Medusa!«

»Metis hat Hekate das Baby gezeigt. Das macht total Sinn! Bestimmt wollte sie es vor Zeus verbergen. Was schlau von ihr war, wenn man bedenkt, was er Medusa später angetan hat«, sagte Ava.

In Athenes grauen Augen zeigte sich keinerlei Regung. »Wenn dieses vermeintliche Kind meines Vaters mit Metis ein Mädchen war, wozu hätte sie sich dann die Mühe machen sollen, es zu verstecken? Dem Orakel von Delphi zufolge hätte nur ein Sohn ihn stürzen können.«

»Seid Ihr sicher, dass das Orakel explizit von einem Sohn gesprochen hat?«, fragte Ava. »Könnte es nicht auch eine Tochter gemeint haben?«

Athene lachte schallend. »Jungen wie Zeus und Perseus, die laut Vorhersage für den Untergang ihrer Väter und Großväter sorgen, müssen natürlich im Verborgenen bleiben. Aber wann hat man je von einem *Mädchen* gehört, das zur Bedrohung eines männlichen Herrschers wurde? Noch nie! Und das hat auch seine Gründe. Nur mein Vater und die anderen Götter haben die Kraft, die Welt zu regieren. Bestimmt nicht irgendein Monstermädchen, das auf die Hilfe von Kindern angewiesen ist.«

»Und wenn sie doch Eure Schwester ist?«, fragte Layla.

Athene blinzelte und Ava hatte kurz den Eindruck, den Hauch

eines Zweifels in den stahlgrauen Augen zu entdecken. Aber dann machte Athene einen drohenden Schritt auf Layla zu. »Ich habe keine Schwester! Außerdem ist Metis nicht mehr gesichtet worden, seit Vater sie verschlungen hat. Sie ist in seinem Körper gefangen. Und das ist auch gut so! Sie war ungehorsam, so wie ihr. Euch werde ich ebenfalls an ihn ausliefern. Er wird sich eine gerechte Strafe für euch überlegen.«

Im Handumdrehen verwandelte Athene sich wieder in die riesige Eule. Sie zog enge Kreise um sie, schlug mit den Flügeln und trieb sie mit ausgefahrenen Krallen immer dichter zusammen.

»Aber mein Bruder und ich haben das Tor zum Olymp gesehen!« Ava wich vor Athene zurück. »Wie kann das sein, wenn Medusa keine olympische Göttin ist?«

Das Kreischen der Eule übertönte ihre Stimme. Es hatte keinen Sinn, Athene überzeugen zu wollen. Sie würde sich immer auf die Seite der Männer stellen, und da sie eine Frau war, konnte Avas Kraft ihr nichts anhaben. Sie hatten keine Chance.

»Das genügt, Athene!«, schrie jemand.

Sie wirbelten herum. Hestia stand am Feuer, jetzt wieder in menschlicher Größe. Sie hielt einen Krug in der Hand. »Wenn du sie nicht gehen lässt, lösche ich die heilige Flamme.«

»Das wirst du nicht tun, du alte Närrin!« Athene nahm wieder ihre normale Gestalt an. »Dafür schicken sie dich in den Tartaros.«

Hestia zuckte mit den Achseln. »Sollte das Licht der Welt aufhören zu leuchten, werden du und dein Vater und alle anderen mit mir zusammen in ewiger Dunkelheit sitzen. Dann wird die gesamte Erde zum Tartaros.«

»Du bist doch nicht bei Trost!«, schimpfte Athene, aber ihre Stimme zitterte. Zum ersten Mal zeigte sich bei ihr so etwas wie Angst.

»Nein. Mir reicht es einfach«, entgegnete Hestia matt. »Diese Welt ändert sich nie. Falls die Kleine recht hat und Medusa die Prophezeiung erfüllt – wofür es stichhaltige Argumente gibt –, besteht noch Hoffnung für Frauen und Mädchen. Sogar für die ohne eine Stimme, zu denen ich selbst lang genug gezählt habe.«

»Stell den Krug weg, bevor ich dich zwinge!«, befahl Athene.

Doch genau wie Fia weigerte sich auch Hestia, ihr zu gehorchen. »Eine falsche Bewegung, eine Verwandlung, und ich werde die Flamme löschen! Du kannst mich nur umstimmen, indem du den Olymp verlässt, jetzt sofort, und zwar allein.«

Um ihre Entschlossenheit zu demonstrieren, ließ sie den Krug leicht nach vorn kippen. Ein Tropfen Wasser fiel auf die Feuerstelle. Es zischte und Rauch stieg auf.

»Nicht!«, kreischte Athene.

Hestia neigte den Krug weiter.

»Dafür wird Vater dich bestrafen!«

»Ich habe keine Angst mehr vor ihm. Oder vor dir.« Hestia klang müde. »Hau ab! Bevor ich das Reich deines Vaters in den kalten, grausigen Ort verwandle, den er verdient.«

Athene knirschte mit den Zähnen. »Für diese Demütigung wirst du noch büßen!« Sie machte auf dem Absatz kehrt und marschierte aus dem Thronsaal.

Schnell reichte Fia Hestia das Feuerzeug. Die Göttin hielt es an die Flamme und fütterte das Feuer, bis es wieder so hoch loderte wie vorher.

Fia verbeugte sich vor der Göttin. Ebenso Ava und Layla. »Wir danken Euch.«

Hestia bedeutete ihnen, sich aufzurichten, und gab Fia das Feuerzeug zurück. »Ich bin *euch* zu Dank verpflichtet. Leider habe ich euch so nur ein bisschen mehr Zeit verschafft. Eine Göttin müsst ihr noch aufsuchen ...« Ava ahnte, welche, bevor Hestia ihren Namen nannte: »Metis.«

»Glauben Sie, Avas Theorie stimmt?«, fragte Layla. »Dass Medusa die zweite Tochter von Metis und Zeus ist?«

»Das weiß ich nicht. Wie Athene bereits sagte, widerspricht es der Geschichte, wie wir sie kennen. Aber im Laufe der Äonen musste ich stets aufs Neue feststellen: Die Geschichte ist das, was die Mächtigen erzählen. Doch dabei handelt es sich nicht immer um die Wahrheit.«

»Das könnt Ihr wohl laut sagen«, bekräftigte Ava, und Fia nickte.

»Aber eins weiß ich ganz genau«, fügte Hestia noch hinzu.

»Und das wäre?«, erkundigte sich Ava.

»Metis ist die klügste Göttin von allen und die Einzige, die euch und Medusa vor dem Zorn der olympischen Gottheiten schützen kann. Ihr müsst sie finden, und zwar schnell.«

34

»Zuletzt gesichtet: in Zeus' Faust«, sagte Jax. »Das ist nicht besonders hilfreich.«

Es dämmerte bereits. Sie hockten im Norden Griechenlands in dem einzigen Versteck, auf das sie gestoßen waren: einer verlassenen Schäferhütte auf einem Hügel. Jax hatte die Schnitte von Athenes Krallen in Avas Schultern geheilt, während sie ihm und Arnold Hestias Teil der Geschichte erzählt hatte.

In der runden Hütte hatten sie ein paar trockene Brote und einige Feldflaschen mit Wasser entdeckt. Fia hatte ein Feuer gemacht, gerade so groß, dass es die Kälte verjagte, aber hoffentlich klein genug, dass der Rauch weder Menschen noch Gottheiten anlockte. Die Flammen warfen Schatten auf die Steinwände: Arnolds Flügel, die auf dem Rücken zusammengeklappt waren, Laylas Haare, die wegen ihrer Nervosität mal lang, mal kurz wurden, Fia, die stumm auf und ab tigerte und das Feuerzeug aufflammen ließ. Ava war genauso angespannt wie die anderen. Wie viel Zeit blieb ihnen, bevor man sie aufspürte? Athene hatte mit Sicherheit kein Geheimnis aus ihrem Einbruch im Olymp gemacht. Die »Göttin der Helden« hatte sie eh auf dem Kieker. Ihre einzige Hoffnung – Fias einzige Hoffnung – bestand darin, Metis zu finden.

»Zeus hat sie bestimmt nicht noch mal gefressen, wenn sie beim ersten Mal schon entwischt ist ...«, meinte Layla.

»Aber er würde sie auch nicht einfach davonkommen lassen. Er muss sie irgendwo eingesperrt haben. Nur wo?«, fragte Jax.

»Im Tartaros?«, schlug Arnold vor.

»Möglich. Aber dann wäre sie längst Hekate begegnet. Oder Persephone hätte sie erwähnt«, gab Layla zu bedenken.

»*Ein* Ausflug in den Tartaros hat mir gereicht«, warf Ava ein, und niemand widersprach ihr.

»Es muss ein Ort sein, an dem Zeus sie im Auge behalten kann. So wie er uns im Auge behält«, sagte Arnold.

»Die Accademia!«, rief Ava.

»Ha, ha, sehr witzig«, erwiderte Layla.

»Das war kein Witz.« Ava ergriff Fias Arm. »Die Fliegenköder an Mr Orions Fenster! Was, wenn es ihm gar nicht darum geht, dass die Insekten draußen bleiben ...« Fias Miene hellte sich auf. »... sondern drinnen! Was, wenn Zales Job etwas mit Mr Orions ›Insektenproblem‹ zu tun hat?«

»Zale arbeitet für ihn?«, fragte Layla.

»Er hilft ihm im Büro, aber was er tut, ist streng geheim«, sagte Jax aufgeregt. »Er ist fast jeden Tag da.«

»Zale hat mir mal erzählt, es gäbe ein Monster in Mr Orions Büro«, ergänzte Arnold. »Damit könnte er auch die Göttin gemeint haben.«

»Wir müssen zurück zur Schule«, beschloss Ava.

»Das ist doch Wahnsinn! Da laufen wir den Gottheiten direkt in die Arme«, jammerte Layla.

»Nicht unbedingt. Athene hat mit Sicherheit Alarm geschlagen, nachdem sie uns auf dem Olymp angetroffen hat. Wahrscheinlich sind die Götter also wieder dorthin umgekehrt.«

»Auch wenn sie nicht mehr in der Accademia sind – an Mr Orion kommen wir nicht vorbei. Und ich wette, er ist noch viel wütender als vorher«, sagte Layla.

Sie hatte recht. Orion war bestimmt fuchsteufelswild. Aber das jagte Ava keine Angst ein, es ärgerte sie nur. Warum warf man Göttern nicht vor, außer Kontrolle geratene Monster zu sein, wenn sie sauer wurden? Göttinnen wurden immer sofort als zu emotional abgestempelt. Hera war eifersüchtig, Aphrodite launisch. Nur Athene durfte ausrasten und war trotzdem »die Weise«, vermutlich weil ihre Wut sich normalerweise gegen andere Frauen wie Arachne richtete oder weil sie sich nur im Namen ihrer tollen männlichen Helden aufregte, wie für Odysseus. Orion würde Ava kleinmachen, genau wie Owen. Seine Gefühle waren schließlich wichtiger als ihre. Aber vielleicht … vielleicht konnten sie sich seinen Zorn zunutze machen.

»Seine Wut könnte auch ein Vorteil für uns sein«, sagte sie. »Ich hab da eine Idee …«

Arnold flog mit der Morgendämmerung um die Wette zurück nach Venedig und schwebte hinunter zu Avas und Laylas Zimmerfenster, gerade als die schwimmende Stadt aus der Dunkelheit auftauchte. Layla hebelte es von außen auf, und sie kletterten leise hindurch. Drinnen schnitt Ava ihr Laken in Streifen, mit denen Jax Arnold und Fia die Hände auf dem Rücken fesselte.

Für Ava war es besonders seltsam, denn sie fesselte sich sozusagen selbst die Hände und verband sich dann auch noch die

Augen. »Sorry«, sagte sie, während sie Layla knebelte, die sich in sie verwandelt hatte. »Aber je hilfloser ich wirke, desto weniger wahrscheinlich ist es, dass Orion irgendetwas unternimmt, außer zu schimpfen.«

»Kein Problem. Ich hoffe nur, es funktioniert«, erwiderte Layla.

»Schlau genug für eine Halbgöttin bist du jedenfalls, Ava«, meinte Arnold.

»Halbmonster sind auch schlau.« Ava verknotete Laylas Augenbinde.

Fia nickte zustimmend.

»Eine Sache verstehe ich irgendwie immer noch nicht«, sagte Jax. »Laut Überlieferung hatte Medusa keine Kinder, als sie verflucht wurde. Das heißt, sie muss erst danach eins bekommen haben. Aber wie soll das funktionieren, wenn sie grundsätzlich alle Männer in Stein verwandelt?«

Das war eine gute Frage.

»Keine Ahnung«, sagte Ava.

»War der Vater von Medusas Kind nicht im Stammbaum verzeichnet?«, fragte Layla.

»Nein. Da waren nur die Nachkommen von Medusa aufgeführt. Vielleicht weiß Metis mehr. Apropos: Wir sollten los, bevor der Rest der Schule aufwacht.«

Ava setzte sich die Tarnkappe auf. Jax' Frage ließ ihr zwar keine Ruhe, aber dafür war jetzt keine Zeit. Sie folgte ihrem Bruder durch die noch dunklen Flure zu Mr Orions Büro. Ein gelber Schimmer drang unter der Tür hindurch, der Schulleiter war also auf den Beinen. Hatte er überhaupt geschlafen?

»Ava«, wisperte Jax.

»Ja?«

Er zog die Augenbrauen so besorgt zusammen, dass Ava schon dachte, ihm wäre der Plan doch zu riskant, um ihn durchzuziehen. Stattdessen sagte er nur: »Denk dran: Ich bin auf deiner Seite.« Ehe sie etwas erwidern konnte, hämmerte er gegen die Tür.

»Mr Orion! Mr Orion!«

Die Tür wurde aufgerissen. »Was?«

Vor ihnen ragte Mr Orion auf. Er wirkte noch größer, als Ava ihn in Erinnerung hatte. Er hatte Ringe unter den Augen und mahlte mit dem Kiefer. »Jaxon Baldwin! Wo bist du gewesen, junger Mann?«

Ava wich mit einem Sprung aus, als der Schulleiter Jax am Kragen packen wollte.

»Ich habe sie gefunden, Sir!«, sagte Jax.

Mr Orion ließ den Arm sinken. »Wie bitte?«

»Meine Mom hat mir eingebläut, ich soll Ava sofort zur Accademia zurückbringen, falls sie mal ausreißt. Deswegen habe ich nach ihr gesucht. Und die anderen habe ich auch erwischt.«

»Wo sind sie?«

»Liegen gefesselt in Avas Zimmer.«

Orion schaute skeptisch drein. »Und das hast du ganz allein geschafft?«

Ava warf Jax einen verzweifelten Blick zu, den er nicht sehen konnte. Orion kaufte ihm die Sache nicht ab. Nach seinem Wissensstand hatte Jax bisher nicht mal seine Kraft gefunden. Das hatte sie nicht bedacht. Wie glaubhaft war es, dass er im Alleingang drei rebellische Mitschülerinnen und Mitschüler überwältigt hatte?

»Mein Zimmernachbar hat mir geholfen«, sprudelte es aus Jax heraus. »Er kümmert sich gerade noch um Layla.«

»Zale?« Sofort wirkte Mr Orion wesentlich überzeugter. »Natürlich! Der wollte Ava ja von Anfang an unbedingt finden.«

»Ich habe ihn auf die richtige Spur gebracht«, erwiderte Jax. »Und mit seinem Körpereinsatz ...«

»Und deinem Köpfchen ...« Mr Orion klopfte Jax auf die Schulter. »Du hast der Accademia alle Ehre gemacht, mein Sohn. Und mir.«

Vor sechs Monaten wäre Ava neidisch auf so viel Lob gewesen. Heute wusste sie, dass es nichts wert war. Sie schlüpfte ins Büro, kurz bevor Mr Orion die Tür hinter sich zuschlug. Ava konnte gerade noch rechtzeitig ausweichen.

Sie war drin.

35

Zum zweiten Mal schaute Ava sich nun im Büro um: Fliegenköder am Fensterrahmen, Aktenschrank, Schreibtisch, Tierköpfe.

»Metis«, rief sie leise.

Keine Antwort. Nicht, dass Ava eine erwartet hätte. Bestimmt war Metis irgendwo eingesperrt. Und falls sie immer noch in Fliegengestalt war, in der Zeus sie geschnappt hatte, konnte sie in einem ziemlich kleinen Gefängnis stecken.

Ava zog die oberste Schublade von Mr Orions Schreibtisch auf und durchwühlte Stifte und Stempelkissen, Umschläge und Papierkram. Das Interessanteste, was sie fand, war ein halb fertiger Entwurf für einen Brief einer »Ehemaligen«, die ihre monsterlichen Fehltritte an der Accademia zutiefst bereute, zum Beispiel das »Ankokeln einer Lehrkraft«. Allerdings war diese Formulierung durchgestrichen und ersetzt worden durch »Versuch, eine Lehrperson bei lebendigem Leibe zu verbrennen«. Offenbar hatte Mr Orion seiner Wut letzte Nacht freien Lauf gelassen und schon mal Fias künftigen Briefwechsel mit ihm vorbereitet.

Beim Inhalt in Schublade zwei wurde Ava aus einem anderen Grund flau im Magen. Darin entdeckte sie nämlich einen mumifizierten Skorpion. Das an sich wäre eigentlich nicht schlimm gewesen – eher cool –, hätte daneben nicht ein Stapel Liebesbriefe von Artemis gelegen, der Göttin der Jagd.

»Erinnerst du dich noch an den Tag, als wir diesen Riesenskorpion getötet haben? Das war magisch«, hieß es im obersten.

Ava hatte ganz vergessen, dass die allein lebende Artemis, die sonst nie Interesse an Männern oder Dates gezeigt hatte, irgendwann überraschend Orion verfallen war. Niemand war besonders glücklich darüber gewesen, am wenigsten ihr Zwillingsbruder Apollon. Ava konnte das nur zu gut verstehen. Beim Gedanken an die mit Orion kuschelnde Artemis schob sie die Schublade mit Schwung wieder zu.

In der untersten fand Ava einen armseligen Brief mit Schmeicheleien von Mr Orion an Poseidon. »Einen besseren Vater könnte ich mir nicht wünschen, auch wenn ich dich kaum zu Gesicht bekomme. Natürlich würde ich gern öfter mit dir sprechen, aber du sagtest, ich solle dich nur in Notfällen kontaktieren …« Fast hatte Ava Mitleid mit Orion – hätte er Fia nicht die Stimme genommen.

Als Nächstes widmete sie sich dem Aktenschrank, blätterte durch die alphabetisch nach Namen sortierten Mappen und schaute sogar unter die Möbel. Nichts. Sie sah unter dem Teppich nach, ob sich dort eine Geheimtür verbarg. Nichts. Warf einen Blick in das Meeresschneckenhaus. Nichts. Spähte in das Terrarium. Konnte die Fliege sich da verstecken? Doch nichts summte darin herum.

Aber dann betrachtete sie die Pflanzen genauer. Sie hatten ovale Knospen mit spitzen grünen Stacheln am Rand. Einige davon waren geöffnet wie klebrige Münder mit winzigen Zähnchen. Ava schnappte nach Luft. Venusfliegenfallen!

In dem Moment klopfte es.

Sie fuhr hoch.

»Mr Orion, sind Sie da?«

Zale!

Ava erstarrte, ihr Atem beschleunigte sich. Die Bürotür war doch abgeschlossen, oder? Falls ja, kam Zale nicht rein. Sie brauchte nur leise zu sein, dann würde er woanders nach Mr Orion suchen. Einfach ruhig bleiben und abwarten, redete sie sich gut zu.

Plötzlich aber durchzuckte sie ein schrecklicher Gedanke. Sobald Zale Mr Orion fand, würde Jax' komplette Story als Lüge entlarvt. Sie musste ihn aufhalten.

Sie schnappte sich das Schneckenhaus und schleuderte es quer durchs Zimmer. Eigentlich hatte sie auf die Wand gezielt, aber stattdessen krachte es in das Glas des Bildes mit den olympischen Gottheiten. Ups, dachte Ava.

»Mr Orion, ist alles in Ordnung bei Ihnen?« Zale rüttelte an der Tür. »Was ist da drinnen los?«

Ava schlich auf Zehenspitzen zur Tür und schloss auf. Mit Schwung flog sie auf, und Ava sprang zurück. Zale sah sich im Büro um, geradewegs durch Ava hindurch.

»Was zum …«

Er entdeckte das zersplitterte Porträt und stürzte zum Terrarium. Auf leisen Sohlen folgte Ava ihm. Er griff nach dem silbernen Ring am Deckel. Statt jedoch daran zu ziehen, fing er an zu singen:

Öffne Glas und Kasten nun,
Die Kraft des Gottes wird es tun.
Löse das Siegel und hebe den Bann,
O Zeus – damit ich sie erreichen kann!

Es ploppte laut, als hätte man ein Gurkenglas aufgedreht. Zale nahm den Deckel vom Terrarium, steckte den Kopf hinein und verengte die Augen. »Warst du das?«

Eine der stacheligen Knospen wackelte. »Ich?«, surrte ein hohes Stimmchen aus dem Inneren. »Wie denn? Ich bin doch gefangen hier drin.«

Metis!, hätte Ava am liebsten gerufen.

»Wer soll es sonst gewesen sein?«, blaffte Zale. »Außer dir ist hier niemand.«

»Dürfte ich wohl meinerseits eine Beobachtung äußern, wenn auch nicht ganz so scharfsichtig wie deine?«, sagte die surrende Stimme. »Die Fliegenfallen wurden gestern Abend weder gewässert noch gefüttert. Nicht von dir, und auch nicht von Orion. Da frage ich mich, was euch beide derart ablenkt. Gibt es vielleicht Schwierigkeiten an der Accademia?«

»Halt die Klappe«, sagte Zale.

»Vielleicht kann ich ja helfen. Ich bin ziemlich geschickt darin, Probleme zu lösen. Allerdings lässt es sich wesentlich besser nachdenken, wenn man nicht in einer fleischfressenden Pflanze feststeckt.«

Zale schnaubte. »Du glaubst doch wohl nicht, ich würde dich freilassen! Zu schade, dass du nicht verdaut wirst wie die anderen Insekten.«

»Die Fliegenfalle ist durch meine Unverdaulichkeit ebenfalls ziemlich frustriert. So leid mir das tut, ich bin nun einmal unsterblich. Aber möglicherweise kommt die Pflanze ja schon bald in den Genuss eines weitaus schmackhafteren Mahls«, sagte Metis.

»Wovon sprichst du?«, brummte Zale.

»Ach, beachte mich gar nicht. Ich bin machtlos hier drin und rede einfach gern.«

»Mach ruhig. Das Glas ist schalldicht, dich hört sowieso niemand«, meinte er.

Er legte den Deckel wieder obenauf, murmelte etwas von wegen »Nervensäge« und stimmte dann eine abgewandelte Version des Zaubers an:

Schließe Glas und Kasten nun,
Die Kraft des Gottes wird es tun.
Verdichte das Siegel und erneure den Bann,
O Zeus – damit sie nicht entweichen kann!

Ava drückte sich flach gegen die Wand, als Zale an ihr vorbei aus dem Büro ging und die Tür hinter sich zuknallte.

Er würde weiter nach Mr Orion suchen. Ava blieb nicht viel Zeit. Sie ergriff den silbernen Ring auf dem Deckel des Terrariums und sang die magischen Worte:

Öffne Glas und Kasten nun,
Die Kraft des Gottes wird es tun.
Löse das Siegel und hebe den Bann,
O Zeus – damit ich sie erreichen kann!

Sie wartete auf das Ploppen, aber nichts passierte. Testweise zog sie am Ring. Der Deckel gab nicht nach. Bei Zale hatte es doch geklappt, warum bei ihr nicht? Sie versuchte es erneut, diesmal langsamer. Die Worte hatte sie sich richtig eingeprägt, da war sie sicher. Trotzdem blieb der Deckel verschlossen. Vielleicht funktionierte der Zauber nur bei Zale und Mr Orion? Schließlich unterstanden sie Zeus' Befehl. Und so probierte Ava eine eigene Version aus:

Öffne Glas und Kasten nun,
Die Kraft der Göttin wird es tun.
Löse das Siegel und hebe den Bann,
O Hestia – damit ich sie erreichen kann!

Es ploppte, und Ava hob den Deckel vom Terrarium.

»Danke«, sirrte eine Stimme von unten. »Und jetzt stell die Abdeckung zur Seite, bevor sie dir noch runterfällt.«

»Ihr könnt mich sehen? Aber ich trage doch die Tarnkappe«, sagte Ava.

Metis lachte. »Ich bin Meisterin des Unsichtbaren, wie alle älteren Frauen. Bloß bin ich noch um einiges älter als die meisten und habe viel Übung. Ich nehme oft wahr, was anderen entgeht. Außerdem habe ich deinen Atem und deine Schritte gehört.«

»Ich dachte, ich war leise«, meinte Ava.

»Oh, das warst du auch. Der Zyklop hat nichts bemerkt.«

Ava war erleichtert. Aber sobald Zale Mr Orion und die anderen fand, würde er kapieren, dass sie ihn reingelegt hatte. »Wie kann ich Euch befreien?«

»Kitzle die Stacheln am Maul der Fliegenfalle, dann hält sie dich für ein Insekt und öffnet sich.«

Ava befolgte die Anweisung. Langsam ging die Knospe auf, und eine leuchtend blaue Fliege schoss heraus. Sie schwirrte über den Schreibtisch und landete auf Mr Orions Stuhl, wo sie sich in eine junge Frau mit schwarzen Augen und lockigen blausilbernen Haaren verwandelte. Ihre Haut schillerte. Automatisch verbeugte Ava sich vor ihr.

»Verschwende deine Zeit nicht mit solchen Albernheiten«, sagte Metis. »Ich bin nicht wie mein damaliger Ehemann, der es nur auf stupiden Gehorsam abgesehen hat. *Ich* habe zu danken. Sag mir, Kind, wie ist dein Name und warum hast du mich gerettet?«

Ava richtete sich auf. Sie könnte behaupten, sie habe Metis einfach aus ihrer misslichen Lage befreien wollen, nachdem sie davon erfahren hatte, aber Metis wirkte zu schlau, um auf solche Schmeicheleien hereinzufallen.

»Ich heiße Ava und brauche Eure Hilfe. Meine Freundin Fia hat die Olympier verärgert.«

Metis lächelte milde. »Welches kluge Mädchen tut das nicht? Was ist denn passiert?«

Ava erklärte ihr rasch die Situation. Dass man Fia die Stimme geraubt hatte. Dass sie die auf Poveglia gefangene Medusa aufgesucht hatten. Und dass ihre Kräfte laut Orakel wiederhergestellt werden konnten, wenn man ihr nur die ganze Wahrheit über sie erzählte.

»Und ich glaube, ihre Geschichte beginnt mit Euch. Ich glaube, Medusa ist Eure Tochter«, schloss Ava.

Metis musterte Ava aus dunklen Augen, sagte jedoch nichts.

»Habt Ihr mich gehört?«, fragte Ava.

Metis blickte auf das Porträt der olympischen Gottheiten. »Sind dir die Mythen denn nicht bekannt, Kind? Meine Tochter ist Athene. Eine andere habe ich nicht.«

Fast hätte Ava an sich gezweifelt. Dann aber erinnerte sie sich an das Gesicht ihrer Mom. »Ich weiß, dass Ihr nur versucht, Medusa zu schützen. So sind Mütter eben.«

Metis' Kinn zitterte, und sie sackte auf dem Stuhl zusammen. »Bei Zeus ist mir das nicht gelungen. Ich wollte sie schützen, aber ich kam zu spät.«

Ohne darüber nachzudenken, trat Ava vor die Göttin und nahm ihre Hände. Licht pulsierte hindurch, als Ava sie sanft drückte. »Ihr konntet sie vielleicht damals nicht beschützen, aber jetzt könnt Ihr ihr helfen.«

Metis seufzte schwer. »Und ihre Kräfte wiederherstellen, damit Zeus sie erneut bestraft?«

»Früher hatte sie keine Ahnung, wer sie ist«, sagte Ava. »Überlegt doch mal, wie viel Kraft es ihr geben wird, wenn sie erfährt, dass sie Eure Tochter ist!«

Metis' Ebenholzaugen richteten sich auf Ava. »Schlaues Mädchen. Du hast recht! Aber *du* musst es ihr mitteilen. Würde ich es selbst tun, würde Zeus sofort alles durchschauen, und dann wäre niemand von uns mehr sicher. Mir war von Anfang an bewusst, wer du wirklich bist, Ava.«

»Eine Gorgone. Und das ist okay. Wir sind nicht so, wie die Leute glauben. Das ist mir mittlerweile klar geworden«, erwiderte Ava.

Metis betrachtete sie amüsiert. »Eine Gorgone? Nein, mein liebes Kind. Du bist eine Göttin.«

36

»Nachdem Athene Zeus' Kopf entsprungen war, entwischte ich durch sein Ohr.« Metis stand hinter Mr Orions Schreibtisch und beobachtete den morgendlichen Bootsverkehr auf dem Kanal, während sie Ava alles erzählte.

»Er erholte sich gerade und merkte nicht, wie ich mich durch seinen Gehörgang wand. Die Schmerzen, die ich dabei verursachte, konnte er nicht von dem Kopfweh trennen, das ihn nach der Geburt unserer Tochter quälte.

Zeus hatte mich nur aus einem Grund gefressen: Angst. Er wusste, ich hatte die Macht, ein Kind zur Welt zu bringen, das ihn laut Prophezeiung stürzen würde. Und er wusste, dass er sein Verhalten Frauen gegenüber – ob sterblich oder unsterblich – nicht guthieß. Dennoch liebte er mich und schätzte meine Weisheit. Immerhin hatte ich ihm geholfen, seinen Vater Kronos zu besiegen, indem ich ihn dazu brachte, sämtliche Geschwister von Zeus wieder auszuspeien, die er verschlungen hatte. Damit war die Herrschaft der Titanen beendet. Doch Zeus war klar: Wenn ich *einen* Gott überlisten konnte, dann auch ihn. Misstrauisch, wie er war, hat er mich also in eine Falle gelockt und verspeist. Welch Ironie!

Nach meiner Flucht wartete ich einige Jahre, bevor ich mich in eine schöne junge Frau verwandelte. Ich gab mich als Mensch aus und benahm mich so, dass ich unweigerlich die Aufmerksamkeit meines vorherigen göttlichen Gatten erregte. Es dauerte nicht lang. Als ich erneut schwanger wurde, war ich überglücklich. Anschließend täuschte ich mit meinem sterblichen Ich einen Unfall vor und verschwand von der Erde. Medusa wurde im Tartaros geboren, und meine Titanentanten und -onkel, die nach wie vor zornig auf Zeus waren, behielten mein Geheimnis für sich. Dort unten konnte sie jedoch nicht bleiben, auch dort war sie in Gefahr. Also brachte ich sie auf eine Wolke im Reich der Nacht und lockte Hekate zu ihr.

»Aber Medusa war ein Mädchen«, sagte Ava, die sich an Athenes Einwand erinnerte. »Schließt sie das nicht von der Prophezeiung aus?«

»Ha!« Metis hob einen Finger. »Die ursprüngliche Prophezeiung besagte lediglich, ich würde Zeus zwei Kinder schenken, von denen das zweite stärker sei als er. Es war nie die Rede von einem Jungen oder einem Mädchen. Zeus und die anderen Götter haben bloß *angenommen*, es müsste sich dabei um einen Jungen handeln, denn wie könnte ein Mädchen jemals stärker sein als sie?«

»Warum habt Ihr Zeus nicht einfach erzählt, wer sie ist?«, fragte Ava. »Wenn er eh nicht daran geglaubt hat, dass ein Mädchen die Prophezeiung erfüllen kann, wäre es dann nicht besser gewesen, er hätte von seiner Tochter erfahren? Vielleicht hätte er Euch – und Eure Nachkommen – dann verschont.«

Metis schüttelte den Kopf. »Als Medusa anfing, sich gegen Zeus zu behaupten, bekam er es mit der Angst zu tun. Obwohl er der festen Überzeugung war, ein Mädchen könnte ihn nie vom Thron stoßen, spürte er eine gewisse Macht in ihr. Keine, die sich aus Kraft und Stärke speist, sondern eine, die aus Aufrichtigkeit und Güte entsteht. Also verbannte er sie, um sie für immer unschädlich zu machen.« Um Metis' Augen zeigten sich Lachfältchen. »Zumindest hat er es versucht, denn nun, Ava, kennst du Medusas wahre Geschichte und kannst sie befreien. Geh zu ihr. Sie wird deiner Freundin helfen.«

»Danke. Es tut mir leid, dass Ihr es Medusa nicht selbst erzählen könnt. Und dass Ihr voneinander getrennt wurdet. Ihr vermisst sie bestimmt sehr.«

»Mehr, als ich in Worte fassen kann. Doch was kann ich schon dagegen tun?«, erwiderte Metis.

Beim Gedanken an ihre eigene Mom kamen Ava die Tränen. Wahrscheinlich war sie längst krank vor Sorge um sie. »Meine Mom wollte mich auch beschützen, aber ich habe nicht auf sie gehört.«

»Nimm es nicht so schwer«, sagte Metis. »Dein Handeln hat nicht so viel Schaden angerichtet, wie du vielleicht denkst. Ich würde Zeus' Grausamkeit und Ungerechtigkeit jederzeit wieder ertragen, solange sie gegen mich oder die anderen Göttinnen gerichtet ist – aber nicht, wenn es um meine Tochter geht. Erst durch sie habe ich gelernt, mich selbst zu respektieren. Nun muss ich allerdings fort. Orion wird bald …«

»Wartet!« Ava waren die männlichen Götter wieder eingefallen. »Eine Frage noch: Wisst Ihr, wer der Vater von Medusas Kind ist?«

Metis riss die Fliegenköder vom Rahmen des Fensters und

stieß es auf. »Nein. Zu der Zeit befand ich mich bereits in Gefangenschaft. Aber denk mal drüber nach. Nur eine Art von Mann würde ihrem Fluch wiederstehen.«

»Hä?« Ava kapierte es nicht.

Doch da hatte sich die Göttin schon wieder in die schillernde blaue Fliege verwandelt und flog durchs offene Fenster hinaus.

»Wartet!« Ava stürzte hinter ihr her, aber es war zu spät. Metis surrte davon.

An welcher Art von Mann würde Medusas Fluch abprallen? Ließ sie nicht alle zu Stein erstarren? War etwa Perseus gemeint? Immerhin war er ein Held. Trotzdem erschien ihr das nicht logisch. Auch Helden wurden von Medusas Blick versteinert, so wie jeder andere Mann. Aber was, wenn er sie nicht anschauen konnte? Ein Blinder!

Schnell ging Ava im Kopf durch, welche blinden Männer sie aus den Mythen kannte. War es der berühmte Seher Teiresias? Der Zyklop Polyphem? Plötzlich erinnerte sie sich an Mr Orions Worte, als er Fia die Stimme geraubt hatte: Vertrau auf die Weisheit der Götter. Sie vollbringen Wunder. Nachdem der sterbliche König Oinopion mir das Augenlicht genommen hatte, stellten sie es am Ende wieder her.

Sie ließ sich gegen den Schreibtisch sinken. Nein! Das konnte nicht sein …

Wie aufs Stichwort krachte die Tür auf und Mr Orion kam ins Büro gelaufen – rückwärts und mit einem Spiegel in der Hand.

259

37

Diesmal schaute Mr Orion sie nur im Spiegel an. Darin sah Ava,
wie sein Blick durch das Büro wanderte, erst an dem zerbrochenen Porträt der Gottheiten hängen blieb und dann am offenen
Terrarium. Er lief rot an und dehnte sich aus. Die Nähte seines
Jacketts platzten, als seine Muskeln anschwollen.

»Ava, was hast du getan?!« Obwohl er total wütend war, klang
er gleichzeitig leicht fassungslos. Als hätte sie ihn enttäuscht.

Bestimmt würde Metis kehrtmachen, um ihr zu Hilfe zu eilen.
Ava lauschte beklommen, ob sie ihre Stimme oder wenigstens
ein Summen hörte. Aber die einzigen Geräusche kamen von Mr
Orion, der rückwärts zum Fenster ging, um es zu schließen. Ava
spähte in den Flur und hielt Ausschau nach den anderen. Vor der
Tür blieb es still und leer. Mr Orion musste ihren suchenden Blick
bemerkt haben. Er ging durchs Büro und schlug die Tür zu. Dann
schnappte er sich die Jagdkeule von der Wand.

»Deine Freunde sind gefesselt. Zale passt auf sie auf. Es ist
vorbei, Ava. Ich habe solche Hoffnungen in dich gesetzt. Aber
du lehnst dich immer wieder gegen die Götter auf. Du hast uns
nichts als Chaos und Zerstörung gebracht.«

Jetzt war es nur noch eine Frage der Zeit, bis er sie bestrafen, ihr die Stimme rauben, sie vielleicht sogar mit der Keule verdreschen würde. Doch solange sie eine Stimme hatte, würde sie die auch nutzen. Sie war ihre einzige Waffe, da er sie nun nicht mehr ansah. »Von wegen Chaos. Das nennt man Veränderung. Es ist einfach nicht richtig, wie die olympischen Gottheiten uns behandeln. Sie zwingen uns Geschichten auf, die Zeus sich ausgedacht hat und die uns wie Monster dastehen lassen. So lernen wir nichts! Wir sollten lernen, die eigene Stimme zu gebrauchen.« Sie erinnerte sich daran, wie demütigend es vor den anderen Leuten gewesen war, Owen gegenüber für sich einzutreten. »Zu der eigenen Stimme zu stehen. Zu uns selbst zu stehen.«

»*Das reicht!*«, brüllte Mr Orion. »Du hast es zu weit getrieben. Jetzt kann auch ich dich nicht mehr in Schutz nehmen.«

»Mich in Schutz nehmen?«, schoss Ava zurück. »Wann haben Sie das jemals getan?«

Mr Orion funkelte sie durch den Spiegel wütend an. »Ich habe dir die Gelegenheit gegeben, dich bei Athene beliebt zu machen, der mächtigsten Göttin überhaupt. Stattdessen hast du sie beleidigt! Du hast versucht, deine Mitschülerinnen erstarren zu lassen. Anahita und Morgan haben es mir erzählt. Trotzdem habe ich dich nicht bestraft. Du bist in mein Büro eingebrochen, und dennoch hast du keinen Tadel dafür erhalten. Ich wollte dir und deiner Mutter nur Ärger ersparen!«

»Meiner Mutter?«

»Was meinst du, warum sie noch eine zweite Chance bekommen hat, nachdem sie gegen die Regeln der Götter verstoßen hatte und weggelaufen ist? Man hätte ihr die Stimme genommen und sie hinausgeworfen, wenn ich nicht gewesen wäre!«

Das erstaunte Ava. Mr Orion war also derjenige gewesen, der sich bei den Gottheiten für ihre Mom eingesetzt hatte? Nicht Miss Demi? Sie konnte es kaum glauben. Wobei sie zugeben musste, dass er ihr selbst das Leben wirklich nicht allzu schwer gemacht hatte. Und mittlerweile wusste sie auch, warum.

»Als Sie blind waren, sind Sie Medusa begegnet, stimmts? Sie haben sich verliebt.«

»Pah! Verliebt!« Mr Orion spuckte das Wort förmlich aus. »Sie hat mich hinters Licht geführt! Dank meinem Vater besitze ich die Gabe, über Wasser zu gehen. Durch Zufall stolperte ich auf ihre Insel, nachdem Oinopion mir die Augen ausgestochen hatte. Ich war blind, litt unter Schmerzen und hatte mich verlaufen. Ich habe nichts von ihrer scheußlichen Gestalt geahnt. Und ja, sie hat sich um mich gekümmert, aber hätte ich sie gesehen, hätte ich mich nie auf dieses Monster eingelassen!«

Ava wurde wütend. »Sie ist kein Monster, sie ist Metis' Tochter – eine Göttin, die von Zeus aus purem Neid mit einem Fluch belegt wurde!«

»Unsinn!«, rief Orion. »Als die Gottheiten mir mein Augenlicht zurückgaben, erkannte ich selbst, was sie war: ein hinterhältiges Monster. Und ihre Kinder haben sich ebenfalls als Monster erwiesen – trotz meiner Bemühungen.«

»Nennen Sie sie nicht so! Und mich auch nicht!« Avas Stimme zitterte.

»Apollon hat mir versprochen, mich wieder mit meiner wahren Liebe Artemis zu vereinen, wenn ich den Göttern diene und erfolgreich diese Schule leite. Trotzdem habe ich dich geschützt und damit meine Zukunft mit ihr riskiert. Du hast alles zerstört!

Du hast Poseidon gegen dich aufgebracht, bist auf den Olymp und in den Hades eingebrochen und hast Metis befreit. Ich habe bei den Göttern schon für deine Mutter um Gnade gebeten – umso zorniger werden sie sein, dass ich nun auch noch bei dir so nachsichtig war! Du lässt mir keine Wahl. Ich werde dich ruhigstellen müssen, bis die Götter über dein Schicksal entschieden haben.«

Mr Orions Gesicht war vor Wut puterrot angelaufen, die Adern an seinem bulligen Hals pulsierten. Er hob die Keule und rief:»Bei der Macht der Götter …«

Und als wäre das nicht schon beängstigend genug, ertönte auf einmal ein ohrenbetäubendes Krachen und die Tür wurde aus den Angeln gehoben. Zale hielt sie in den fleischigen Fingern und grinste dümmlich. Wahrscheinlich wollte er sich nicht entgehen lassen, wie Ava gequält wurde.

»Zale!« Sie versuchte, seine Aufmerksamkeit auf sich zu lenken und ihn mit ihrem Blick erstarren zu lassen.

»Schau sie nicht an!«, brüllte Mr Orion.

»Keine Sorge, Ava. Ich habs nicht so damit, Mädchen den Mund zu verbieten«, sagte Zale.

Dann stürzte er sich auf Mr Orion und riss ihn von den Füßen, sodass ihm die Keule entglitt. Der Spiegel schlug mit ihm auf dem Boden auf und zersprang.

»Zale!«, schrie Mr Orion und schirmte die Augen vor Ava ab.

Aber Zale starrte nur auf seine Hände.»Ich kann nicht glauben, dass ich das getan habe.«

Ava grinste, als sie die Täuschung durchschaute.»Layla?«

»Macht richtig Spaß, stark zu sein«, sagte Layla mit Zales Stimme.»Vor allem, wenn man damit Gutes tun kann.«

»Wo ist der echte Zale?«

»Arnold hat ihn auf einen kleinen Rundflug über den Kanal mitgenommen«, erwiderte Layla.

Fia kam herein und deutete zum Fenster, an dem Arnold gerade vorbeiflog, zusammen mit Zale, der kopfüber in seinen Krallen baumelte.

»Verschon mich bloß nicht!«, rief Layla ihm zu.

»Und Jax?«, fragte Ava.

»Der sucht Miss Demi.«

Ava seufzte erleichtert. Ihr gesamtes Monsterheldenteam war in Sicherheit. Fia zupfte Ava am Ärmel und zeigte auf Mr Orion. Der tastete blind mit den Händen über den Boden, aus Angst, die Augen zu öffnen und wieder zu erstarren.

Bei dem Anblick hätte Ava am liebsten gelacht. Dann aber stieß er auf das Meeresschneckenhaus, das Ava vorher durch den Raum geschleudert hatte.

»Vorsicht!«, rief sie in dem Glauben, er würde es nach ihnen werfen.

Stattdessen hob er es an den Mund und blies hinein. Es klang wie ein Horn und war so laut, dass sie sich die Ohren zuhielten. Das Porträt der Gottheiten an der Wand klirrte, und ein paar Scherben fielen aus dem zerbrochenen Rahmen. Fia machte einen Schritt rückwärts und knuffte Ava in die Seite. Sie war blass geworden.

Was?, formte Ava mit den Lippen.

Fia deutete auf die Fenster. Wasser schwappte auf der anderen Seite der Scheibe hoch, erst bis zur Hälfte, dann zu drei Vierteln. Der Canal Grande drohte, die Schule zu fluten.

»Poseidon!«, sagte Layla.

Fia wich immer weiter zurück zur Tür, die Augen vor Schreck weit aufgerissen.

»Stoppen Sie Poseidon!«, schrie Ava Mr Orion an.

Aber diesmal hielt er nicht nur die Augen, sondern auch den Mund geschlossen.

Inzwischen war das Wasser bis an den oberen Rand des Fensters gestiegen. Es war, als würde man in ein Aquarium gucken. Bestimmt drückte es schon bedenklich gegen das Glas.

»Lauft!«, rief Ava.

Sie sprintete zur Tür und packte Fias Hand, gerade als das Fenster mit einem lauten Knall zerbarst. Ein Strom aus eisigem Meerwasser erfasste sie. Ava schaffte es, Fia nicht loszulassen, als sie aus dem Büro geschwemmt wurden. Mit der freien Hand versuchte sie, sich am Türrahmen festzuhalten, aber das tosende Nass riss sie mit sich fort durch den Flur. Vor Avas Zimmertür lief die Welle schließlich aus.

Sie kam auf die Beine und half Fia auf. Ihre Freundin klapperte mit den Zähnen, ob aus Angst oder weil das Wasser so kalt war, konnte Ava nicht sagen. Layla, die sich wieder in sich selbst verwandelt hatte, wahrscheinlich vor lauter Panik, war direkt neben ihnen angespült worden.

»Wir müssen hier weg! Schnell!«

»Vielleicht können wir durch das Fenster in unserem Zimmer nach Arnold rufen. Er kann uns fliegen«, meinte Ava.

Sie wollte schon nach dem Türknauf greifen, aber Fia zerrte an ihrem Arm und zeigte auf ihre Füße. Wasser plätscherte unter ihrer Tür hindurch in den Flur.

»Er flutet unser Zimmer!«, rief Ava.

»Nicht nur unseres.« Layla deutete den Flur hinunter. Unter allen Türen sprudelte Kanalwasser hindurch. Wenige Augenblicke später stand es ihnen bis zu den Knöcheln. Mit einem Knarzen wölbte sich ihre Zimmertür nach außen.

»Zur Treppe! Wir müssen rauf in den ersten Stock«, schrie Ava. Die Treppe befand sich am anderen Ende des Flurs. So schnell sie konnten, rannten sie durch das immer weiter steigende Wasser. Sie hatten nicht mal die Hälfte des Weges zurückgelegt, als gleich mehrere laute Explosionen ertönten. Ava warf einen Blick über die Schulter. Das Kanalwasser sprengte nacheinander die Türen aus den Rahmen und ergoss sich in den Gang. Ava dachte an die »schlimmen Monster«, die auf dieser Etage wohnten. Waren sie alle entkommen? Sie hatten keine Zeit, nach Überlebenden zu suchen. Fia drückte Avas Hand. Mittlerweile war der Pegel bis zu ihren Hüften gestiegen. Jetzt konnten sie nicht mehr rennen, nur noch waten.

»Weiter, weiter, weiter!«, rief Layla.

Das Wasser strömte durch alle Türen und riss die Möbel und Habseligkeiten mit sich. Schuhe und Stühle, Lampen und Koffer trieben an ihnen vorbei und verfehlten sie manchmal nur um Haaresbreite. Das eisige Nass reichte ihnen nun bis zur Brust. Fia klappte hilflos den Mund auf und zu.

»Schon okay«, beruhigte Ava sie. »Ich bin bei dir.«

»Gib mir deine andere Hand«, sagte Layla zu Fia. »Wir haben es fast geschafft.«

Aber die Fluten schleuderten sie hin und her, und Ava verlor ständig den Boden unter den Füßen. Würde sie mit Fia schwimmen können? Ihre Freundin war bis zum Kinn versunken. Aus ihren Augen sprach pure Angst.

»Lass nicht los!«, rief Ava, als ein starker Sog sie aus dem Gleichgewicht brachte. Sie paddelte mit einer Hand und versuchte, Fia über Wasser zu halten, doch der Strom zog sie immer wieder von der Treppe weg. Auch Layla begann zu schwimmen. Ihre Haare waren so orange wie Fias und sollten wahrscheinlich als Seenotboje dienen.

»Krieg jetzt keine Panik«, sagte Ava. Ihre Armmuskeln brannten vor Schmerz. Sie fasste nach einem Stuhl, der an ihnen vorüberschaukelte. Ihr Gewicht drückte ihn allerdings sofort nach unten, also ließ sie ihn schnell wieder los.

Ava wusste, dass sie sich selbst retten konnte, wenn sie Fia aufgab. Aber sie würde ihre beste Freundin nicht ertrinken lassen. Sie holte noch einmal tief Luft, und dann zog Fia sie mit sich hinab.

38

Jemand zerrte Ava am Oberteil aus dem Wasser. Über das Husten und Prusten von Fia hinweg hörte Ava ein Flattern. »Arnold!«

Das Wasser im Gebäude stand so hoch, dass ihm nicht mehr viel Platz zum Fliegen blieb. Die Flügel streiften schon die Decke und tauchten immer wieder ins Wasser. Ava umklammerte Fia und zog die Beine an, um der Strömung keine Angriffsfläche zu bieten.

»Lass die Beine hängen!«, rief Arnold. »Layla, halt dich an Ava fest!«

Layla krallte sich an Avas Bein, und Arnold versuchte mit aller Kraft, sie zur Treppe zu schleppen. Obwohl er große Mühe hatte, überhaupt mit den Flügeln zu schlagen, ohne sie komplett zu durchtränken, kamen sie Stückchen für Stückchen voran.

»Du schaffst es, Arnold!«, feuerte Ava ihn an.

»Fast … da«, ächzte er.

Er streckte eine Hand nach dem Geländer aus, doch bevor er es zu fassen bekam, wurden sie mit Gewalt zurück in den Flur gerissen.

»Irgendwas zieht an mir!«, schrie Layla.

Ein Strudel schäumenden Wassers wirbelte um sie herum. Arnold flatterte wie wild, aber der Sog war so stark, dass sie kaum noch vorwärtskamen. Ava fühlte sich wie in Miss Doris' Schwimmunterricht. Noch ehe sie den Strudel beim Namen nennen konnte, ertönte auch schon eine Stimme hinter ihnen.

»Nicht schlecht, Anahita.« Zale – diesmal der richtige – stand auf der Treppe.

»Ich dachte, du wärst ihn losgeworden«, sagte Ava zu Arnold.

»Ich habe ihn in den Kanal fallen lassen, als ich gesehen habe, dass ihr in Schwierigkeiten steckt.«

»Netter Versuch, Harpy-Boy, aber ich habe auch Freunde. Und die können wesentlich besser schwimmen als deine«, verkündete Zale.

Anahita reckte den Kopf aus den Fluten. »So viel ist sicher.«

Dann tauchte Morgan auf und zeigte auf Fia. »Was ist denn los, Feuerbrut? Magst du etwa kein Wasser?«

Verzweifelt schlug Arnold mit den Flügeln, doch gegen Anahitas mächtigen Sog hatte er keine Chance.

»Mr Orion! Wir haben sie«, rief Zale.

Der Schulleiter erschien auf der Treppe. Langsam stieg er die Stufen herunter, als hätte er alle Zeit der Welt.

»Wie kommt er da hin?«, fragte Layla.

Mr Orion ließ einen seiner gigantischen Füße aufs Wasser sinken. Statt einzutauchen, blieb er auf der Oberfläche stehen. »Mit Poseidons Hilfe konnte ich durch das Fenster fliehen. Anschließend bin ich über den Kanal zurückgelaufen.«

Fia schlug sich mit der Hand vor den Kopf, als wäre ihr gerade wieder eingefallen, welche Kraft Orion besaß.

»Haben sie wirklich alle im Erdgeschoss ertrinken lassen, nur um uns zu bestrafen?«, fragte Ava entsetzt.

Mr Orion grinste spöttisch. »Wie fürsorglich von dir, an die anderen zu denken, Ava. Mach dir keine Sorgen. Die *braven* Kinder habe ich vorher evakuiert, und dich wollte ich auch nie ertrinken lassen. Ich musste dich nur irgendwie aufhalten, damit ich dich und deine Freunde dem Schulrat übergeben kann, wo die Olympier über euer Schicksal entscheiden. Zale, Anahita und Morgan, ihr passt auf, dass sie nicht abhauen. Ich schnappe mir währenddessen den letzten Störenfried.«

»Sehr wohl, Sir«, erwiderte Zale.

Jax! Aber Ava konnte Mr Orion nicht mehr bremsen, er marschierte bereits die Treppe hoch. Sie konnte nur hoffen, dass er ihren Bruder nicht fand oder Miss Demi Jax versteckt hatte. Fia, die neben ihr in der Luft baumelte, zitterte am ganzen Körper.

»Lasst Fia wenigstens so lange auf den Stufen sitzen«, flehte Ava Zale an. »Ihr wisst doch, was für eine Angst sie vor Wasser hat.«

Zale schaute Mr Orion hinterher und schien nur darauf zu warten, dass der Schulleiter endlich außer Hörweite war. Ava hoffte wider besseres Wissen, er würde ihr diesen kleinen Gefallen tun.

Zale wandte sich um. »Orion war immer viel zu lasch dir gegenüber, Gorgo-Girl.«

»Du sollst uns ja nicht helfen. Du sollst Fia nur nicht so quälen«, erwiderte Ava.

»*Du sollst Fia nur nicht so quälen*«, äffte Zale sie mit Mädchenstimme nach. »Keine Ahnung, was er an dir findet. Bis du gekommen bist, war *ich* Mr Orions Lieblingsschüler. Ich hab mir das lange genug mit angeguckt. Für die Götter bist du nichts weiter als eine Verräterin. Und für mich auch.«

»Was habe ich dir denn bitte getan?«, fragte Ava.

»*Ich* war für Metis verantwortlich. Ich weiß, dass du im Büro gewesen bist und mich belauscht hast. Wie hättest du sie sonst befreien können? Aber Mr Orion gibt mir die Schuld für ihre Flucht, und jetzt muss ich den Göttern Rede und Antwort stehen. ›Dummer Zyklop, lässt sich von einer Gorgone reinlegen …‹ Alles nur wegen dir!«

»Ich wollte nicht, dass du Ärger bekommst«, sagte Ava mit Bedacht. Aus der Geschichte über Odysseus und den Zyklopen Polyphem wusste sie, dass Zyklopen nicht gern hereingelegt wurden.

»Wollte sie wirklich nicht«, sprang Arnold ihr bei.

»Klappe, Harpy-Boy. Hast wohl gedacht, du könntest dich an mir rächen, was? Wolltest mich blamieren! Ich hätte dich schon viel früher auf deine stinkende Schnauze fallen lassen sollen. Unfälle passieren schnell mal.«

»Es tut mir leid«, murmelte Arnold.

»Zale, verlier jetzt nicht den Kopf«, ermahnte Layla ihn.

»Wieso? Willst du dich wieder in mich verwandeln? Ich hab keine Angst vor dir, Empusa. Oder vor dem Ziegen-Girl. Bin gespannt, was sie außer ihrer Zunge sonst noch einbüßt.«

»Halt die Klappe!«, rief Ava.

Zale lachte. »Anahita und Morgan haben mir schon erzählt, dass du eine schlechte Verliererin bist.«

»Sie hat versucht, uns anzugreifen«, meinte Morgan.

Zale drohte Ava mit einem seiner Wurstfinger. »Böses Mädchen.«

Ava wurde langsam mulmig. »Lass uns in Ruhe.«

Er wechselte einen Blick mit Anahita und Morgan. »Orion ist weg. Sehen wir zu, dass wir sie loswerden.«

Plötzlich ging ein Ruck durch den Strudel, und er nahm an Fahrt auf.

»*Nein!*«, schrie Ava.

Zale grinste. »Irgendwas sagt mir, dass Zeus und Poseidon nichts dagegen hätten. Und Hades kannst du ja auf dem Weg in den Tartaros selbst fragen.«

»Ava!«, brüllte Arnold. »Sie ziehen mich runter! Meine Flügel sind zu nass.«

Mit einem lauten Platschen landeten sie in den Fluten. Sie schrien und spuckten. Morgan rempelte Ava mit ihrer kräftigen Schulter an, sodass ihr Fias Hand entglitt. Ava versuchte noch, sie wieder zu packen, aber der Strudel sog sie nach unten. Ihre Lungen brannten. Sie öffnete den Mund und schluckte Wasser.

39

Ava blinzelte und schlug die Augen auf. Sie lag im Flur auf dem Boden, umgeben von Wassermassen, und atmete nicht, verspürte aber auch nicht den Drang, nach Luft zu schnappen. War sie tot? So fühlte es sich nicht an. Sie erinnerte sich an Cassies Prophezeiung: *Sobald Medusas Tochter flieht, es sie über und unter Wasser zieht.*

Gehörte es zu den Kräften der Gorgonen, unter Wasser zu überleben?

Und was war mit den anderen? Sie sah sich um und schaute in ähnlich überraschte Gesichter. Auch Fia, Layla und Arnold blickten sich verwirrt um. Sie schienen ebenfalls nicht atmen zu müssen, um am Leben zu bleiben. Es konnte doch nicht sein, dass sie alle die gleiche Kraft besaßen.

Ava hatte keinen blassen Schimmer, was hier vor sich ging. Über ihnen traten Anahita und Morgan wild mit den Beinen und wirbelten das Wasser auf. Fia wollte schon aufstehen, aber Ava zog sie wieder auf den Boden. Solange sie sich ruhig verhielten, waren sie hier unten sicher. Anahita und Morgan dachten bestimmt, sie wären ertrunken.

Stellt euch tot, versuchte Ava zu sagen und legte einen Finger an die Lippen.

Sie nickten und rührten sich nicht, nicht einmal Fia, die die Augen vor Panik weit aufgerissen hatte. Morgan und Anahita hörten auf, mit den Beinen zu schlagen. Der Strudel, der sie auf den Grund gezerrt hatte, ließ nach. Kurz darauf tauchte Morgans Gesicht über ihnen auf. Ava hatte das Bedürfnis zu blinzeln, hielt aber still und starrte nur mit leerem Blick vor sich hin. Was Morgan sah, schien sie zu überzeugen, denn sie schwamm wieder an die Oberfläche. Die beiden kraulten zur Treppe und stiegen aus dem Wasser.

Und jetzt?, formte Arnold mit dem Mund.

Fia tippte Ava auf den Arm und zeigte nach oben. Sie wollte unbedingt hier weg.

Warte, sagte Ava lautlos.

Bestimmt einigte Zale sich gerade mit Anahita und Morgan auf eine Story zu dem »tragischen Unfall«. Es war verlockend, plötzlich aufzutauchen und ihn erstarren zu lassen, aber bei Anahita und Morgan würde das leider nicht klappen. Außerdem war es besser, wenn sie die Accademia heimlich verließen und niemand mitbekam, dass sie noch lebten.

Auf einmal erbebte das Wasser. Arnold deutete aufgeregt auf den Boden. Es wirkte, als würde er unter ihnen weggezogen, dabei waren sie es, die sich bewegten. Ava ergriff Fias Hand. Die Fluten rissen sie so schnell mit sich durch den Flur, um die Ecke und in Mr Orions Büro, dass Ava das Gefühl hatte, mit der wildesten Wildwasserbahn ihres Lebens zu fahren. Der Strom sog sie durch das Fenster, und sie stürzten mit einem lauten Platschen in den Kanal.

Ava schwamm schnell an die Oberfläche und zerrte Fia mit

sich. Layla und Arnold tauchten ganz in der Nähe auf und winkten.

»Ava!«, rief eine Stimme. »Hier drüben!«

Sie wandte sich um. Jax ruderte in einer Gondel heran. Neben ihnen machte er halt und hievte erst Fia und Ava ins Boot, bevor er zu Layla und Arnold weiterpaddelte. Während Ava ihnen half hereinzuklettern, ging Jax in die Hocke und pikste sich mit einer Nadel in den Finger.

»Ihr wart so gut wie tot.« Nacheinander strich er ihnen einen Tropfen Blut auf die Arme.

»Und warum sind wir es nicht?«, fragte Layla.

»Metis ist in die Unterwelt geflogen, um Persephone zu warnen. Die hat daraufhin den Totengott Thanatos hingehalten«, erzählte Jax. »Und Hekate hat mit ihrer Magie die Flut zurückgedrängt. Schließlich ist sie eine Mondgöttin.«

»Woher wusste Metis, dass unser Leben in Gefahr ist? Sie war doch schon weg, bevor Mr Orion in das Schneckenhaus geblasen hat«, warf Ava ein.

»Sie war bei Miss Demi, um mit ihr zu reden«, erwiderte Jax. »Ich war auch da, als Mr Orion auf einmal reingeplatzt kam und uns die Situation geschildert hat …«

»Mr Orion?!«, riefen alle, bis auf Fia.

»Mr Moros hat ihn darauf hingewiesen, dass du dem Untergang geweiht wärst. Mr Orion hat sich Sorgen darüber gemacht, den Zorn der Götter zu erregen, wenn er euch rettet, aber sterben lassen wollte er euch auch nicht.«

Fia verdrehte die Augen, wie um zu sagen: *Wie nett von ihm.*

»Letztendlich gehört er zur Familie«, sagte Ava.

»Okay, jetzt bin ich total verwirrt«, meinte Layla.

Ungläubig schüttelte Jax den Kopf. »Heißt das, ich bin zum Teil auch noch Riese?«

Monster, Göttin, Riesin, Sterbliche – Ava wurde klar, dass sie all das war. Es kam nur darauf an, aus welcher Perspektive man es betrachtete.

»Ich erklär es euch auf dem Weg nach Poveglia«, sagte sie. »Aber wir sollten uns beeilen, bevor die Götter unsere Spur wieder aufnehmen. Arnold, wie geht es deinen Flügeln?«

Er schlug vorsichtig mit den Schwingen, damit auch der letzte Rest Wasser abperlte.

Ava warf einen Blick zum Ufer des Canal Grande und rechnete fast mit einer neugierig gaffenden Menge, die Fotos machte. Arnold musste für sie wie ein gefallener Engel aussehen. Doch kein Mensch achtete auf sie. Offenbar dachten all die Touris, Einheimischen und Gondolieri, sie wären immer noch in ihren Karnevalskostümen unterwegs. Außerdem hatten die Gottheiten ihnen wahrscheinlich sowieso die Sicht vernebelt, damit niemand bemerkte, wie sich der Fluss zuerst in die Accademia hinein und später wieder heraus ergossen hatte.

»Ich glaube, ich bin startklar«, sagte Arnold.

Fia klatschte. Ihr Gesicht nahm endlich wieder eine normale Farbe an.

»Auf nach Poveglia!«, rief Layla. Sie klang jetzt nicht mehr ängstlich, sondern eher aufgeregt.

Ava nickte. »Holen wir Fia ihre Stimme zurück.«

40

Ava, Fia und Layla stürmten vorbei an den rostigen Bettgestellen und dem bröckelnden Putz, tiefer hinein ins Krankenhaus. Bei Tageslicht war die alte Ruine nur noch halb so furchteinflößend. Sonnenstrahlen fielen durch die Löcher in der Decke, und eine frische Brise wirbelte den Staub auf.

»Medusa! Wir sinds. Wir sind wieder da!«, rief Ava.

Beim Geräusch herannahender Schritte atmeten sie auf. Medusa bog um die Ecke, das blasse Gesicht wirkte besorgt. Die schwarzen Nattern wanden sich rastlos um ihren Kopf.

»Kind, geht es dir gut?«

Sie umarmte Ava, und die Schlangen begrüßten sie fröhlich zischend mit ihren gespaltenen Zungen.

»Ja«, sagte Ava. »Zumindest nicht schlechter als vorher.«

Fia winkte stumm. Medusa streichelte ihr sanft über die Wange.

»Was ist mit den Jungs?«

»Die warten draußen«, erwiderte Ava.

»Gesund und munter«, fügte Layla hinzu.

Medusas Züge entspannten sich.

»Wir haben Ihnen so viel zu erzählen!«, sagte Layla.

»Meine Geschichte?«, fragte Medusa.

»Ihre *ganze* Geschichte«, ergänzte Ava stolz. »Sogar den Teil, den Sie nicht kennen. Sie ist unglaublich. Vielleicht setzen Sie sich lieber.«

Medusa ging voran zur Wendeltreppe, und die Mädchen ließen sich um sie herum auf der untersten Stufe nieder. »Lasst nichts aus«, sagte sie.

Ava fügte die Berichte von Hekate, Hestia und Metis zu einer zusammenhängenden Geschichte zusammen – einer Geschichte, die von einer Mutter handelte, entschlossen, ihre Tochter vor Unheil zu schützen, von Göttern, die wegen ihrer sexistischen Vorurteile und Überheblichkeit eine Prophezeiung falsch deuteten, und von Göttinnen, die man unfair behandelt und zum Schweigen gebracht, aber nicht in die Knie gezwungen hatte. Göttinnen, die die wahre Geschichte dieses Mädchens in ihrem Herzen und Gedächtnis bewahrt hatten. Medusa hatte die Augen geschlossen, nur am Flattern ihrer Lider erkannte Ava, dass sie ihr andächtig lauschte. Sogar die Schlangen waren ruhig, wie verzaubert von der Erzählung. Avas Stimme hallte durch die Anstalt, in der es so mucksmäuschenstill war, als würden selbst die Wände und der Boden ihren Worten Gehör schenken.

»Du bist das Kind von Metis und Zeus«, sagte Ava zuletzt. »Eine Göttin, die dazu bestimmt ist, die Welt zu verändern.«

»Ich wusste immer, dass ich etwas Besonderes bin«, murmelte Medusa. »Aber zu wissen, wer meine Mutter ist und dass sie mich geliebt hat …«

Sie öffnete die Augen. Das Trübe darin war verschwunden. Stattdessen leuchteten sie bernsteinfarben. Die Wimpern wuchsen und verdunkelten sich. Ihre Haut wechselte von blassem Gelb zu goldenem Braun. Ihre Kinnpartie wurde weicher und die Nase gerader. Die Schlangen auf ihrem Kopf rollten sich korkenzieherförmig auf, Schuppen und Münder wurden schwarz und die Tiere verwandelten sich in unbändige Locken.

»Sie sind wunderschön!«, rief Ava.

Medusa lächelte. »Und du siehst genauso aus wie ich.«

Fia nickte. Jetzt begriff Ava: Das also hatten die anderen Göttinnen gemeint, als sie von ihrer Ähnlichkeit mit Medusa gesprochen hatten. Auch sie war wunderschön, war es schon immer gewesen.

»Haben Sie auch Ihre Kräfte zurück?«, fragte Ava.

Medusa erhob sich und zog Fia auf die Füße. »Das lässt sich nur auf eine Art herausfinden.«

Ava und Layla sprangen ebenfalls auf. Avas Hand kribbelte, ihr Herz pochte heftig. Das war der Moment, für den sie die ganze Zeit gekämpft hatte.

Medusa legte einen Finger an Fias Lippen und sang:

> »*Raubt jemand die Stimme der Frauen,*
> *so zeigt er nur seine Schwächen.*
> *Mach den Mund auf, Mädchen,*
> *um das Schweigen zu brechen!*«

Fia blinzelte, räusperte sich und sagte zu Medusa: »Die Schlangenhaare fand ich viel schöner.«

»Fia!« Ava fiel ihrer Freundin um den Hals. Layla schloss sich ihnen an, und glücklich hüpften sie in ihrer Gruppenumarmung herum.

Medusa lächelte und zupfte an einer ihrer Locken. »Auf jeden Fall haben sie so weniger Charakter.«

»Danke!«, sagte Ava.

»Es hat zwar länger gedauert, als ich gehofft habe, aber ja, danke sehr«, stimmte Fia ein.

»Fia!« Layla knuffte ihr vorwurfsvoll gegen die Schulter.

Medusa zwinkerte. »Das Mädchen gefällt mir.«

»Mir auch«, meinte Ava.

»Außerdem sollte ich *euch* danken. Ich wusste zwar, dass ich mächtig bin – auch wenn ich es nicht genau erklären konnte –, aber laut Prophezeiung bin ich sogar noch mächtiger als mein Vater. Ich lasse mich von ihm nicht hier festhalten.«

Sie richtete die Handflächen nach oben und schaute zur Decke auf. Putz krachte auf den Boden und hinterließ ein paar gähnende Löcher, durch die Ava zwei Stockwerke hinauf in den blauen Morgenhimmel blicken konnte.

»Alles okay bei euch?«, riefen Jax und Arnold vom Ende des Gangs.

»Holt sie doch her. Sie dürften jetzt vor mir sicher sein«, sagte Medusa.

»Alles super! Ihr könnt kommen. Der Fluch ist gebrochen«, rief Ava zurück.

Jax' schob vorsichtig den Kopf um die Ecke, und kurz darauf tauchte Arnolds Gesicht auf.

»*Das* ist Medusa?«, fragte er.

»Oh ja, und sie sieht genauso aus wie ich«, verkündete Ava.

»Vergiss nicht, dass sie auch *meine* Urururururgroßmutter ist«, sagte Jax, während die Jungs näher traten.

»Ach, jetzt willst du auf einmal eine Gorgone sein«, neckte Fia ihn.

Jax verneigte sich vor Medusa. »Vielen Dank, meine Göttin, dass Sie mir geholfen haben, Ava zu finden.«

Medusa bedeutete ihm mit einer Geste, sich aufzurichten. »Bitte, lassen wir doch diese Verbeugerei. Ich freue mich, dass du die Gabe des Heilens von mir geerbt hast. Mutige Mädchen wie diese brauchen starke Verbündete.«

»Oder eine gute Krankenversicherung«, ergänzte Fia.

Ava grinste. Es war so schön, Fias Stimme zu hören. »Es tut mir so leid, wie Orion Sie behandelt hat«, sagte sie an Medusa gewandt.

Die zuckte bei dem Namen zusammen. Seine Zurückweisung hatte sie offenbar zutiefst gekränkt.

»Und was ist mit mir?«, fragte Fia.

»Es tut mir leid, wie er *euch beide* behandelt hat. Trotzdem hat er uns am Ende geholfen«, wiegelte Ava ab.

Diese väterliche Anwandlung schien Medusa zu besänftigen. Sie nickte zufrieden. »Es gibt eine Sache in den Mythen, die immer stimmt: Familien sind kompliziert.«

»Ich würde eher sagen ›verrückt‹. Gerade das ist ja das Spannende an Mythen. Sonst wärs doch langweilig«, sagte Fia.

»Nach diesem ganzen Durcheinander hätte ich nichts gegen ein bisschen Langeweile«, meinte Jax.

Medusa lachte und hielt Ava eine Hand hin. »Ich möchte meine Kräfte ausprobieren. Komm mit.«

Ava zögerte. Sie wollte nicht von den anderen weg, vor allem nicht von Fia. Medusa schien ihre Gedanken erraten zu haben. »Es dauert nicht lang.«

»Geh. Du hast eine Ehrenrunde mit Medusa verdient. Schließlich hast du mich nie aufgegeben«, sagte Fia.

»Sie hat recht. Du hast uns echt mutig angeführt«, bestätigte Layla.

»Manches war zwar auch dumm, aber die meiste Zeit warst du mutig«, gab sogar Jax zu.

Ava schubste ihn spielerisch.

Arnold salutierte vor ihr. »Ich fliege die anderen hier weg, falls jemand kommt.«

»Okay.« Mehr brachte Ava nicht heraus, sonst würde sie noch anfangen zu heulen. Nicht nur die mächtigste Göttin überhaupt, sondern auch ihre Freundinnen und Freunde fanden, dass sie eine Heldin war.

»Los gehts!«, rief Medusa. Mit einem ausgelassenen Schrei schwang sie sich mit Ava durch das Deckenloch in die Lüfte. »Macht euch keine Sorgen. Ich bringe sie zurück!«

»Wohin fliegen wir?«, fragte Ava. Je höher sie stiegen, desto kleiner wurde Poveglia unter ihnen. Ava war froh, dass sie sich dank Arnold schon an das Brausen des Windes in ihren Haaren und die schwindelerregende Aussicht gewöhnt hatte.

Offenbar hatte Medusa sie nicht gehört. Ihr Blick war starr auf den Horizont über der Lagune von Venedig gerichtet.

»Was ist Ihr Plan? Werden Sie die Gottheiten auf dem Olymp stürzen?«, fragte Ava hoffnungsvoll. Sie stellte sich Zeus vor, wie er vor seiner allmächtigen Tochter kniete, und Hestia, die endlich ihren Thron zurückbekam, und Athenes entgeistertes Gesicht, wenn sie kapierte, dass ihre Schwester die mächtigste Göttin von allen war.

Medusa verlangsamte das Tempo und glitt durch das neblige Innere einer Wolke. »Nein.«

»Ich mein ja nicht, jetzt sofort«, sagte Ava. »Sie müssen sich bestimmt erst ein bisschen vorbereiten. Aber in ein paar Tagen oder Wochen ...?«

Doch Medusa schüttelte den Kopf. »Wenn ich den Olymp mit Gewalt übernehme, würde ich die alte Ordnung nur fortführen. Das würde nichts besser machen.«

»Aber Sie würden anders herrschen. Mit Güte. Sie würden den Frauen eine Stimme schenken, sie anhören«, hielt Ava dagegen.

Medusa sah sie mitfühlend an. »Du bist jetzt sicher enttäuscht. Durch meinen Vater habe ich Macht, und du möchtest, dass ich sie nutze. Doch meine Mutter Metis hat mir die Weisheit verliehen zu erkennen, dass die Welt sich nicht durch Gewalt verändern lässt.«

Ava versuchte nicht mal, ihren Frust zu überspielen. »Wodurch dann?«

»Durch Geschichten.« Medusas bernsteinfarbene Augen funkelten. »Du willst die Welt verbessern? Lausche den Geschichten der Machtlosen, die nie jemand erzählt, und verbreite sie. So, wie du es für mich getan hast.«

»Wie soll das gehen? Die Götter werden mich umbringen, weil ich Ihnen geholfen habe! Mr Orion stiefelt auf der Suche nach mir wahrscheinlich schon das ganze Meer ab.«

»Er wird dich nicht umbringen. Er hat dich lieb – auf seine eigene Weise.«

»Aber die anderen Götter ...«, hob Ava an. »Können Sie nicht wenigstens bei mir bleiben und mich beschützen?«

Medusa schüttelte den Kopf. »Du brauchst keinen Schutz.«

»Woher wollen Sie das wissen? Sind Sie jetzt auch noch allwissend, seit Sie Ihre Kräfte zurückhaben?«

Ava war klar, wie unverschämt sie klang. Zeus hätte sie für diesen Ton mit seinem Donnerkeil gegrillt. Aber seine Tochter lachte bloß.

»Nein, ich bin nicht allwissend. Eins jedoch weiß ich: Der Name ›Medusa‹ bedeutet nicht Monster, sondern eher ›Wächterin‹ oder ›Beschützerin‹. Und als meine Nachfahrin bist du ebenfalls eine Wächterin oder Beschützerin. Du bist dazu bestimmt, an die Accademia zurückzukehren und anderen sogenannten Monstern dabei zu helfen, ihre wahre Geschichte herauszufinden und ihre Identität zu ergründen.«

»Ich kann nicht wieder an die Accademia! Selbst wenn Mr Orion das wollte, würde der olympische Rat das niemals erlauben. Sie werden mich auch zum Schweigen bringen!«

»Du hast Verbündete. Freundinnen und Freunde«, entgegnete Medusa. Sie wischte einen Wolkenfetzen beiseite, damit sie hinunterspähen konnten. »Es wird Zeit, dich wieder abzusetzen.«

Und uns zu verabschieden. Sie brauchte es nicht auszusprechen, Ava wusste es auch so. Sie ergriff Medusas Hand. »Wo gehen Sie hin?«

»Ich werde meine Mutter suchen.«

Avas Brust zog sich vor lauter Heimweh zusammen. Sie vermisste ihre Mom ebenfalls.

Medusa schwebte durch den Schleier aus Wolken hinab. »Es wartet noch eine weitere Aufgabe auf dich, Ava. Du musst deine Mutter befreien.«

»Wieso? Haben die Götter sie gefangen genommen, während ich weg war?«, fragte Ava besorgt.

»Nein, sie ist schon seit langer Zeit gefangen. Nicht aufgrund von Magie, sondern von Angst«, sagte Medusa.

Ava verstand. »Wenn man Angst davor hat, die eigene Meinung zu sagen und man selbst zu sein, ist man fast so einsam wie auf einer verlassenen Insel.«

Unter ihnen wurde Poveglia wieder größer. Ava entdeckte die Ruinen des Krankenhauses und dann auch Fia, Layla, Arnold und Jax.

»Eines Tages wird die Welt sich verändern«, sagte Medusa. »Und du wirst dabei helfen, zusammen mit allen, die dich lieben.«

Die anderen riefen ihren Namen und winkten.

Medusa steuerte auf sie zu. »In der Zwischenzeit vergiss nicht: Du bist nicht allein.«

Sanft ließ sie Ava in die ausgestreckten Arme ihrer Freundinnen und Freunde gleiten.

41

Es war kurz nach Mittag, als die Gondeln mit den Eltern der Kinder aus dem ersten Grad vor der Accademia anlegten. Ava umklammerte ihren Koffer und suchte mit den Augen die eintreffenden Boote nach ihrer Mutter ab. Sie konnte immer noch nicht glauben, ein Jahr an dieser Schule überlebt zu haben – und damit meinte sie nicht nur, dass sie in allen Fächern bestanden hatte.

Als sie und die anderen zur Accademia zurückgekehrt waren, hatten Mr Orion und Miss Demi sie vor den olympischen Rat geführt. Zeus' Vorschlag war, sie in den Tartaros zu werfen. Weil er davon ausging, dass ihn die Mehrheit der Gottheiten unterstützen würde, ließ er darüber abstimmen.

Später erfuhr Ava, dass Persephone von Hades verlangt hatte, ihr bei der Granatapfelernte zu helfen, weswegen er an dem Tag nicht anwesend war. Und Hestia hatte Dionysos großzügig Wein eingeschenkt und sein Votum heimlich manipuliert, als er eingeschlafen war. Trotzdem schien Zeus genügend Stimmen zusammenzuhaben, bis Athene, die sich noch nie gegen ihn gestellt hatte, plötzlich spurlos verschwunden war. Am Ende stand es daher fünf zu fünf, und Zeus' geplante Maßnahme trat nicht in Kraft. Nicht einmal Miss Demi wusste, ob

Athene entführt worden war oder ob sie sich mit Absicht enthalten hatte. Doch angeblich hatte man ein paar Stunden vor der Ratssitzung eine umherschwirrende Fliege auf dem Olymp gesichtet.

Ava und die anderen wurden also wieder an der Accademia aufgenommen, aber dennoch kamen sie nicht ganz ohne Strafe davon. Jeden Tag nach dem Unterricht wurde ihnen Arbeit aufgebrummt. Mr Orion, der – wie Zeus verkündet hatte – zum Ende des Jahres den Schulleiterposten abgeben würde, ließ Ava die Wasserflecken an den Wänden im Erdgeschoss und in seinem Büro schrubben. Miss Klio gab Fia die Aufgabe, in der Bibliothek die gesamte Abteilung zur griechischen und römischen Mythologie alphabetisch zu sortieren. Arnold musste Zales Zimmer putzen, sogar das Privatbad. »Das stinkt schlimmer als jede Harpyie«, berichtete Arnold. Layla wurde damit beauftragt, das Wasser aufzuwischen, das während der Schwimmstunden bei Anahitas und Morgans Gestrudel über den Rand spritzte. Dagegen hatte Jax richtig Glück. Er musste im Schulkrankenzimmer assistieren und Verletzungen heilen, die die meisten sich in Mr Heffs Werkstatt zuzogen.

Trotzdem schienen Mr Orion und die übrigen Lehrkräfte jetzt mehr darauf zu achten, sie nicht zu provozieren, als hätten sie die Verschiebung im Gleichgewicht der Kräfte gespürt.

Mr Orion hatte ihre Eltern nicht darüber informiert, was passiert war und wie knapp sie nicht nur einem Schulverweis, sondern auch dem Tode entgangen waren. Tatsächlich verlor er kein Wort über ihre »Vergehen«, schon gar nicht vor den anderen Schülerinnen und Schülern. Fia versuchte, ein paar Leuten von der wahren Medusa zu erzählen, der Göttin, nicht dem Monster, aber man glaubte ihr nicht. Miss Demi hatte ihr daraufhin geraten, Geduld zu haben.

Ava kannte jedoch eine Person, die Medusas Geschichte sofort glauben würde. Dieses Gespräch wollte sie allerdings persönlich führen, und deswegen konnte sie es kaum abwarten, dass ihre Mom endlich kam und sie nach Hause holte.

In der Zwischenzeit hatte im halb unter Wasser stehenden Venedig der Frühling Einzug gehalten. Die bis in die Knochen dringenden kalten Winterwinde waren vorbei, und die warme Junisonne glitzerte auf der Lagune. Passend zur Hauptsaison strömten von überall Studierende und Familien in die Stadt. Die Accademia würde ihre Magie abstreifen und als ganz normaler *Palazzo* die Pforten für den Sommerbesuch öffnen. Die Gottheiten und vermeintlichen Monster würden sich in alle vier Winde zerstreuen und nach Hause zurückkehren. Als sie einen Blick zurückwarf, dachte Ava, dass sie die Schule vielleicht doch vermissen würde. Aber dann hörte sie die Stimme ihrer Mom.

»Ava!«

Sie entdeckte ihre Eltern, die heftig winkten, während ihr Gondoliere an der Steinveranda andockte. Sie hatten es sich nicht leisten können, zu Ostern rüberzufliegen, daher hatte Ava die Feiertage bei Layla verbracht. Die letzten fünfeinhalb Monate waren ihr unendlich lang erschienen.

Eine Hand legte sich auf ihre Schulter. »Red du allein mit Mom«, meinte Jax. »Ich sage Dad einfach, dass ich zu viel Gepäck habe und wir deswegen ein zweites Boot brauchen.«

»Sicher? Es ist doch auch deine Geschichte«, erwiderte Ava.

Jax grinste. »Erzähl ihr auf jeden Fall, dass ich dein Leben gerettet habe, okay?«

Ava tat verwirrt. »Daran kann ich mich gar nicht erinnern.«

Er schubste sie sanft in Richtung der Gondeln. Ava grinste. Jax würde immer ihr nerviger großer Bruder sein, aber wenn es darauf ankam, konnte sie sich auf ihn verlassen.

»Mom!«, rief sie und streckte die Hand nach ihr aus.

Die Seufzerbrücke war ein überdachter Gang aus weißem Kalkstein, der über einen Kanal führte. Man sagte, von dort hätten früher die Verurteilten einen wundervollen letzten Blick auf Venedig gehabt, bevor sie auf der anderen Seite entweder lebenslang weggesperrt oder hingerichtet worden waren. Ava hatte den Gondoliere gebeten, für einen Augenblick darunter anzuhalten. Während er hinten im Boot hockte und mit seiner Freundin telefonierte, saßen Ava und ihre Mom nebeneinander und betrachteten die Brücke – eine der bekanntesten der Stadt. Seitlich waren traurige und erschrockene Fratzen in den Stein eingelassen.

»Warum hat der Erbauer sie so unglücklich dargestellt?«, fragte Ava.

»Man nennt diese Gesichter Maskaronen«, antwortete ihre Mom. »Sie sollen das Böse fernhalten.«

Ava entdeckte ein freudiges Gesicht. »Die da sieht fröhlich aus. Was ist ihre Aufgabe?«

»Ich bin mir ziemlich sicher, dass es ein Er ist. Man sagt, er wäre der Beschützer der Brücke«, erzählte ihre Mom.

»Dann ist es bestimmt eine Frau. Frauen sind die besten Beschützerinnen«, meinte Ava.

Sanft strich ihre Mom ihr eine widerspenstige Locke aus der Stirn. »Das klingt nicht nach etwas, das sie euch auf der Accademia beibringen.«

Ava legte den Kopf schief. »Nein, das habe ich außerhalb der Accademia gelernt. Und zwar über Medusa. Ihr Name heißt so viel wie ›Wächterin‹ oder ›Beschützerin‹.«

Ihre Mom senkte den Blick und machte dabei unbewusst ein ebenso trauriges Gesicht wie die Fratzen an der Brücke. »Unsere Vorfahrin.«

»Und Freundin«, fügte Ava leise hinzu. »Ich weiß, dass du ihr schon mal begegnet bist.«

Ihre Mom schaute abrupt auf und starrte sie an. »Wie bitte?«

»Ich weiß von damals, Mom. Dass du versucht hast, sie zu befreien. Dass du das Orakel gefragt hast, wie man den Fluch bricht, und dass Poseidon dich erwischt hat. Deine Hilfe hat ihr viel bedeutet. Sie hat dich nie vergessen.«

Ihre Mom blinzelte. »Woher weißt du das?«

»Sie hat es mir erzählt!«

»Du hast sie getroffen? Das ist unmöglich. Bitte sag mir nicht, du warst auf Poveglia …«

Ava nickte, aber ehe sie es erklären konnte, funkelte ihre Mom sie an. »Ava! Was hast du dir bloß dabei gedacht?!« Sie klang stinksauer. Doch in Wahrheit hatte sie nur Angst.

»Schon okay. Mir ist ja nichts passiert.«

Doch ihre Mom schien ihr gar nicht zuzuhören. »Ich habe mir solche Sorgen gemacht. Direkt am ersten Schultag hat Mr Moros gesagt: ›Wenn deine Tochter sich nicht beherrscht, landet sie früher oder später in der Unterwelt‹.«

»Deswegen hast du ihn also erstarren lassen!«

Diesmal stritt ihre Mom es nicht ab. »In Rom hast du mich gefragt, warum ich mich damals in der Schulzeit so verändert habe. Nach der Sache mit Poveglia haben die Götter mir gedroht. Von da an war ich nicht mehr das furchtlose Mädchen, das versucht hatte, Medusa zu helfen. Und nachdem ich dich und Jax bekommen hatte, wollte ich euch natürlich schützen.«

»Ich kann gut verstehen, warum du deine Gefühle versteckt und dich so verhalten hast«, sagte Ava. »Aber so wirst du nie glücklich, und beschützt hast du mich dadurch auch nicht. Ich sag das nur ungern, aber Mr Moros Warnung ist wahr geworden.«

Ihre Mom wurde blass. Sie nahm Avas Hand und drückte sie, als wollte sie sichergehen, dass Ava noch lebte. »Was soll das heißen?«

»Hör einfach zu. Ich erzähl dir die ganze Geschichte.«

Ihre Mom ließ sich schweigend zurück in den gepolsterten Sitz sinken und Ava sprudelte drauflos. Sie berichtete von Fia, der man die Stimme geraubt hatte, von dem erstarrten Mr Orion und der Begegnung mit Medusa. Von der Suche nach der Wahrheit über ihre Vorfahrin, die sie in die Unterwelt und auf den Olymp geführt hatte. Dann erklärte sie ihrer Mom, dass sie mit Mr Orion verwandt waren und er sie zwar verabscheute, sie aber auch beschützt hatte. Und wie Miss Demi, Persephone und Hekate sie mit Jax' Hilfe vor dem Ertrinken gerettet hatten. In der Miene ihrer Mom spiegelte sich jede unerwartete Wendung, jeder Moment der Gefahr und des Triumphs. Sie hörte ihr einfach nur zu.

Als Ava am Ende angelangt war, umfasste sie beide Hände

ihrer Mom. »Medusas Geschichte ist auch unsere. Du brauchst keine Angst zu haben.«

Ihre Mom schüttelte den Kopf. »Aber Zeus ...«

»Wir haben Verbündete, die auf uns aufpassen. Zeus hat nicht mal genug Stimmen zusammenbekommen, um mich zu bestrafen.«

Ihre Mom seufzte. »Er ist nicht dumm, Ava. Er wird einen Weg finden, dich zu unterdrücken.«

Ava sah ihre Mom entschlossen an. »Und ich werde immer einen Weg finden, wieder aufzustehen. Ich will nicht in Angst leben, und das solltest du auch nicht. Wir sind keine Monster, Mom. Wir sind Göttinnen – klug, furchtlos und schön.«

Unsicherheit flackerte in den Augen ihrer Mutter auf. Unbeholfen strich sie sich über die Haare. »Ich weiß nicht, Ava. Vielleicht ist es für mich schon zu spät.«

»Was meinst du damit? Du bist die Nachfahrin von Metis und Medusa! Du könntest anderen Frauen helfen. Du könntest wieder Sozialarbeiterin werden ...«

»Das fänd ich gar nicht schlecht«, gab ihre Mom zu. »Wusstest du, dass ich mich damals um misshandelte Frauen gekümmert habe?«

»Das macht total Sinn«, rief Ava stolz. »Es liegt dir quasi im Blut.«

Ihre Mom schien sie gar nicht zu hören. »Aber das ist viele Jahre her. Heute habe ich nicht mehr den Mut, da rauszugehen und zu kämpfen.«

»Oh doch, hast du. Du bist *meine* Heldin, Mom. Klar, am Ende habe *ich* Medusas Geschichte vervollständigt, aber du hast das alles angestoßen, und zwar ganz allein. Ohne dich hätte ich das nie geschafft.«

Eine Träne rann ihrer Mom über die Wange. Sie vergrub das Gesicht in den Händen.

Ava konnte nicht anders, sie fing ebenfalls an zu weinen. »Es tut mir so leid, was du durchmachen musstest.«

Ihre Mom nahm Avas Hand und hob das tränennasse Gesicht. »Es ist so schwer«, murmelte sie unter Schluchzern, »die Angst loszuwerden.«

Ava legte den Kopf auf ihre Schulter. »Ich weiß. Aber du bist nicht allein.«

Ihre Mom blickte hoch zu den Fratzen an der Seufzerbrücke und holte tief Luft. Dann wandte sie sich wieder Ava zu und deutete ein zaghaftes Lächeln an – wie das einzige glückliche Maskaron.

DANKSAGUNG

Mein Dank gilt: Alex Glass, der immer an meine Geschichten geglaubt hat. Amy Cloud, dafür, dass sie geholfen hat, sie zu verbessern. Erica Perl, Caroline Hickey und Tammar Stein für ihre Kritik und ihren schwesterlichen Beistand. Dem gesamten Team bei Clarion Books für die harte Arbeit, mit der sie den Text in ein Buch verwandelt haben. Julian und Sasha Barnes, meinen Ratgebern und Verbündeten – und gleichzeitig Ehemann und Sohn. May Ruthman, meiner hilfreichen Quelle für alle Belange rund um die Schule für Sterbliche, die außerdem die coolste Nichte der Welt ist. Meiner Tochter Natalia Barnes für ihren unerschütterlichen Gerechtigkeitssinn und dafür, dass sie mich lehrt, mich selbst zu respektieren.

GLOSSAR

Aiolos war König auf einer Mittelmeerinsel und Herrscher über die verschiedenen Winde. Er hat Odysseus für seine Reise einige Winde in einem Ledersack mitgegeben, die er beim Segeln nutzen konnte. Odysseus' Bootsbesatzung ließ diese später alle auf einmal hinaus, sodass das Schiff zu Aiolos zurückgetrieben wurde.

Aphrodite ist die Göttin der Liebe und Schönheit und wurde aus dem Schaum des Meeres geboren. Sie zählt zu den zwölf mächtigsten olympischen Gottheiten.

Apollon ist der Gott des Lichts und der Künste (besonders der Dichtkunst und Musik), außerdem der Heilkunst und der Kunst des Bogenschießens und vieles mehr. Ihm ist die wichtigste Orakelstätte der alten Griechen geweiht: das Orakel von Delphi. Er ist ein Sohn des Zeus und gehört zusammen mit seiner Zwillingsschwester Artemis zu den zwölf mächtigsten olympischen Gottheiten.

Arachne war eine meisterhafte Weberin, die die Göttin Athene zu einem Wettstreit im Weben herausforderte. Als Athene tatsächlich verlor, wurde sie wütend und verwandelte Arachne in eine große Webspinne.

Ares ist der Gott des Krieges. Seine Eltern sind Zeus und Hera und er gehört zu den zwölf mächtigsten olympischen Gottheiten.

Artemis ist unter anderem die Göttin der Jagd, des Waldes, des Mondes und Hüterin der Frauen und Kinder. Sie ist eine Tochter des Zeus und gehört zusammen mit ihrem Zwillingsbruder Apollon zu den zwölf mächtigsten olympischen Gottheiten.

Asphodeliengrund wird in der griechischen Mythologie ein Teil der Unterwelt genannt. Hier hausen als Schatten die meisten verstorbenen Seelen, nämlich alle, die als weder gut noch schlecht gelten. Die Unterwelt hat noch zwei weitere Teile: das paradiesische Elysion (die Insel der Seligen) und den schrecklichen Tartaros (der unterste Teil der Unterwelt).

Atalante wurde als Kind ausgesetzt und von einer Bärin gesäugt. Später wurde sie zu einer großen Jägerin und zur schnellsten Läuferin Griechenlands. Als sie verheiratet werden sollte, stellte sie die Bedingung, dass ihr Bräutigam sie erst im Wettlauf besiegen müsse. Niemand schaffte es, bis Melanion sie überlistete und im Lauf goldene Äpfel fallen ließ, die Atalante aufhob und dadurch verlor.

Athene, auch genannt Pallas Athene, ist die Göttin der Weisheit, des Kampfes, des Handwerks und Schutzgöttin der Stadt Athen. Außerdem gilt sie als Schutzpatronin der Heldinnen und Helden. Ihr Symboltier ist die Eule, die ja auch für Weisheit steht. Athenes Eltern sind Zeus und Metis. Als Metis mit zwei Kindern schwanger war, wurde Zeus prophezeit, dass eines der Kinder mächtiger sein würde als er selbst. Auf keinen Fall wollte er vom Thron gestürzt werden, daher verwandelte er Metis in eine Fliege und verschlang sie. Danach litt er an starken Kopfschmerzen, und aus seinem Kopf kletterte Athene, komplett in Rüstung. Das zweite Kind soll angeblich mit Metis in seinem Innern eingesperrt geblieben sein. Athene gehört zu den zwölf mächtigsten olympischen Gottheiten.

Bellerophon ist ein Held der griechischen Mythologie, der den Auftrag erhielt, die Feuer speiende Chimära zu töten, was als unmöglich galt. Zusammen mit dem geflügelten Pferd Pegasos und einer List schaffte Bellerophon es jedoch.

Boreaden werden die Nachkommen von Boreas genannt. Dieser ist der Gott des Nordwinds und hat drei Brüder: die Götter des Ostwinds, Südwinds und Westwinds.

Charon ist der alte Fährmann, der die Verstorbenen über den Totenfluss Styx in die Unterwelt bringt. Diese Überfahrt muss mit einer Geldmünze bezahlt werden.

Charybdis ist ein mythologisches Meeresungeheuer. Sie lebt in einer engen Durchfahrt zwischen zwei Felsen und saugt dort Meerwasser ein und stößt es wieder aus, sodass vorbeifahrende Schiffe in den Sog geraten und untergehen. Wenn die Schiffe ihr ausweichen wollen, nähern sie sich dem gegenüberliegenden Felsen an und werden von einem anderen Ungeheuer namens Skylla gefressen. Daher kommt auch die Redewendung »zwischen Skylla und Charybdis«, womit eine ausweglose Situation gemeint ist.

Chimära ist der Name eines Mischwesens, das vorne wie ein Löwe, in der Mitte wie eine Ziege und hinten wie eine Schlange aussieht. Sie war sehr gefürchtet und konnte Feuer speien. Ihre

Geschwister sind die vielköpfige Schlange Hydra, der dreiköpfige Höllenhund Kerberos, die Sphinx und der zweiköpfige Hund Orthos.

Delphi ist ein Ort in Griechenland, der in der Antike für sein Orakel berühmt war. Dort lebte einst der Python, ein mythischer Drache, der hellsehen konnte. Der Gott Apollon erlegte den Python, und durch das vergossene Blut wurden die hellseherischen Fähigkeiten des Drachen auf den Ort Delphi übertragen. In dem dort gebauten Tempel konnten von da an die Priesterinnen um einen Orakelspruch gebeten werden. Das Orakel von Delphi ist dem Gott Apollon geweiht.

Demeter ist die Göttin für Ackerbau, Fruchtbarkeit und Getreide. Zusammen mit Zeus hat sie eine Tochter, Persephone, die von Hades als seine Frau in die Unterwelt verschleppt wurde. Da durch Demeters Trauer über die Trennung alle Pflanzen auf der Erde welkten, handelte Hermes einen Kompromiss aus: Persephone lebt vier Monate mit Hades in der Unterwelt und den Rest des Jahres mit Demeter auf der Erde, sodass die Pflanzen immerhin acht Monate im Jahr gedeihen können. Demeter gehört zu den zwölf mächtigsten olympischen Gottheiten.

Dike ist eine der Horen, das sind Göttinnen über Zeit und Schicksal. Sie ist die Personifikation der Gerechtigkeit.

Dionysos ist der Gott des Weins, der Freude und der wilden Partys. Er ist ein Sohn des Zeus.

Echidna ist ein Mischwesen aus Mädchen und Schlange. Sie ist die Mutter vieler Monster, unter anderem des zweiköpfigen Hundes Orthos, des dreiköpfigen Höllenhunds Kerberos und der vielköpfigen Schlange Hydra, der Sphinx und der Chimära.

Elysion wird in der griechischen Mythologie ein Teil der Unterwelt genannt. Dorthin gelangen nach dem Tod die Heldinnen und Helden und alle, die von den Gottheiten geliebt wurden. Das Elysion wird auch »Insel der Seligen« genannt. Die Unterwelt hat noch zwei weitere Teile: den Asphodeliengrund, wo als Schatten die meisten verstorbenen Seelen hausen, die im Leben als weder gut noch schlecht galten, sowie den schrecklichen Tartaros.

Empusa wird ein weibliches Dämonenwesen genannt, das entweder als Frau oder als tierähnliche Kreatur auftreten kann. Angeblich saugt sie Männern das Blut aus, wie eine Vampirin.

Euryale – siehe Gorgonen

Eurydike war die Frau des Orpheus, die jung an einem Schlangenbiss starb. In seiner Trauer folgte ihr Orpheus mit seiner Leier ins Totenreich und rührte alle so mit seinem Spiel, dass er eingelassen wurde. Persephone erlaubte ihm, Eurydike wieder mit nach oben zu nehmen, wenn er sich dabei nicht nach ihr umsah. Das schaffte er nicht und Eurydike musste für immer im Hades bleiben.

Gaia ist die Erdgöttin und eine der ältesten Gottheiten überhaupt. Sie ist die Mutter der Titaninnen und Titanen, der Zyklopen und der Hekatoncheiren.

Gondoliere nennt man die Gondelfahrer auf den Kanälen von Venedig. Dort kann man Gondeln wie Taxis benutzen.

Gorgonen sind drei weibliche Wesen mit Schlangenhaaren, die jeden, der sie ansieht, zu Stein erstarren lassen: Medusa, Stheno und Euryale. Die einzige Sterbliche von ihnen ist Medusa. Der Sage nach wurde ihr vom Helden Perseus der Kopf abgeschlagen. Gorgonenblut aus der rechten Körperhälfte soll Tote zum Leben erwecken können.

Hades bekam bei der Aufteilung der Welt das Totenreich zugeteilt, über das er herrscht. Auch die Unterwelt selbst wird Hades genannt. Er ist verheiratet mit Demeters Tochter Persephone und besitzt eine Tarnkappe, die unsichtbar macht. Hades gehört zu den zwölf mächtigsten olympischen Gottheiten.

Harpyien sind dämonenartige Mischwesen in Vogelgestalt mit Frauenkopf. Sie gelten als gruselig, unersättlich und sollen stinken. Harpyien geleiten als Rachegeister die Seelen der Verstorbenen in die Unterwelt.

Hephaistos ist der Gott der Schmiedekunst, des Feuers und der Vulkane. Er ist zuständig für Waffen und alles andere, das aus Metall hergestellt wird, auch frühe Formen von Robotern. Er wurde als Kind vom Olymp geschleudert – die Sagen widersprechen sich, ob von Zeus oder von Hera. Dabei wurden seine Beine verletzt und er hat Schwierigkeiten beim Laufen. Hephaistos gehört zu den zwölf mächtigsten olympischen Gottheiten.

Hekate ist die Göttin der Magie und Hexerei und die Wächterin der Tore zwischen den Welten. Sie ist Herrin der Empusen und wird oft als dreifache Gestalt dargestellt: als Mädchen, Mutter und Greisin.

Hekatoncheiren heißen übersetzt »die Hundertarmigen«. Gemeint sind Briareos, Gyges und Kottos, drei riesige Söhne von Gaia. Sie verhalfen Zeus im Kampf gegen die Titanen zum Sieg.

Hera ist die Göttin der Ehe, der Frauen, der Geburt und Familie. Sie ist zugleich Schwester und Gattin des Zeus und gilt als sehr eifersüchtig, daher wurden Zeus' außereheliche Kinder meistens vor ihr versteckt. Hera gehört zu den zwölf mächtigsten olympischen Gottheiten.

Herkules ist ein sagenumwobener Held der griechischen Mythologie. Er war berühmt für seine Stärke und musste zwölf Abenteuer bestehen, unter anderem erlegte er den wilden Nemeischen Löwen. Meistens kämpfte er mit seiner Keule oder mit Pfeil und Bogen.

Hermes ist der Gott der Reisenden, der Kaufleute und Diebe und der Redekunst. Als Götterbote überbringt er Nachrichten, dafür hat er kleine Flügel an seinen Stiefeln. Hermes gehört zu den zwölf mächtigsten olympischen Gottheiten.

Hestia ist die älteste Tochter des Kronos und der Rhea und die Schwester von Zeus, Poseidon, Hades, Demeter und Hera. Auf dem Olymp bewacht sie die heilige Flamme des Herdfeuers, die nie erlöschen darf.

Horen sind Göttinnen der Zeit und des Schicksals und bewachen die Tore zum Olymp. Drei der Horen sind Göttinnen der Jahreszeiten.

Hydra ist eine Wasserschlange mit unzähligen Köpfen. Da diese immer wieder nachwuchsen, wenn einer abgeschlagen wurde, galt sie als unbesiegbar. Erst der Held Herkules schaffte es, sie zu töten, indem er die enthaupteten Hälse mit einer Fackel ausbrannte.

Hygieia ist eigentlich die Göttin der Gesundheit. Von ihr leitet sich unser Wort »Hygiene« ab, daher wird Hygieia auch oft mit Sauberkeit in Verbindung gebracht.

Kalliope ist eine der neun Musen, die jeweils für unterschiedliche Künste zuständig sind. Kalliopes Bereich sind epische Gedichte, Philosophie und Wissenschaft. Sie ist eine Tochter des Zeus.

Kerberos, manchmal auch Zerberus genannt, ist ein dreiköpfiger Hund, der den Eingang zur Unterwelt bewacht, sodass keine Lebenden eindringen und keine Toten entkommen können. Orpheus gelangte einst ins Totenreich, weil er es schaffte, Kerberos mit dem Spiel auf der Leier zu besänftigen.

Keto ist eine Meeresgöttin und Tochter der Erdgöttin Gaia. Nach einigen Sagen soll sie die Mutter der Gorgonen sein, also auch die von Medusa, aber das ist umstritten.

Klio ist eine der neun Musen, die jeweils für unterschiedliche Künste zuständig sind. Klios Bereich sind Heldendichtung und Geschichtsschreibung. Sie ist eine Tochter des Zeus.

Kronos ist der jüngste Sohn der Erdgöttin Gaia mit dem Himmelsgott Uranos. Er ist der Anführer der Titanen und der Vater von Zeus. Seine Lieblingswaffe ist die Sichel. Da er als früherer Herrscher der Welt befürchtete, von einem seiner Kinder entmachtet zu werden, verschlang er sie allesamt. Nur den kleinen Zeus konnte die Mutter Rhea rechtzeitig verstecken und gab Kronos stattdessen einen in Windeln gewickelten Stein, den er verschlang. Später wurde Kronos tatsächlich von Zeus entmachtet und spuckte alle Kinder und den Stein wieder aus.

Ladon war eine hundertköpfige Schlange, die niemals schlief. Seine Aufgabe war es, auf Befehl von Hera die goldenen Äpfel im Garten der Hesperiden zu bewachen.

Lamia war eine Geliebte des Zeus und bekam einen Sohn, den Hera aus Eifersucht tötete. Verrückt vor Trauer und Zorn, verwandelte Lamia ihren Kopf in ein Schlangenhaupt und tötete und verspeiste von da an die Kinder anderer Mütter. Nach ihr sind die Lamien benannt, das sind vampirartige Monster der griechischen Mythologie.

Medusa ist eine der Gorgonen. Das sind weibliche Wesen mit Schlangenhaaren, die jeden, der sie ansieht, zu Stein erstarren lassen: Medusa, Stheno und Euryale. Gorgonenblut aus der rechten Körperhälfte soll Tote zum Leben erwecken können. Medusa ist die einzige Sterbliche der drei. Der Sage nach war sie eine sehr schöne Frau, bis Athene sie in das hässliche Wesen verwandelte. Der Held Perseus schaffte es angeblich, ihr den Kopf abzuschlagen, indem er sie nicht direkt ansah, sondern nur ihr Spiegelbild in Athenes Schild. Da auch der abgeschlagene Kopf noch die Macht hatte, Feinde zu Stein erstarren zu lassen, nahm Perseus ihn als Waffe mit.

Metis ist die erste Geliebte von Zeus. Als sie von ihm schwanger war, wurde Zeus prophezeit, dass eines der Kinder mächtiger sein würde als er selbst. Auf keinen Fall wollte er vom Thron gestürzt werden, daher verwandelte er Metis in eine Fliege und verschlang sie. Danach litt er an großen Kopfschmerzen und aus seinem Kopf kletterte Athene, komplett mit Rüstung. Metis hatte in seinem Kopf ein Kind bekommen! Das zweite Kind soll angeblich in seinem Inneren eingesperrt geblieben sein.

Der Minotauros ist ein Mischwesen mit menschlichem Körper und Stierkopf. König Minos von Kreta sperrte ihn in einem dafür gebauten Labyrinth ein, wo ihm regelmäßig Jungfrauen und junge Männer geopfert wurden, um ihn milde zu stimmen.

Moiren sind Schicksalsgöttinnen, die der Sage nach für jeden Menschen einen Schicksalsfaden spinnen und mit ihm auch die Länge des Lebens bestimmen. Meistens treten sie zu dritt auf.

Moros ist der griechische Gott des Unglücks und Untergangs. Er ist ein Kind der Nacht und Bruder der Moiren.

Der Nemeische Löwe war ein unverwundbarer mythologischer Löwe, der alle Menschen und Tiere anfiel. Es war eine der Aufgaben des Herkules, den Nemeischen Löwen zu besiegen und sein Fell zu erbeuten, was er auch schaffte. Er schneiderte sich aus dem Fell einen Umhang, der ihn ebenfalls fast unverwundbar machte.

Nereiden sind Meeresnymphen, die im Ozean leben, den Meeresgott Poseidon begleiten und Schiffbrüchige beschützen.

Odysseus ist ein berühmter Held der griechischen Mythologie und ein Liebling der Athene. Er kämpfte im Trojanischen Krieg und irrte auf seiner Heimreise zehn Jahre mit seiner Mannschaft über das Meer. Unter anderem kämpfte er gegen die Meeresungeheuer Skylla und Charybdis und gegen den Zyklopen Polyphem. Die zahlreichen Abenteuer dieser Reise werden in der Odyssee erzählt.

Oinopion war ein König und Sohn des Dionysos. Als Orion eine von Oinopions Töchtern heiraten wollte, war er nicht einverstanden, machte Orion betrunken und stach ihm die Augen aus. Hephaistos hatte Mitleid mit dem blinden Orion und half ihm, damit sein Augenlicht wiederhergestellt werden konnte.

Olymp heißt das höchste Gebirge Griechenlands. Der Sage nach ist dessen höchster Gipfel die Wohnstätte der Götter. Dort haben sie einen Thronsaal für die zwölf mächtigsten Gottheiten und dort brennt auch die heilige Flamme des olympischen Herdfeuers.

Orakel von Delphi ist das berühmteste Orakel im alten Griechenland. Dort lebte einst der Python, ein mythisches Schlangenwesen, das hellsehen konnte. Der Gott Apollon erlegte den Python, und durch das vergossene Blut wurden die hellseherischen Fähigkeiten der Schlange auf den Ort Delphi übertragen. In dem dort gebauten Tempel konnten von da an die Priesterinnen um einen Orakelspruch gebeten werden. Das Orakel von Delphi ist dem Gott Apollon geweiht.

Orion war der Sage nach ein riesiger Jäger, der über das Wasser laufen konnte. Als er eine von König Oinopions Töchtern heiraten wollte, war dieser nicht einverstanden, machte Orion betrunken und stach ihm die Augen aus. Hephaistos hatte Mitleid mit dem blinden Orion und half ihm, damit Orions Augen später durch das Licht von Eos, der Göttin der Morgenröte, wieder geheilt werden konnten.

Orpheus war ein Sohn der Muse Kalliope. Er bekam von Apollon eine Leier geschenkt und sang so schön, dass er seine Feinde oft durch seine Musik bezauberte. Als seine Frau Eurydike starb, folgte er ihr in die Unterwelt und konnte dabei sogar den Höllenhund Kerberos betören. Er schaffte es aber nicht, Eurydike wieder mit nach oben zu bringen, weil er sich auf dem Weg nach ihr umsah – das hatten ihm Hades und Persephone aber verboten.

Persephone ist eine Göttin der Totenwelt und der Fruchtbarkeit. Sie ist eine Tochter von Zeus und Demeter, der Göttin für Ackerbau. Persephone wurde von Hades als seine Frau in die Unterwelt verschleppt. Daraufhin welkten durch Demeters Trauer über die Trennung alle Pflanzen auf der Erde, und Hermes handelte einen Kompromiss aus: Persephone lebt vier Monate mit Hades in der Unterwelt und den Rest des Jahres mit Demeter auf der Erde, sodass die Pflanzen immerhin acht Monate im Jahr gedeihen können.

Perseus ist ein Held der griechischen Mythologie. Er sollte der Vorhersage nach seinem Großvater, dem König Akrisios, zum Verhängnis werden, also versuchte dieser, seine Geburt zu verhindern. Später bekam Perseus die Aufgabe, den Kopf der Medusa zu erbeuten. Athene half ihm dabei, indem sie ihm einen glänzenden Schild gab. So konnte Perseus Medusa nur als Spiegelbild auf dem Schild ansehen, wurde nicht versteinert und besiegte sie.

Polyphem ist ein riesiger Zyklop, der in einer Höhle lebt. Odysseus überlistete ihn und stach ihm sein einziges Auge aus, damit er mit seinen Seeleuten entkommen konnte.

Poseidon ist der Gott des Meeres und ein Bruder des Zeus. Bei der Aufteilung der Welt bekam er das Meer zugeteilt, Zeus bekam den Himmel und Hades das Totenreich. Seine Waffe ist der Dreizack und sein heiliges Tier ist das Pferd. Er kann Fluten, Stürme und Erdbeben hervorrufen. Poseidon gehört zu den zwölf mächtigsten olympischen Gottheiten.

Prometheus ist ein Titan, der den Menschen das Feuer zur Nutzung brachte. Das hatte Zeus aber verboten, daher bestrafte er Prometheus. Er schmiedete ihn an einen Berg, wo jeden Tag ein Adler von seiner Leber fraß, die immer wieder nachwuchs. Erst der Held Herkules befreite ihn aus seiner Lage.

Der **Python** ist ein mythisches Schlangenwesen, das hellsehen konnte. Nachdem der Gott Apollon den Python erlegt hatte, wurden durch das vergossene Blut die hellseherischen Fähigkeiten der Schlange auf den Ort Delphi übertragen. In dem dort gebauten Tempel konnten von da an die Priesterinnen um einen Orakelspruch gebeten werden.

Rhea war eine Titanin und die Ehefrau des Kronos. Dieser befürchtete, von einem seiner Kinder entmachtet zu werden, und fraß sie allesamt auf. Nur den kleinen Zeus konnte die Mutter Rhea rechtzeitig verstecken und gab Kronos stattdessen einen in Windeln gewickelten Stein, den er verschlang. Später wurde Kronos tatsächlich von Zeus entmachtet und spuckte alle Kinder und den Stein wieder aus.

Die **Sirenen** sind meist weibliche Mischwesen aus Mensch und Vogel oder Mensch und Fisch. Mit ihrem verführerischen Gesang locken sie vorbeifahrende Seefahrer zu ihrer Insel, um sie dort zu töten. Zum Schutz vor dem Gesang der Sirenen verschloss Odysseus seine Ohren mit geschmolzenem Wachs, ließ sich an den Mast seines Schiffes binden und überlebte.

Skylla ist ein mythologisches Meeresungeheuer, das aus dem Oberkörper einer Frau und dem Unterleib von sechs Hunden besteht. Sie lebt zusammen mit einem zweiten Ungeheuer namens Charybdis in einer engen Durchfahrt zwischen zwei Felsen. Charybdis saugt dort das Meerwasser ein und stößt es wieder aus, sodass vorbeifahrende Schiffe in den Sog geraten und untergehen. Wenn die Schiffe ihr ausweichen wollen, nähern sie sich dem gegenüberliegenden Felsen und werden stattdessen von Skylla gefressen. Daher kommt auch die Redewendung »zwischen Skylla und Charybdis«, damit ist eine ausweglose Situation gemeint.

Die **Sphinx** ist ein Dämon mit dem Körper eines geflügelten Löwen und dem Kopf einer Frau. Sie ist dafür bekannt, vorbeikommenden Reisenden ein Rätsel aufzugeben und diejenigen zu töten, die es nicht lösen können. Das berühmteste Rätsel der Sphinx: Was geht am Morgen auf vier Füßen, am Mittag auf zweien und am Abend auf dreien? – Der Mensch: Als Kleinkind krabbelnd auf allen vieren, als Erwachsener auf zwei Beinen und im Alter mit Gehstock als drittes Bein.

Stheno – siehe Gorgonen

Styx – zu Deutsch »Wasser des Grauens« – ist einer der Flüsse der Unterwelt und zugleich eine Flussgöttin. Der Fluss bildet die Grenze zwischen dem Totenreich Hades und der Welt der Lebenden. Zum Preis einer Münze schifft der Fährmann Charon die Seelen der Toten über das Gewässer. Tote, die den Fährmann nicht bezahlen können, müssen hundert Jahre auf ihre Überfahrt warten.

Tantalos war ein mächtiger und reicher König mit einer Burg und riesigen Ländereien. Allerdings zog er den Zorn der Gottheiten auf sich, indem er Nektar und Ambrosia stahl, einen goldenen Hund versteckte und schließlich seinen jüngsten Sohn umbrachte. Zur Strafe wurde er in den Tartaros verstoßen, wo er hungerte und dürstete, während ihm ständig die größten Leckereien präsentiert wurden. Seine ewigen Qualen wurden daher zu einem geflügelten Wort: die Tantalosqualen.

Tartaros wird in der griechischen Mythologie ein Teil der Unterwelt genannt. Er ist der tiefste Abgrund der Totenwelt, in den nur die schlimmsten Feindinnen und Feinde der olympischen Gottheiten geworfen werden. Die Unterwelt hat noch zwei weitere Teile: den Asphodeliengrund, wo als Schatten die meisten verstorbenen Seelen hausen, die im Leben als weder gut noch schlecht galten, und das Elysion. Dorthin gelangen nach dem Tod die Heldinnen und Helden und alle, die von den Gottheiten geliebt werden.

Teiresias war ein Seher und Prophet, der sich im Laufe seines Lebens sowohl in eine Frau als auch zurück in einen Mann verwandelte. Als Strafe dafür, dass er Athene beim Baden sah, ließ diese ihn erblinden. Teiresias gab sein Wissen meist nur widerwillig preis, doch seine Fähigkeiten als Seher galten als unfehlbar.

Thanatos ist der Gott des sanften Todes. Er wohnt dort, wo Tag und Nacht aufeinandertreffen, und ist ein Feind der unsterblichen Götter. Hat er einen Menschen einmal gefangen, lässt er ihn niemals wieder frei. Nur Herkules und Sisyphos schafften es, Thanatos zu überlisten und den Tod rückgängig zu machen. Herkules besiegte Thanatos in einem Ringkampf und durfte als Preis Alkestis vom Tod befreien. Sisyphos überlistete Thanatos und konnte so zeitweilig aus der Unterwelt entkommen.

Die **Titanen** und **Titaninnen** gehören zu einem mächtigen Göttergeschlecht, das vor den olympischen Gottheiten herrschte. Sie sind Riesen und Riesinnen in Menschengestalt und stammen von der Erdgöttin Gaia und von Uranos ab. Nach einem langen Kampf mit den Olympiern wurden sie in den Tartaros vertrieben.

Die **Titanomachie** beschreibt einen elfjährigen Krieg, der zwischen den Titanen und den olympischen Göttern ausgetragen wurde. Die Titanen kämpften unter der Führung von Kronos, die zwölf olympischen Götter wurden von Zeus, dem Göttervater, angeführt. Die Olympier gewannen schließlich den Krieg und vertrieben die feindlichen Titanen in den Tartaros.

Typhon ist ein gigantisches Mischwesen und ein Sohn von Gaia und dem Tartaros. Er hat zahlreiche Drachen- und Schlangenköpfe, die ihm aus den Haaren, den Schultern und den Händen wachsen. Statt Beinen hat er zwei riesige Schlangenkörper am Unterleib. Das Monster soll für gefährliche Winde und Stürme verantwortlich sein. Als er auf den Olymp stieg, versetzte er sogar die Götter in große Angst, doch Zeus besiegte ihn schließlich.

Zeus, auch bekannt als der Göttervater, ist der mächtigste olympische Gott. Über ihm stehen nur seine eigenen Töchter, die Moiren, die das personifizierte Schicksal darstellen. Als Metis mit zwei seiner Kinder schwanger war, wurde Zeus prophezeit, dass eines der Kinder mächtiger sein würde als er selbst. Auf keinen Fall wollte er vom Thron gestürzt werden, daher verwandelte er Metis in eine Fliege und verschlang sie. Danach litt er an starken Kopfschmerzen und aus seinem Kopf kletterte Athene, komplett mit Rüstung. Das zweite Kind soll angeblich mit Metis in seinem Inneren eingesperrt geblieben sein.

Zyklopen sind riesige, kräftige Wesen mit einem einzelnen Auge in der Mitte der Stirn. Es gibt viele unterschiedliche Zyklopen, die sich in ihrem Aussehen unterscheiden. Sie gelten als gute Schmiede und Baumeister. Ursprünglich wurden die Zyklopen von Gaia eingeschlossen, bis Zeus sie schließlich befreite und dafür von ihnen Blitz, Zündkeil und Donner erhielt. Im Kampf gegen die Titanen stellten sich die Zyklopen auf die Seite der olympischen Götter.

MONSTER AN BORD!
EIN BUCH VOLLER ABENTEUER,
SPASS UND SPANNUNG!

Stuart Wilson
PROMETHEUS HIGHSCHOOL 1: WIE MAN EIN MONSTER ZUM LEBEN ERWECKT
Hardcover
304 Seiten
ISBN 978-3-551-55797-1
Auch als E-Book erhältlich

ATHENA LIEBT EXPERIMENTE. Aber als sie versucht, den verstorbenen Kater der Nachbarin mit Hilfe von Blitzenergie wiederzubeleben, brennt sie fast ihr Zuhause nieder. Doch statt Hausarrest auf ewig, erhält sie einen Platz an der Prometheus Highschool. Dort lernen Kinder mit Wissenschaft und Magie den Tod zu bezwingen. Athena ist Feuer und Flamme! Doch an Bord geschehen unheimliche und gruselige Dinge und nachts schleicht ein Bluthund umher. Allein kann Athena die Geheimnisse des Schiffes nicht lüften – aber zum Glück schließt sie überraschende Freundschaften …

NUR WER ECHTE FREUNDE UND GUTE IDEEN HAT, WIRD DIESEN SCHULTRIP ÜBERSTEHEN ...

Jennifer Killick
**CRATER LAKE:
SCHLAF NIEMALS EIN
(CRATER LAKE 1)**
Hardcover
240 Seiten
ISBN 978-3-551-55784-1
Auch als E-Book erhältlich

EIN AUSFLUG ZUSAMMEN MIT KATJA, BIG MAK UND CHETS? Tolle Sache, findet Lance. Aber eine Klassenfahrt mit der fiesen Miss Hoche ... eher gruselig! Und kaum erreicht ihr Bus Camp Crater Lake, geht der Horror richtig los: Da ist der brabbelnde, blutige Kerl, der über die Zufahrt stolpert. Und der Camp-Chef mit dem verdächtig fleckigen Hemd, der alle viel zu früh aufs Zimmer schickt. Als Lance und seine Freunde beim nächtlichen Geheimtreff dann lauter schlafwandelnde Schüler mit Wespen-Augen sichten, wird schnell klar: In Crater Lake passieren außerirdische und lebensgefährliche Dinge – vor allem wenn man sich schlafen legt. Jetzt heißt es: Pläne schmieden, das Unheil stoppen – und nie, nie, NIEMALS einschlafen!

NORDISCHE MYTHEN, HELDENMUT UND GRANDIOSER HUMOR

Rick Riordan
MAGNUS CHASE 1:
DAS SCHWERT DES SOMMERS
Hardcover
560 Seiten
ISBN 978-3-551-31702-5
Auch als E-Book erhältlich

MAGNUS SCHLÄGT SICH NACH DEM TOD SEINER MUTTER ALLEIN AUF DER STRASSE DURCH, denn seinen Vater hat er nie gekannt. Als ihn eines Tages sein Onkel aufspürt, erfährt er Unglaubliches: Magnus stammt von einem der nordischen Götter Asgards ab! Leider rüsten diese Götter gerade zum Krieg, auch Trolle, Riesen und andere Monster machen sich bereit. Ausgerechnet Magnus soll den Weltuntergang Ragnarök verhindern. Dafür muss er ein magisches Schwert finden, das seit 1000 Jahren verschollen ist. Kein Problem! Magnus muss ja nur zahlreiche Abenteuer bestehen, Kämpfe gegen gefährliche Kreaturen führen, mit Göttern und Riesen verhandeln, seine göttlichen Fähigkeiten trainieren – und lernen, Freundschaften zu schließen.

WWW.CARLSEN.DE

WETTLAUF GEGEN DIE ZEIT

James Ponti
CITY SPIES 1:
GEFÄHRLICHER AUFTRAG
Broschur
352 Seiten
ISBN 978-3-551-32053-7
Auch als E-Book erhältlich

DER 12-JÄHRIGEN SARA DROHEN MEHRERE JAHRE JUGEND-HAFT. Dabei hat sie das System der New Yorker Justizbehörde doch nur ge-hackt, um ihre kriminellen Pflegeeltern zu entlarven! Doch dann bietet ihr der mysteriöse Agent »Mother« einen Ausweg an: Sie soll bei den »City Spies« ein-steigen, einem Team von fünf Kindern aus aller Welt, die ein schottisches Internat besuchen, in Wahrheit aber für den britischen MI6 arbeiten. Sara sagt Ja – und landet mitten in einer heiklen Mission: Eine geheime Organisation und ein fieser Plan gefährden den Jugendumweltgipfel in Paris.

Wir produzieren nachhaltig
• Klimaneutrales Produkt
• Papiere aus nachhaltigen und kontrollierten Quellen
• Hergestellt in Deutschland

MIX
Papier | Fördert gute Waldnutzung
FSC
www.fsc.org
FSC® C014496

Carlsen-Newsletter: Tolle Lesetipps kostenlos per E-Mail!
Unsere Bücher gibt es überall im Buchhandel und auf carlsen.de.

Wir behalten uns die Nutzung unserer Inhalte für Text- und Data-Mining im Sinne von § 44b UrhG ausdrücklich vor.

Alle deutschen Rechte bei Carlsen Verlag GmbH, Völckersstr. 14–20, 22765 Hamburg
Originalcopyright © 2024 by Katherine Marsh
Originalverlag: Clarion Books, an imprint of HarperCollins Publishers
Originaltitel: »Medusa (The Myths of Monsters 1)«
Umschlagillustration: Pia Beurle
Umschlaggestaltung und -typografie: formlabor
Aus dem Englischen von Jennifer Michalski
Lektorat: Franziska Leuchtenberger
Produktionsmanagement: Björn Liebchen
Satz: Dörlemann Satz, Lemförde
ISBN 978-3-551-55949-4